Schriftenreihe des Archivs für
Urheber-, Film-, Funk- und Theaterrecht (UFITA)

herausgegeben von
Prof. Dr. Manfred Rehbinder
Institut für Urheber- und Medienrecht, München
Band 121

Jürgen Becker/Thomas Dreier (Hg.)

Urheberrecht und digitale Technologie

Arbeitssitzung des Instituts für Urheber- und Medienrecht am 22. April 1994

Nomos Verlagsgesellschaft
Baden-Baden 1994

Gedruckt mit Unterstützung des Bayerischen Medienförderungsprogramms.

Die Deutsche Bibliothek – CIP-Einheitsaufnahme

Urheberrecht und digitale Technologie: Arbeitssitzung des Instituts für Urheber- und Medienrecht am 22. April 1994 / Jürgen Becker/Thomas Dreier (Hg.). – 1. Aufl. – Baden-Baden: Nomos Verl.-Ges., 1994
(Schriftenreihe des Archivs für Urheber-, Film-, Funk- und Theaterrecht (UFITA); Bd. 121)
ISBN 3-7890-3497-5
NE: Becker, Jürgen [Hrsg.]; Institut für Urheber- und Medienrecht; GT

1. Auflage 1994

Inhaltsverzeichnis

Vorwort 7

Manfred Rehbinder
Begrüßung 9

Paul Braendli
Begrüßung 11

Gerhard Frotz
Begrüßung 15

Bernhard Schnappinger
Die Zukunft des digitalen Fernsehens 17

Norbert P. Flechsig
Die Auswirkungen der digitalen Signalverarbeitung auf Anbieter von Rundfunk und Fernsehen 27

Jürgen Becker
Die digitale Verwertung von Musikwerken aus der Sicht der Musikurheber 45

Norbert Thurow
Die digitale Verwertung von Musik aus der Sicht von Schallplattenproduzenten und ausübenden Künstlern 77

Ferdinand Melichar
Die digitale Verwertung von Sprachwerken 85

Gerhard Pfennig
Die digitale Verwertung von Werken der bildenden Kunst und von Fotografien 95

Mathias Schwarz
Der urheberrechtliche Schutz audiovisueller Werke im Zeitalter der digitalen Medien 105

Thomas Dreier
Perspektiven einer Entwicklung des Urheberrechts 123

Johannes Kreile und *Dietrich Westphal*
Ist der Weg frei für den Start ins neue Medienzeitalter? 155

Die Autoren 184

Vorwort

Der vorliegende Band der UFITA-Schriftenreihe enthält die gesammelten Vorträge der ganztägigen Arbeitssitzung, die das Institut für Urheber- und Medienrecht zusammen mit der Internationalen Gesellschaft für Urheberrecht e.V. (INTERGU) am 22. April 1994 im Großen Sitzungssaal des Europäischen Patentamtes zum Thema *»Die Auswirkungen der digitalen Verwertung von Musik-, Film-, Bild- und Sprachwerken auf Urheber und Leistungsschutzberechtigte«* veranstaltet hat. Den Vorsitz führten Prof. Dr. Manfred *Rehbinder,* Direktor des Instituts für Urheber- und Medienrecht, und Prof. Dr. Gerhard *Frotz,* Präsident der INTERGU.
Es war das erklärte Ziel dieser Arbeitssitzung, die Auswirkungen von digitaler Technologie und Vernetzung auf die Verwertung urheberrechtlich geschützter Werke und Leistungen im deutschsprachigen Raum zum ersten Mal im Überblick darzustellen. Da zu vermuten stand, daß sowohl die technische Entwicklung als auch die aufgeworfenen rechtlichen Fragen je nach Art der betroffenen Werkkategorie bzw. der nachbarrechtlich geschützten Leistung Unterschiede aufweisen, hatten sich die Veranstalter entschieden, den aktuellen Stand der Technik und die urheberrechtlichen Auswirkungen für jeden der genannten, in digitaler Form verbreiteten Schutzgegenstand gesondert zu untersuchen, mögen einzelne Probleme dadurch auch wiederholt zur Sprache gekommen sein. Der Schlußvortrag versucht die divergierenden Linien wiederum zusammenzubinden und mögliche Perspektiven einer Entwicklung des Urheberrechts aufzuzeigen.
Die Verwertung geschützter Werke und Leistungen in digitaler Form berührt eine ganze Fülle weiterer Rechtsgebiete, darunter insbesondere das Telekommunikationsrecht, das Wettbewerbs- und Kartellrecht; dies war jedoch nicht das Thema der Arbeitssitzung. Schon die urheberrechtlichen Fragen, die sich hinsichtlich der zur Werkverwertung in digitaler Form erforderlichen Computersoftware stellen, mußten ausgeklammert bleiben, mögen sie nun die Schutzfähigkeit und den Schutzumfang von Schnittstellen und Zugangsprotokollen betreffen oder die Übernahme einzelner Programmteile in neugeschaffene digitale Anwendungen. Auch die mit der digitalen Verwertung eng verknüpfte Problematik des rechtlichen Schutzes von Datenbanken konnte allenfalls am Rande Erwähnung finden. Demgegenüber scheint in den ersten beiden Beiträgen zumindest die medien- und verfassungsrechtliche Kontroverse auf, wer – private oder öffentlich-rechtli-

che Sendeanstalten - künftig für das Anbieten digitaler Dienste verantwortlich sein kann und darf.
Um schließlich eine möglichst rasche Veröffentlichung zu gewährleisten und das große Interesse zu befriedigen, auf das schon die Tagung selbst gestoßen war, wurde die Vortragsform weitgehend beibehalten.
Der Aufsatz von Johannes Kreile und Dietrich Westphal, der kein Tagungsvortrag ist, wurde wegen seines engen Bezuges zum Beitrag von Bernhard Schnappinger, von dem sich die Autoren haben inspirieren lassen, zusätzlich in diesen Sammelband aufgenommen.
Wir danken der Bayerischen Staatsregierung für die finanzielle Unterstützung bei der Drucklegung dieses Werkes.

München, Frühjahr 1994 *Die Herausgeber*

Manfred Rehbinder

Begrüßung

Meine sehr verehrten Damen und Herren,

ich begrüße Sie zur Frühjahrssitzung des Instituts für Urheber- und Medienrecht. Einen Tag lang wollen wir uns mit den Auswirkungen der digitalen Sendeverarbeitung von Musik-, Film-, Bild- und Sprachwerken auf die Urheber- und Leistungsschutzberechtigten und die Werknutzer beschäftigen.

Wir haben ein dicht gedrängtes Programm, exzellente Referenten und ein prominentes, kenntnisreiches Publikum. Ich freue mich, daß Sie wieder so zahlreich gekommen sind, und hoffe, daß Sie und ich am Ende des Tages mit neuen Erkenntnissen und deutlicherem Bewußtsein für die Rechte der schöpferischen Menschen und der Kulturindustrie der Einladung der GEMA zu einem kleinen Empfang in der Rosenheimer Straße folgen werden.

Die digitale Technologie hat neue Perspektiven für die Nutzung von Immaterialgütern eröffnet. Wie der Generaldirektor der WIPO, Arpad Bogsch, warnend hervorhebt, muß das geltende Immaterialgüterrecht rechtzeitig dieser neuen Technologie angepaßt werden, soll es nicht zu untragbaren Konflikten mit den Urheber- und Leistungsschutzberechtigten sowie mit den traditionellen Werknutzern kommen.

Ich danke unserem Vorstandsmitglied, Herrn Prof. Dr. Jürgen Becker, daß er mit Gespür für die Dringlichkeit dieses Anliegens das Thema unserer heutigen Tagung vorgeschlagen und die wissenschaftliche Betreuung sowie die organisatorische Durchführung übernommen hat, in Abstimmung mit Herrn Dr. Thomas Dreier vom Münchner Max-Planck-Institut, der uns als Experte den urheberrechtsdogmatischen Unterbau liefern wird.

Genau vor einem Jahr hat die WIPO an der amerikanischen Harvard Universität ein Symposium mit unserem heutigen Beratungsgegenstand durchgeführt. Einige von Ihnen waren dort. Wir sehen in der jetzigen Arbeitssitzung eine Fortsetzung des dort begonnenen Dialogs und, darauf sind wir in unserem Institut stolz, den ersten Einstieg in dieses Thema im deutschsprachigen Raum. Ein Thema, von dem ich sicher bin, daß es uns in den nächsten Jahren noch viel beschäftigen wird.

Es ist Ihnen, lieber Herr Becker, wieder einmal gelungen, die wichtigsten Experten aus der Praxis zu gewinnen. Denn mehr noch als bei anderen urheberrechtlichen Themen erscheint mir die Bewältigung der Probleme, die die digitale Technologie für das Urheberrecht aufwirft, nur im Dialog zwischen Wissenschaft und Praxis möglich zu sein. Ich danke deshalb den Referenten der Verwertungsgesellschaften ebenso wie den Vertretern des dualen Rundfunksystems ganz besonders für ihr Kommen.
Unser heutiges Thema kann, wie jeder von Ihnen weiß, nur international bewältigt werden. Denn es ist ja gerade auch die digitale Technologie, die sich so leicht über nationale Grenzen hinwegsetzt. Ich freue mich deshalb, daß wir unsere heutige Tagung zusammen mit der Internationalen Gesellschaft für Urheberrecht (INTERGU) durchführen können. Ferner möchte ich nicht versäumen, dem Freistaat Bayern, vertreten durch das Staatsministerium für Unterricht, Kultus, Wissenschaft und Kunst, dafür zu danken, daß er auch diese Arbeitssitzung des Instituts wie schon öfters finanziell ermöglicht hat. Ich bitte Herrn Prof. Hentschel, unseren Dank den zuständigen Stellen auszurichten. Ich darf jetzt unserem Gastgeber und Hausherrn, Herrn Präsidenten Dr. Braendli vom Europäischen Patentamt, und daran anschließend dem Präsidenten der INTERGU, Herrn Universitätsprofessor Gerhard Frotz, das Wort zu einer kurzen Begrüßung erteilen.

Paul Braendli

Begrüßung

Herr Präsident, sehr geehrter Herr Prof. Rehbinder, sehr geehrter Herr Prof. Frotz,
sehr geehrte Damen und Herren,

als Hausherr freue ich mich, Sie im Europäischen Patentamt recht herzlich begrüßen zu können.
Patent- und Urheberrecht sind beide aus der Idee des geistigen Eigentums entstanden. Der Schutz der materiellen und ideellen Interessen der Erfinder einerseits und der Urheber andererseits ist der Zweck beider Systeme. Die technische Erfindung wie das schöpferische Werk werden erst durch die Garantien des Rechts verkehrsfähig und wirtschaftlich verwertbar. Es sind Patente und Urheberrechte, die die Position der Erfinder und der Werkschaffenden im Wettbewerb bestimmen.
Das moderne Urheber- und Patentrecht ist vor allem durch die technische Entwicklung geprägt worden. Es überrascht daher nicht, daß neuartige erfinderische oder schöpferische Leistungen auch Patent- und Urheberrechtler stets neu herausfordern. Ich denke dabei vor allem an die Computersoftware und neuronale Netze, wo klassische Begriffe und Kategorien des Patent- und Urheberrechts zu überdenken und in aufeinander abgestimmter Weise an die besonderen Schutzerfordernisse der »neuen Techniken« anzupassen sind. Obwohl hier Fortschritte zu verzeichnen sind, dürfte die europäische und internationale Rechtsentwicklung noch nicht abgeschlossen sein.
Neue Technologien können aber auch bei der Verwertung geschützter Erfindungen und Werke Probleme aufwerfen. So stellt sich z. B. im Patentrecht die Frage, ob die traditionellen Grundsätze über die Rechtserschöpfung uneingeschränkt anzuwenden sind, wenn das Patent biologisches Material schützt, das beliebig vermehrbar ist. Für das Urheberrecht sind es heute vor allem die Technologie der Digitalisierung und die Möglichkeiten der online Übertragung ganzer Werke, die es notwendig machen, die Brauchbarkeit der klassischen Werkkategorien und Verwertungskonzepte zu überprüfen.
Wegen der gemeinsamen Grundlagen und der oft komplementären Wirkungen von Patent- und Urheberrecht verfolgt das Europäische Patentamt die

Entwicklung des Urheberrechts seit jeher mit größtem Interesse. Ich begrüße deshalb ganz besonders, daß Ihre Veranstaltung im Europäischen Patentamt stattfindet und auch auf diese Weise der Geist des Urheberrechts in unser Haus getragen wird.
Lassen Sie mich bei dieser Gelegenheit mit einigen wenigen Sätzen auf das europäische Patentsystem eingehen.
In den ersten 15 Jahren ihres Bestehens hat die Europäische Patentorganisation eine äußerst dynamische Entwicklung erlebt. Sie ist in kurzer Zeit zu einer paneuropäischen Institution geworden, der heute 17 europäische Staaten angehören. Das Europäische Patentamt hat inzwischen über 250 000 Patente erteilt und mehr als 600 000 Patentanmeldungen entgegengenommen. Allein 1993 wurden 70 000 europäische Anmeldungen eingereicht und über 36 000 Patente erteilt. Diese Zahlen belegen die ungebrochene Anziehungskraft des europäischen Patentübereinkommens und den gewaltigen Rationalisierungseffekt, den das zentrale Erteilungsverfahren mit sich bringt.
Angesichts der Veränderungen der politischen und wirtschaftlichen Rahmenbedingungen durch Binnenmarkt und EWR, die Öffnung Mittel- und Osteuropas, das Aufkommen neuartiger Technologien und immer kürzer werdende Innovationszyklen geht es heute vor allem um die Optimierung und den weiteren Ausbau des europäischen Patentsystems. Die EPO hat deshalb eine Diskussion strategischer Zielsetzungen begonnen, die uns in diesen Fragen, wie ich hoffe, rasch voranbringen wird.
Das Europäische Patentamt erteilt aber nicht nur Patente, sondern hat im Rahmen der europäischen Patentinformationspolitik auch den Aufbau moderner Patentdatenbanken übernommen. Meine Damen und Herren, wie sie sehen, bin ich damit wieder beim Urheberrecht und beinahe schon beim Thema dieser Sitzung. Lassen Sie mich hier nur erwähnen, daß im Bereich der Patentinformation die Digitalisierung bereits auf breiter Front Einzug gehalten hat. CD-ROM und Datenbanken, die auch Abstracts und Zeichnungen in digitalisierter Form enthalten, sind heute Standard. Der on-line Zugriff auf Patentdokumente in Datenbanken ist längst Alltag unserer Prüfer. Dies gilt gleichermaßen für den Zugang zur sog. *Nicht-Patentliteratur,* d. h. wissenschaftlichen Artikeln und Schriften, die in dem der Menschheit zur Verfügung stehenden Wissen rund 20 % ausmachen (30 Mio. - 6 Mio). Als Großproduzent und Nutzer technischer Information ist das EPA besonders daran interessiert, daß es gelingt, nicht nur die Rechte der wissenschaftlichen Autoren und ihrer Verleger, sondern die Rechte der Datenproduzenten, der Betreiber von Datenbanken und der Nutzer zu einem angemessenen Ausgleich zu bringen. Insbesondere auf den raschen Abschluß der Arbeiten an der Richtlinie des Rates der Europäischen Union über den

rechtlichen Schutz von Datenbanken setzt das Amt daher große Hoffnungen.
Meine Damen und Herren, ich danke für Ihre Aufmerksamkeit und wünsche der Veranstaltung einen guten Verlauf.

Gerhard Frotz

Begrüßung

Sehr geehrte Damen und Herren!

Als Präsident der Internationalen Gesellschaft für Urheberrecht - INTERGU - begrüße ich zu dieser Arbeitssitzung die Mitglieder der INTERGU, die Mitglieder des Instituts für Urheber- und Medienrecht sowie alle Gäste. Es freut mich sehr, daß Sie unserer Einladung so zahlreich gefolgt sind. Sie bestätigen damit die theoretische wie praktische Bedeutung und die Aktualität des Tagungsthemas.

Dies ist die erste Veranstaltung, die unsere Organisationen gemeinsam durchführen. Daß beide der Pflege und Fortbildung des Urheberrechts dienen, was auch zu einer Anzahl von Doppelmitgliedschaften geführt hat, ist die sachliche Grundlage dieser Kooperation. Für sie möchte ich mich hier öffentlich beim Institut für Urheber- und Medienrecht und den Herren Kollegen Direktor Prof. Dr. Manfred Rehbinder und Prof. Dr. Jürgen Becker bedanken. Ich verhehle nicht, daß dieses Institut das heutige Thema ausgewählt, die Unterthemen festgelegt, die vorzüglichen Herren Referenten gewonnen und die sonstige Organisation der Arbeitssitzung geleistet hat. Die INTERGU hat die Absicht, sich bei der nächsten Gelegenheit zu revanchieren.

Indem auch ich dem Präsidenten des Europäischen Patentamtes, Herrn Dr. Braendli für seine großzügige Gastfreundschaft Dank sage, darf ich Herrn Kollegen Rehbinder bitten, weiterhin die Sitzungsleitung auszuüben.

Bernhard Schnappinger

Die Zukunft des digitalen Fernsehens

Die neue Digitaltechnik für die Übertragung von Fernsehprogrammen wird, wie jede Massentechnologie, die Welt ein Stück weiter verändern:
Die Welt der Kommunikation, die Welt der Marktwirtschaft und des internationalen Wettbewerbs, die Welt der Kultur.
Wir können davon ausgehen, daß sich die Transportkapazität von Satelliten- und Kabelsystemen mit dem Einsatz der digitalen Kompression um den Faktor 10 vergrößern wird. Ein Satellit, der heute 15 Fernsehprogramme überträgt, wird morgen deren 150 verbreiten. Die Kapazität von Kabelnetzen, die mit der herkömmlichen analogen Technik 30 bis 50 Fernsehkanäle verteilen, wird in wenigen Jahren mühelos auf 300 bis 500 digitale Fernsehangebote erweitert sein.
Für mich besteht kein Zweifel, daß Konsumenten und Unternehmen diese neuen Möglichkeiten nutzen werden. Neue Technologien haben stets Phantasie, Spieltrieb und Unternehmergeist der Menschen beflügelt. Sie haben natürlich nicht nur Erfolgschancen, sondern auch Irrwege eröffnet. Dies wird beim digitalen Fernsehen der Zukunft nicht anders sein: Das Risiko des Irrtums ist der ständige Begleiter von Freiheit, Innovation und Marktwirtschaft.
Meine Damen und Herren, unter dem Begriff der audiovisuellen Medien verstanden wir bisher Filme, Video- und Fernsehprogramme. Dieser Markt hat in den letzten Jahren einen Wachstumsboom erlebt, der insbesondere durch die Einführung des Privatfernsehens europaweit angekurbelt wurde. Heute werden auch in diesen Bereichen die Grenzen des Wachstums und der Angebotsvielfalt sichtbar:
Die Anzahl der Kinobesucher stagniert, die Videotheken haben ihre besten Jahre hinter sich, und auch das werbefinanzierte Privatfernsehen erreicht allmählich das Ende der Fahnenstange. Mehr werbefinanzierte Programme wird die deutsche Wirtschaft kaum noch finanzieren können, eher werden es weniger. Dieser Trend gilt auch für die entwickelten Medienmärkte des Auslandes.
Ich bin überzeugt, daß die Einführung der Digitaltechnik in den nächsten 10 bis 15 Jahren einen Entwicklungssprung bewirken wird: von den audio-

visuellen Medien zur audiovisuellen Kommunikationswirtschaft. Der elektronische Transportweg, bislang für die Laufbilder des Fernsehens und Radioprogramme reserviert, wird die neue Autobahn der Kommunikation. Ihre Grundlage bilden die Verschmelzung der Technologien von Fernsehen, Computer und Telekommunikation. Ihre Nutzungsmöglichkeiten sind praktisch unbegrenzt, jedenfalls so lange, wie ihre neuen (und alten) Produkte vom Markt ausreichend akzeptiert werden. Bereits im Jahr 2000 oder kurz danach wird ein erheblicher Teil der Produkt- und Dienstleistungsangebote, die heute in Gestalt von vielen Tonnen Papier die Briefkästen der Konsumenten verstopfen, auf elektronischen Wegen in die Haushalte kommen: schneller, effektiver und ohne Umweltbelastung.
Viele, wahrscheinlich die meisten Produkte der künftigen Kommunikationsmärkte sind noch nicht bekannt. Aus heutiger Sicht scheinen mir drei Entwicklungen in wirtschaftlicher und inhaltlicher Hinsicht von großer Bedeutung zu sein:

Erstens: Der Fernseh-Kiosk

Schon heute ist absehbar, daß das Jahr 1995 zum Startjahr des digitalen Fernsehens in Europa wird.
Die Programmanbieter werden im digitalen Zeitalter nicht mehr Satellitentransponder oder Kabelkanäle anmieten, sondern Übertragungskapazität für bestimmte Datenmengen. Zum Beispiel: ein Megabit pro Sekunde für die Übertragung von Zeichentrick oder Teleshopping, vier Megabit pro Sekunde für Spielfilme oder sechs Megabit pro Sekunde für Sportsendungen mit bewegungsintensiven Inhalten. Die Programmanbieter werden je nach Programmart und erwünschter Empfangsqualität die angemietete Übertragungskapazität nach eigenem Ermessen nutzen können. Nehmen wir an, ein Veranstalter würde einen ganzen Transponder mit der Übertragungskapazität von 40 Megabit pro Sekunde mieten: Damit könnte er 10 Spielfilmkanäle oder vielleicht auch 30 bis 40 unterschiedliche Homeshopping-Angebote verbreiten.
Durch die Vervielfachung der Übertragungskapazität können die Verbreitungskosten für Fernsehen deutlich gesenkt werden. Der elektronische Zugang zu den Haushalten, bislang eine große Barriere für jedes neue Fernsehprogramm, wird für einen Bruchteil der bisherigen Investitionen möglich sein. Auf dieser Basis wird eine neue Generation von Fernsehprogrammen entstehen:

Das Special Interest Fernsehen

Fernsehprogramme für Zielgruppen, die viel kleiner sein können als beim werbefinanzierten Privatfernsehen, das zum Überleben hohe Einschaltquoten braucht. Fernsehprogramme, die wie Zeitschriften bezahlt werden: Im Abonnement (Pay-TV) oder als Einzelsendung (Pay-per-View). Ich nehme an, daß sich ein erheblicher Teil dieser Special Interest-Angebote durch eine Mischfinanzierung aus Abonnement-Entgelten und zielgruppenorientierter Werbung ernähren wird, so wie das auch bei Fachzeitschriften üblich ist. Allerdings werden hier die Entgelte der Abonnenten stets die wichtigste Finanzierungsquelle sein.

Special Interest Fernsehen wird in naher Zukunft so selbstverständlich sein, wie heute die Special Interest Zeitschriften. Die Kosten solcher Spartenprogramme werden nur einen Bruchteil der herkömmlichen nationalen Vollprogramme betragen. Sie liegen eher in der Größenordnung nationaler Publikumszeitschriften. Manche von ihnen werden bereits mit einigen zehntausend Abonnenten wirtschaftlich erfolgreich sein. So entsteht neben dem Zeitungs-Kiosk der neue Fernseh-Kiosk.

Ich denke, daß auch die inhaltliche Ausstattung des Fernseh-Kiosk dem nationalen Print-Kiosk ähnlich sein wird. Schließlich bleiben die anzusprechenden Zielgruppen mehr oder weniger die selben. Warum soll den begeisterten Golfer, der das Golfmagazin abonniert hat, nicht auch ein spezielles Golf-TV interessieren? Oder den Käufer von Automagazinen ein Fernsehkanal rund ums Auto? Bereits diskutiert wird der gewaltfreie Kinderkanal oder ein Fernsehangebot, das die Interessen der Senioren besonders berücksichtigt. Oder Fernsehprogramme in unterschiedlichen Sprachen für in Deutschland lebende Ausländer.

Den Hochglanzmagazinen über Reisen, besser Leben und schöner Wohnen kann auch im Fernsehen entsprochen werden. Abenteuerurlaube sind in bewegten Fernsehbildern wahrscheinlich aufregender als auf dem Foto. Die Fernsehwelt wird sich, dank digitaler Klangqualität, auch der Musik stärker öffnen: von der Country-Music bis zum klassischen Konzert, Musical oder Oper. Der 24-stündige Wetterkanal ist in den USA bereits auf Sendung, er wird in Zukunft noch mehr Informationen anbieten können, die der Konsument jeweils gezielt für seine Region abrufen kann.

Hinzu wird eine Vielzahl von sogenannten »pay per view« und »On-Demand«-Kanälen kommen, also Abrufdienste für einzelne Programmelemente. Bei »PPV« beispielsweise wird es einige Dutzend Filmkanäle geben, auf denen neuste Filme gegen Einzelentgelt abrufbar sind. Wenn der gleiche Film jede Viertelstunde beginnen soll, damit er für den Zuschauer möglichst komfortabel zur Verfügung steht, dann werden damit mindestens 4 Kanäle gefüllt. 10 aktuelle Spielfilme, die nach diesem System vermarktet

werden, nähmen dann 40 bis 50 Kanäle in Anspruch. In einem weiterentwickelten »Video on Demand« System wird dem Kunden auch der zeitunabhändige Zugriff zu ganzen Film-, Sport- oder Musikbibliotheken angeboten werden. Die Videothek kommt zu ihm nach Hause und begründet einen neuen Geschäftszweig dieser Industrie, den audiovisuellen Versandhandel. Abrufbar werden sicherlich auch Lottoscheine, Kreuzworträtsel, elektronische Spiele, Computersoftware und - im wahrsten Sinne - jede Menge Daten sein.
Spätestens hier wird klar, daß viele dieser Dienste mit dem traditionellen Fernsehen nur noch das ursprüngliche technische Transportvehikel, also Kabel und Satellit, gemein haben. Es handelt sich um keine Veranstaltung des Massenmediums Fernsehen mehr, sondern um eine neue, elektronische Vertriebsebene von Produkten und Dienstleistungen.

Wie wird das digitale Special Interest Fernsehen den herkömmlichen Fernsehmarkt beeinflussen?

Meine Einschätzung lautet: In den kommenden fünf bis sieben Jahren werden diese Kanäle keine nennenswerte Umverteilung der Marktanteile bewirken. Ich bin ziemlich sicher, daß die führenden fünf nationalen Vollprogramme noch im Jahr 2000 gut 70 Prozent des Sehermarktes auf sich vereinigen. Weitere 20 Prozent werden auf werbefinanzierte, allgemein empfangbare Spartenprogramme des Privatfernsehens sowie die Dritten und Satellitenprogramme des öffentlich-rechtlichen Fernsehens entfallen. In der Kategorie der restlichen 10 Prozent werden sich die internationalen Satellitenprogramme, terrestrisch einstrahlende Sender aus den angrenzenden Nachbarstaaten, regionales und lokales Fernsehen sowie die neuen Special Interest-Angebote bewegen.
Auch ohne große Marktanteile wird das Special Interest Fernsehen die freiheitliche und marktwirtschaftliche Komponente innerhalb des dualen Rundfunksystems in Deutschland verstärken. Viele Gründe sprechen dafür, daß die neuen Programmangebote auf privatwirtschaftlicher Basis veranstaltet und finanziert werden. Die Ambitionen von ARD und ZDF, ebenfalls Pay-Programme zu veranstalten, sind rational nicht nachvollziehbar. Ich kann nicht verstehen, wie die öffentlich-rechtlichen Anstalten neue Programmprojekte realisieren wollen, wenn sie ganz offensichtlich schon nicht in der Lage sind, ihren derzeitigen Bestand an Programmen und Organisationsapparaten zu finanzieren. Außerdem ist schwer einzusehen, was diese neuen Spartenprogramme mit dem Auftrag zur Grundversorgung zu tun haben. Die Grundversorgung kann ja nur schlechter werden, wenn die öffentlich-rechtlichen Anstalten ihre Energien auch noch auf die Restversorgung konzentrieren. Hinzu kommt, daß ARD und ZDF bereits gewichtig

im Pay-Geschäft vertreten sind: Über die Gebühreneinzugszentrale sind sie mit derzeit ca. 8 Milliarden Mark jährlich die weltweit größten Veranstalter von (Zwangs-)Pay-TV und Pay-Radio.

Zweitens: Der audiovisuelle Marktplatz

Digitale Kommunikation wird verstärkt für den Vertrieb von Waren und Dienstleistungen eingesetzt werden. Bereits heute setzen die amerikanischen Homeshopping-Kanäle Waren im Gesamtwert von über 3 Milliarden Dollar pro Jahr um. Allein das amerikanische Homeshopping-Network (HSN) wickelt pro Tag durchschnittlich 122.000 Bestellungen ab. Die Zuwachsraten sind enorm. Auch im deutschen Privatfernsehen werden Waren zur telefonischen Bestellung angeboten. Das Stichwort lautet DRTV - Direct Response Television. DRTV wird als Sonderwerbeform eingesetzt und wird in diesem Jahr Warenumsätze in der Größenordnung von einer Milliarde DM generieren. Die meist verkauften Produktgruppen sind Tonträger, Bücher, Videokassetten und Gebrauchsgegenstände wie zum Beispiel Fitneßgeräte und Haushaltsartikel.
Seit dem 1. Oktober 1993 ist in Europa der erste Homeshopping-Kanal via Satellit auf Sendung, bezeichnenderweise ein Anbieter aus den USA, der erfolgreiche Shopping-Sender QVC (Quality Value Convenience). QVC versteht sich als Warenhaus, das anstelle eines gedruckten Versandkataloges eben einen audiovisuellen Katalog anbietet. Der Sender dient als audiovisuelles Schaufenster und Verkaufstheke in einem. Auch hier ist klar: es handelt sich nicht mehr um Fernsehen im herkömmlichen Sinn, sondern schlicht um ein Vertriebsinstrument, das die Transporttechnik des Fernsehens nutzt.
Der elektronische Vertrieb wird in den nächsten Jahren zahlreiche Warengruppen erfassen: Reisen, Finanzdienstleistungen, Versicherungen, Aktienkäufe, Leasingangebote beispielsweise für Autos, die man sich zur Probefahrt bestellen kann.
Ein anderes Beispiel wäre die Vermarktung von Spielen: anstatt die Diskette für ein elektronisches Spiel im Geschäft zu kaufen, kann sie künftig über Satellit oder Kabel direkt auf den PC oder das Spielgerät geladen werden. In den USA gibt es bereits konkrete Planungen für interaktive Spiele, die es dann ermöglichen, daß ein PC-Besitzer in München mit einem Kollegen in Hamburg eine Schachpartie spielt.
Insgesamt wird der digitale Bildschirm neben dem Fernsehen zunehmend auch die Funktion eines *audiovisuellen Marktplatzes* erfüllen, der eine Vielzahl von Waren anbietet und die bisherigen Einkaufsmöglichkeiten für die Konsumenten komfortabel und zeitsparend ergänzt.

Drittens: Das elektronische Direktmarketing

Neue Kommunikationsmöglichkeiten haben schon immer zum Entstehen von neuen Ideen für Werbung und Marketing geführt. Werbung ist ein natürlicher und in vielerlei Hinsicht wertvoller Bestandteil der Kommunikationswirtschaft. Der klassische Werbespot im Fernsehen ist Massenwerbung mit breiter Streuwirkung. Das besondere Merkmal der neuen digitalen Fernsehdienste ist die Individualisierung des Sehverhaltens. Damit werden diese Kommunikationsstraßen mit ihren individuell adressierbaren Werbebotschaften eng definierte Zielgruppen erreichen: das elektronische Direktmarketing wird möglich.
Direktmarketing wird heute fast ausschließlich mit bedrucktem Papier betrieben, das die Briefkästen der Konsumenten als Postwurfsendung oder Zeitungsbeilage erreicht. Im Jahr 1994 wird die deutsche Wirtschaft weit über 20 Milliarden DM in diesen Bereich investieren - mehr als dreimal so viel wie für die Fernsehwerbung (ca. 6 Millarden DM). Der Großteil dieser Ausgaben wird für Papier- und Portokosten verbraucht. Mailings, Beilagen, Bestellkupons oder Lose der Klassenlotterie werden über die elektronischen Transportwege ohne Papier und mit sehr viel weniger Transportgebühren auskommen. Ich bin daher sicher, daß sich auch die Werbewirtschaft am Aufbau der digitalen Kommunikationssysteme mit neuen Ideen und Investitionen beteiligen wird.

Der Übergang vom analogen zum digitalen Fernsehen

Ähnlich wie bei der Einführung des bleifreien Benzins wird es auch einen fließenden Übergang vom analogen zum digitalen Fernsehen geben. Ich schätze, daß die analoge Übertragungstechnik noch mindestens 15 Jahre neben den digitalen Systemen betrieben wird. Aber schon nach fünf bis sieben Jahren werden digitale Empfangs- und Fernsehgeräte den größeren Marktanteil im Bereich der Neuanschaffungen haben als die analogen Auslaufmodelle. Für die erfolgreiche Vermarktung der digitalen Empfangsgeräte sind zwei Voraussetzungen unabdingbar:
1. Den Kunden müssen neue, attraktive Programme und Dienste geboten werden. Ohne Entertainment und ohne neue inhaltliche Anwendungsmöglichkeiten bleibt die schönste Technik kalt und unverkäuflich. Ich bin - wie Sie den vorherigen Ausführungen entnehmen können - sehr zuversichtlich, daß die Unterhaltungs- und Kommunikationsindustrie diese neuen Chancen nutzen wird.
2. Über die neue Technik sollten sowohl die herkömmlichen als auch die neuen Fernsehangebote empfangbar sein. Die Einführungsgeschwindigkeit des digitalen Fernsehens wird beschleunigt, wenn es in der Lage ist, alles

»aus einer Hand« zu bieten. Dadurch entsteht für die Käufer neuer Geräte ein klarer Zusatznutzen, der plausibel zu vermitteln ist. Eine vergleichbare Situation gab es bereits bei der Einführung des Kabels: Der Zuschauer konnte mit der neuen Technik sowohl die herkömmlichen terrestrischen Fernsehprogramme als auch die neuen Kabel- und Satellitenprogramme empfangen. Alles spricht dafür, diese erfolgreiche Strategie auch auf der neuen Entwicklungsstufe des digitalen Fernsehens anzuwenden. Daher sollten die Kabel- und Satellitenbetreiber im Interesse ihres weiteren Erfolges dafür sorgen, daß die bisherigen Fernsehprogramme für einen Übergangszeitraum von mehreren Jahren parallel in der analogen und der digitalen Technik übertragen werden.

Herausforderung für den Wirtschaftsstandort Deutschland

Es steht außer Frage, daß Kommunikation *die* Wachstumsbranche der Zukunft sein wird. Dies gilt für den Bereich der Hardware ebenso wie für die Software. Die internationale Wettbewerbsfähigkeit des Wirtschaftsstandortes Deutschland wird in diesem strategischen Schlüsselmarkt maßgeblich mitentschieden. Das vereinte Deutschland hat mit seinen 32 Millionen Fernsehhaushalten eine klare Chance, bis zur Jahrtausendwende die europäische Führungsrolle im elektronischen Kommunikationsmarkt zu übernehmen. Kein anderes Land neben den USA verfügt über eine vergleichbare Infrastruktur an Verkabelung, Satellitenempfang, Logistik und Kaufkraft. Diese Möglichkeiten müssen in den kommenden Jahren mit Entschlossenheit und Energie genutzt werden. Schon heute gibt es genügend Kommentatoren, die Deutschland aufgrund seines verpaßten Anschlusses in wichtigen Bereichen der Hochtechnologie als Absteigerland sehen möchten. Die Kommunikationswirtschaft der Zukunft bietet eine ungleichbare Chance, den Gegenbeweis zu führen. Medienpolitik wird daher in verstärktem Maße auch zu Wirtschafts- und Industriepolitik.

Wir sind mit dieser Erkenntnis leider nicht allein. Der internationale Wettbewerb um die neuen Märkte wird sich in den kommenden Jahren in bisher ungekanntem Ausmaß verstärken. Diese Entwicklung wird die Schwächen des nationalen Protektionismus, den traditionellen Hang Europas zu Dirigismus und Überregulierung schonungslos offenlegen. Was jahrzehntelang nach gutem alten Brauch durch versteckte oder offene Subventionierung, Quoten- und andere Protektionsregelungen funktionierte, wird plötzlich vor dem Abgrund fehlender Wettbewerbsfähigkeit stehen.

Wir wissen sehr genau, daß die mächtigsten Kommunikations- und Elektronikkonzerne der Welt – nicht nur solche aus den USA, auch einige aus europäischen Nachbarländern – für die Eroberung des deutschen Medien- und Kommunikationsmarktes kräftig rüsten. Ein solches Filetstück kann man

sich schließlich auch was kosten lassen. Da sind leistungsfähige heimische Unternehmen mit Kompetenz und Organisation gefordert - und natürlich auch mit einer entsprechenden Potenz. Gegen internationale Milliardenkonzerne haben nationale Mittelständler keine Chance.
Ihre Wettbewerbsfähigkeit können Unternehmen auf Dauer nur bewahren, indem sie sich dem Wettbewerb im Markt stellen. Wir wissen aus zahllosen Erfahrungen, daß Protektionismus langfristig jene schwächt, die er zu schützen gedenkt. Politik kann unternehmerische Leistung nicht ersetzen, wohl aber durch eine verläßliche und marktorientierte Ordnungspolitik unterstützen. Das Fernsehen der Zukunft braucht weniger Regulierung und mehr Markt. Letztlich entscheiden die besseren Programme und nicht die besseren Behörden.

Mehr Markt wagen: für eine wettbewerbsorientierte Medien- und Kommunikationspolitik

Medienfreiheit gilt bislang nicht für alle Medien gleichermaßen. So ist die Pressefreiheit substantiell liberaler als die Fernsehfreiheit, die durch umfangreiche Zulassungs- und Aufsichtssysteme staatlich reglementiert wird. Begründung dafür ist die demokratiepolitische Sonderstellung des Massenmediums Fernsehen als, wie das Bundesverfassungsgericht sagt, »eminenter Faktor der öffentlichen Meinungsbildung«. Die Sondersituation des Fernsehens ergab sich insbesondere durch die Limitierung an technischen Verbreitungsmöglichkeiten und entsprechend begrenzten Zugangschancen. Mit den neuen Übertragungstechniken werden diese Begründungen jedenfalls teilweise obsolet. Wenn der neue Fernseh-Kiosk mehr Kapazität an Programmangeboten enhält, als national verbreitete Zeitungen und Zeitschriften bestehen, dann stellt sich die grundsätzliche Frage, warum für den Fernseh-Kiosk andere Spielregeln gelten sollten als für den herkömmlichen Zeitungskiosk. Da wir die Elternliebe der deutschen Aufsichtsbehörden zum Privatfernsehen seit vielen Jahren erfahren, weiß ich natürlich, daß man die jetzt mehr oder weniger erwachsenen Kinder nicht so einfach ohne gesetzlichen Begleitschutz in die rauhe Wirklichkeit entlassen wird. Trotzdem ist es unabdingbar, daß den deutschen Medienunternehmen die notwendigen Spielräume für ihre nationale und internationale Wettbewerbsfähigkeit gegeben werden. Sonst werden die neuen Marktchancen vor allem durch ausländische Konzerne wahrgenommen, die ohnehin über mehr Bewegungsfreiheit und Finanzmittel verfügen. Das kann man wollen, dann sollte man es aber auch sagen.
Wir sind durchaus einverstanden, daß weiterhin gesetzliche Vorkehrungen zum Schutz der Meinungsvielfalt im deutschen Fernsehen getroffen werden. Für die Meinungsvielfalt können jedoch nur Programme mit entsprechen-

den publizistischen Inhalten von Bedeutung sein, also Vollprogramme oder Spartenprogramme mit Informationsschwerpunkten.
Hingegen muß im Hinblick auf das Special Interest Fernsehen eine deutliche Liberalisierung des Rundfunkrechts erfolgen. Dies gilt besonders für spezialisierte Pay-TV- oder On-Demand-Dienste sowie für den großen Wachstumsbereich des elektronischen Vertriebs und Marketings.
Es ist offensichtlich, daß der herkömmliche Rundfunkbegriff, die Grundlage der bisherigen Fernsehregelungen, angesichts der neuen Formen audiovisueller Kommunikation zu überdenken ist. Eine Neubestimmung und Differenzierung ist aber unerläßlich: Gerade die erwähnte Vielzahl neuer Spartenprogramme und fernsehverwandter Dienste sind nicht mehr die Mittel der Massenkommunikation mit den staats- und kulturpolitischen Funktionen im Sinne des klassischen Begriffes von Fernsehen oder Rundfunk. Eher im Gegenteil: Sie bedingen eine Individualisierung des Nutzungsverhaltens, indem sie die unterschiedlichsten Produkte und Waren vertreiben, die sich die mündigen Kunden im audiovisuellen Versandhandel bestellen. Sicherlich bedarf es keiner näheren Begründung, daß solche Programme keine Einflußfaktoren der publizistischen Meinungsvielfalt sind, ebensowenig wie die vielen Special Interest Zeitschriften, für die es heute schon keine medienrechtlichen Sonderregelungen gibt. Ob ein einzelner Film, ein Videospiel oder ein Wetterkanal über die neuen elektronischen Transportwege abgerufen wird, ist kein Thema der Demokratie, sondern ein Thema des Marktes, ein Thema der individuellen Zuschauerwünsche. Daher haben nicht Regierungen oder Aufsichtsbehörden, sondern die Nachfrage der Konsumenten über die Existenzberechtigung solcher Produkte zu entscheiden. Special Interest Fernsehen muß in Zukunft rechtlich genauso behandelt werden wie die Special Interest Zeitschriften. Für die Bewertung von Konzentrationsfragen sollte das normale Wirtschafts- und Kartellrecht greifen, wie auch im Pressewesen. Es gibt keinen Grund für die Annahme, daß das publizistische Verantwortungsbewußtsein der audiovisuellen »Verleger« geringer ausgeprägt sei als jenes der Verleger von Druckerzeugnissen, das mittlerweile anerkannt und selbstverständlich ist.
Meine Damen und Herren, wenn sich die Realität verändert, muß sich auch die gesetzliche Grundlage weiterentwickeln. Das ist keine formaljuristische Betrachtung, sondern eine sehr praktische Notwendigkeit. Das digitale Fernsehen und die damit verbundenen Wachstumsmärkte brauchen neue Programme. Wer sonst, wenn nicht die führenden Medienunternehmen dieses Landes soll die Innovationen vorantreiben und in neue Programmangebote investieren? Das wird natürlich schwer, wenn jeder neue Wetterkanal von 15 Landesmedienanstalten auf seine demokratie-politische Verträglichkeit hin überprüft wird.
Ich bin sicher, daß auch das digitale Fernsehen für wortgewandte Kultur-

pessimisten ein willkommener Anlaß sein wird, die Verkaufszahlen ihrer Bücher zu erhöhen. Und auch Journalisten und Politiker, die qua Ideologie die Einführung des Privatfernsehens noch nicht verkraftet haben, werden neue Präsentationen geben. Wir sollten ihnen heute genauso wenig folgen wie vor zehn Jahren. Sonst hätten wir in wenigen Jahren nur noch die Ideologie, außerdem noch die falsche, während die Konkurrenten den Markt beherrschen. Ich hoffe, daß die Alternativen klar sind und den Verantwortlichen die Entscheidung leicht fällt.

Norbert P. Flechsig

Die Auswirkungen der digitalen Signalverarbeitung auf Anbieter von Rundfunk und Fernsehen

> *Digit* [didzit: engl., von lat. >Finger<] das; Ziffer, Stelle (in der Anzeige eines elektronischen Geräts)
> *digital:* stufenförmig, nur diskrete, d.h. nicht stetig veränderliche Werte annehmend; in diskrete Einzelschritte aufgelöst; Ggs.: analog (im Sinne von stufenlos, stetig, kontinuierlich).[1]

Viel Aufmerksamkeit wird heute den neuen Technologien digitaler Signalverarbeitung insbesondere auf dem Gebiet des Rundfunks und allgemein im Bereich der audiovisuellen Medien gewidmet. Von einer zweiten audiovisuellen Revolution durch technische Vervielfachung der Fernsehkanäle und digitaler Datenkompression sowie Datenreduktion ist die Rede.[2] Die Zukunft sei einsam, so wird gemutmaßt, und die Angst vor der Datendiktatur geht um.[3] Verlassene Einkaufszentren, geschlossene Kinos, leere Zeitungsständer. Alles tot. Nur du und dein Fernseher. Einkaufen per Knopfdruck, Filme nach Maß, flimmernde Zeitschriften. Alles kommt aus der Kiste. Das Leben wird zum Programm. Interaktives Fernsehen verändert die Welt: Jeder vernetzt - alle allein.

Digitale Technologie eröffnet uns in der Tat eine Vielzahl neuer Möglichkeiten für den Rundfunk ebenso wie für andere Dienstleistungsunternehmungen mit wirtschaftlicher Zielsetzung oder Zweckrichtung abseits vom Rundfunk: Unternehmen, die aber mit dem Fernsehbildschirm verbunden oder auf Kabel- und Satellitenverbindung angewiesen sind. Telekommunikations-Satelliten werden sowohl für den Rundfunk als auch für andere telekommunikative Dienste genutzt. Digitale Datenkompression erhöht die Zahl unterschiedlicher Dienstleistungen im Bereich der Information und Meinungsbildung.

Die an den Rundfunkrechtler gestellte Frage lautet, ob und in welchem Umfang die praktische Seite digitaler Signalverbindung und die zu erwartenden technologischen Entwicklungen - wie auch immer revolutionär sie in technischer Hinsicht sein mögen - notwendigerweise dazu führen, die Grundlage bestehender Rechte- und Gesetzessituationen zu verändern. Dies umso mehr, als die technischen Möglichkeiten sogenannter Multimediasysteme

1 Aus Brockhaus-Enzyklopädie 19. Auflage 1991 ff., Band 4, Seite 499.
2 Frankfurter Rundschau vom 8. 12. 1993.
3 Christoph Dröser, DIE ZEIT 4. 3. 1994: Die Glotze lebt.

weit über die heutigen Vorstellungen hinausreichen, die Lebensweise der Menschen verändern, zu Ansprüchen führen und Kosten verursachen.

1. *Formen der digitalen Signal- und Datenverarbeitung im Rundfunk*

1.1. *Digitale Technologie und Rundfunksendung*

Die Vorteile digitaler Technologie im Bereich des Rundfunks sind vielfältig. Im Radio ermöglicht das sogenannte DAB-System, welches im Rahmen von Eureka 147 mit der EBU geplant und entwickelt wurde, den sogenannten digitalen Rundfunkempfang, dies gilt sowohl terrestrisch als auch abgewandelt im Hinblick auf die Verbreitung mittels Satellit und Kabel. Im Vergleich zur vorhandenen Mittelwelle und Ultrakurzwelle kann die digitale Signalverarbeitung signifikante Verbesserungen in der Hörqualität bieten, die völlig störungsfrei und ohne Nebengeräusche den stationären und mobilen Rundfunkempfang vermittelt. Dieses DAB-System erlaubt eine größere Vielzahl von Programmen mit geringerer Übertragungskapazität als dies für Ultrakurzwellenprogramme erforderlich ist. Ferner können hierdurch eine weitere Vielzahl von programmrelevanten oder programmunabhängigen Daten kompatibel und zeitkritisch mit dem jeweiligen Medium übertragen werden. Dies erlaubt dem Rundfunkunternehmer eine unterschiedliche Konfiguration der Dienstleistungen mit der Möglichkeit, flexibel zwischen der Anzahl und der Qualität der Programme zu unterscheiden und auszuwählen. So kann sich beispielsweise die Rundfunkanstalt mit DAB zwischen der Kanalkapazität einerseits, die unterschiedliche stereophone Qualitäten ermöglicht, entscheiden oder aber andererseits eine große Anzahl von *lower quality audio programs* verfügbar halten, wie sie in etwa der gegenwärtigen Qualität von Kurzwellenprogrammen entspricht. Entsprechendes gilt für das digitale Fernsehen. Die Pläne für das DAB-System im Hinblick auf ihre Einführung in Europa zielen zunächst auf eine Versuchsphase in den Jahren 1994 bis 1995 ab, die ausschließlich im Rahmen der terrestrischen Verbreitung durchgeführt werden soll. In der Bundesrepublik besteht seit 1989 der digitale Satelliten-Hörrundfunk (DSR), der einen bundesweiten Empfang von 16 stereo Radioprogrammen oder 32 Monoprogrammen ermöglicht:[4] Perfekter Empfang, überlegener Klang, problemlose Bedienung, programmbegleitende Daten.

4 Hierzu Müller-Römer: Digital Audio Broadcasting (DAB) - Das künftige europäische Radiosystem, 1993; derselbe: Entwicklungslinien digitaler Rundfunksysteme (Hörfunk und Fernsehen) und neuer Rundfunkdienste, Fachkongreß Digitales Fernsehen - Digitaler Hörfunk; Technologien von morgen, gehalten auf dem Fachkongreß des Münchner Kreises am 25./26. 11. 1993. Derselbe: DAB - Das Rundfunksystem der Zukunft, Jahresbericht 1993.

Die digitale Signalverarbeitung führt ferner zu weiteren Fortschritten im Bereich des Fernsehens: Digitale Technologie ermöglicht die Übertragung des sogenannten *high definition television* (HDTV). Die mittels digitaler Technologie mögliche Datenkompression und Datenreduktion erlaubt die Teilung von Frequenzbandbreiten und damit die Versorgung mit mehreren Programmen. Auch hier soll - falls die gegenwärtigen Studien sich nicht noch beschleunigen - das digitale Fernsehen über Satellit im Frühjahr 1995 ebenfalls auf - im Rahmen eines Versuchs mit dem Start des Fernsehsatelliten - Astra 1 E starten; mit der terrestrischen Verbreitung des digitalen Fernsehens, wird zwischen 1997 und 1999 gerechnet. Was in Europa noch Zukunft genannt wird, erfüllt der amerikanische DirecTV-Satellit bereits heute: Mit 16 Transpondern von je 120 Watt können mit ihm über 75 bis 120 digitale Fernsehprogramme angeboten werden; die Empfänger der Programme werden mit einer *Smart-card* bloß die konsumierten Sendungen zu bezahlen haben.[5] Mit dem Projekt VIDINET (Video in digitalen Netzen) hat die Telekom vor kurzem einen Großversuch in Berlin begonnen, der die Landschaft des deutschen Fernsehens revolutionieren wird. Die vorhandene Kanalkapazität kann technisch schon jetzt ohne weiteres verzehnfacht werden.[6]

Die Entwicklung der digitalen Technologie generiert insbesondere im Hinblick auf die Kabelverbreitung neue Formen des *television,* die der Zuschauer auf seinem Fernsehschirm empfangen kann. Die neuen *catchwords* lauten für das Fernsehen *pay-TV, pay-per-view, pay-per-channel, video-on-demand, interaktives Fernsehen* und mit Blick auf das Radio *celestial jukebox* der *armchair recordstore:*

Pay-per-view und *pay-per-channel* können am ehesten als eine besondere Form oder Abart des Pay-TV bezeichnet werden. Pay-TV erfüllt den Sendebegriff des Urheberrechtsgesetzes (§ 20 UrhG) unmittelbar. Man zahlt für den Teil des allgemeinen Rundfunkprogramms, den man schaut. Das Rundfunkprogramm kann nicht abgefragt oder zusammengestellt werden. Pay-per-view oder Pay-TV ist ein festgelegtes Programm, das der Teilnehmer in bestimmten Zeitabständen und unabhängig von seiner tatsächlichen Nut-

5 Neue Züricher Zeitung vom 10. 2. 1994: Weitere Schritte zum digitalen Fernsehen.

6 Das Projekt VIDINET baut auf die digitale Datenkompression. Das heißt: Die Fernsehbilder (25 Einzelbilder pro Sekunde) werden dabei nicht mehr vollständig übertragen, sondern nur noch jene Bildelemente, die sich gegenüber dem letzten Einzelbild verändert haben. Dies ermöglicht, daß mehrere Sendestationen ihre Informationen auf ein und derselben Frequenz übertragen. Ein derartiger effizienter Sendebetrieb ist beim konventionellen PAL-Fernsehen nicht möglich: Die Signale der benachbarten Sender überlagern sich beim Empfänger mit den von der Umgebung reflektierenden Anteilen zu einem Signalgemisch, was zu Bildstörungen führt. Für klaren Empfang der Programme sorgt bei VIDINET das hier erstmals eingesetzte digitale Übertragungsverfahren OFDM (Orthogonal Frequency Division Multiplex).

zung entgelten muß.[7] Das Verfahren ist mit der Telekarte vergleichbar, wie sie im Mobilfunknetz eingesetzt wird.

Demgegenüber ist *Video-on-demand* am ehesten mit einer Art elektronischem Videoshop zu vergleichen. Man ruft aus einem großen modularen Datenspeicher über Datenleitungen bestimmte Informationen bewegter Bilder ab. Den Nutzen dieses *coaxial switched* digitalen Rundfunks oder aber einer digitalen Datenkompression auf solche Dienste erlaubt die gleichzeitige Individualkommunikation mit bis zu 500 Nutzern. AT&T in den USA und British Telecom (BT) in England planen heute bereits konkret die Einführung der *video-on-demand*-Dienste über Telefon.

Ob dieses Vorgehen den Begriff des Senderechts erfüllt bleibt fraglich, weil das Werk zwar durch Funk vermittelt wird, damit aber nicht einer Öffentlichkeit, also einer beliebigen Mehrzahl *gleichzeitig unmittelbar zugänglich* gemacht wird. Der klare Wortlaut des § 20 UrhG läßt eine andere Auslegung nach diesseitiger Auffassung nicht zu. Diese Bestimmung knüpft an den herkömmlichen Rundfunkbegriff an. Es sollte nicht jede funktechnische Übertragung eines Werkes hierunter fallen, sondern nur diejenige Ausstrahlung, die sich unmittelbar an eine Öffentlichkeit wendet.[8]

Ferner mangelt es bei dieser Form auch der Werkverwertung in körperlicher Form, so daß das Verbreitungsrecht des § 17 UrhG ebenfalls nicht verletzt ist. Auch eine öffentliche Wiedergabe (§ 15 II UrhG) bei nicht gleichzeitigem Abruf durch einzelne Betrachter erscheint - nicht nur technisch möglich - fraglich. Technisch erforderlich ist immer eine sogenannte Zwischenspeicherung. Hier ist die Rechtslage nicht anders zu beurteilen als in den Fällen, in denen die Werkübertragung durch EDV-Abrufdienste (insbesondere Datenbanken) in Frage steht.[9] Damit scheidet auch eine urheberrechtlich relevante Vorführung (§ 19 IV UrhG) aus. Welche Einordnung diese

7 In den USA haben DirecTV Inc. und United States Satellite Broadcasting (USSB) im Februar 1994 das direct ticket angekündigt: Direct ticket erlaubt dem Abonennten, voll aus den Möglichkeiten, die die digital-komprimierte Übertragung im Bereich von Pay-per-view schafft, aus einer Vielzahl von Diensten zu wählen und direkten Zugriff auf unterschiedliche Anbieter-Pakete bis zu total-choice-Paketen mit hunderten von Kanälen und Informationen zu haben; hierzu Infoast Nr. 3/1994, Seite 14: USA - DirecTV - 700 Dollar: Digitales TV-Zeitalter beginnt in den USA im April 1994.

8 Hierzu Schricker/v. Ungern-Sternberg, Kommentar zum Urheberrechtsgesetz, § 20 Rdnr. 24. Zur empfohlenen Einordnung unten 3.4. Die Kommission der EG ging bei ihrem ursprünglichen Richtlinienvorschlag der Richtlinie 92/100/EWG, ABl. EG Nr. L 346 vom 19. 11. 1992 - Vermiet- und Verleihrecht, nicht davon aus, daß *rental* oder *lending* von der Direktive erfaßt werden, weil diese Form der Verwertung als eine öffentliche Wiedergabe nach den Rechten der meisten Mitgliedstaaten angesehen wurde; hierzu Reinbothe/Lewinski: The E.C. Directive on Rental and Lendings Rights and on Piracy, London 1993, 41.

9 Hierzu Schricker/v. Ungern-Sternberg, Kommentar zum Urheberrechtsgesetz, § 15 Rdnr. 22 und 19 Rdnr. 41.

neue Nutzungsart in die bestehende Urheberrechtssystematik erfahren wird, kann deshalb heute noch nicht sicher prognostiziert werden.
Celestial-juke-boxes oder *armchair recordstores* bieten die Möglichkeit, sich individuellen Zugang zu Zentralcomputern zu verschaffen, um ganz bestimmte Programme nach eigener Wahl hören zu können; möglich wird dies durch einen entsprechenden Kabelanschluß.
Die Beschreibung *interactive television* erlaubt es den individuellen Teilnehmern, wie gesagt, zuhause Videos von *computerised label stores* zu jeder Zeit auf Abruf sich auf den Bildschirm zu holen. Interactive Television wird darüber hinaus für eine Vielzahl verschiedenster Mediensituationen gebraucht. In den Fällen, in denen ein digitaler Kabelrundfunk eine Zwei-Wege-Kommunikation über dieselbe Leitung erlaubt, liegt ebenso interaktives Fernsehen vor, wie dies bei dem Rundfunkteilnehmer der Fall ist, der sich über Telefon oder sonstige Verbindung beim Programm-Provider rückmelden kann. Interaktives Fernsehen wird in Europa von vielen Fernsehunternehmen vorbereitet und ist uns in Deutschland heute in der rudimentären Form des TED bereits bekannt. In Dänemark (TV 2), Frankreich (FR 3) und von YLE 2 in Finnland wird ebenso wie in Schweden (SVT 1) eine interaktive Mitwirkung des Zuschauers, Hugo genannt, angeboten: Die Zuschauer sind in der Lage, mittels Telefon zu einer bestimmten Zeit die Aktionen auf dem Bildschirm zu beeinflussen. HUGO ist auch in der Bundesrepublik schon Gegenwart[10]: Der Münchner Sender Der Kabelkanal hat für einen zweistelligen Millionenbetrag die Ausstrahlungsrechte an der am weitesten entwickelten interaktiven Gameshow »HUGO« erworben, bei der sich die Zuschauer selbst aktiv - etwa durch Telefonanrufe - beteiligen können.[11] Start war der 18. April 1994.
Auch der Privatsender SAT 1 lockt zusammen mit SAT 1 TEXT mit dem interaktiven Gewinnspiel »Blow up« die Gameboy-Generation: Grafische Elemente können per Aufdecktafel auf der Fernbedienung zu Buchstaben entschlüsselt werden. Fix das Lösungswort zum Ortstarif durchtelefoniert und schon winken Preise: Mit dem Tastentelefon ran an den Speck[12]. SAT 1 will mit der Video-Game-Show »Games World« ab April 1994 überwiegend jugendlichen Zuschauern ein interaktives Gewinnspiel nahebringen.[13]
Interaktives Fernsehen fordert den TV-Zuschauer: Das Ende der Gemütlichkeit?[14]

10 Siehe Focus 15/1994, 186.
11 Münchner Merkur vom 22. 3. 1994 sowie tz vom 22. 3. 1994.
12 Tz vom 22. 3. 1994.
13 Münchner Merkur vom 22. 3. 1994.
14 Stuttgarter Zeitung vom 24. 3. 1994.

1.2. *Digitale Technologie und archivalische Dokumentation*

Ein besonders intensives Anwendungsfeld der digitalen Verarbeitung von Musik-, Film-, Bild- und Sprachwerken wird in der Zukunft im Archivbereich der Rundfunkanstalten liegen. Zur Sicherung der Archivbestände existiert innerhalb der ARD eine aus Technikern und Archivleuten zusammengesetzte Arbeitsgruppe, die sich mit den Nutzungsaspekten der digitalen Speicherung im Archivbereich befaßt. Hierbei stehen nicht nur Aspekte der Automatisierbarkeit von Ton- und Bildträgern im Vordergrund. Die zeitlich nahezu unbegrenzte Haltbarkeit digitaler Sprach- und Bildaufnahmen, die hiermit verbundenen räumlichen Vorteile kleiner Speicher- und Lagerplätze sowie der extrem schnelle Zugriff werden zu revolutionierenden Neuerungen im Bereich der archivalischen Dokumentation führen.
Beim Süddeutschen Rundfunk befindet sich bereits heute ein digitaler Modulationsspeicher, DIMOS genannt, in der Erprobung. Ausgerichtet auf die internen Rundfunkbedürfnisse ist DIMOS bereits heute in der Lage, 100 000 Schallaufnahmen in digitaler Aufnahmequalität vorzuhalten. In Verbindung mit einem Wechselpufferzwischenspeicher, in den jeweils aktuell für die Sendung erforderliche Musiktitel oder andere Informationen zwischengelagert werden, können ganze Funkstrecken ihren Musikfahrplan nicht nur vorplanen, sondern mit Hilfe der optoelektronischen Speichermöglichkeiten jeweils individuell konkret abrufbar vorbereiten. DIMOS in Verbindung mit dem anwenderspezifischen Wechselpufferzwischenspeicher ist *audio-on-demand* innerhalb dieser Rundfunkanstalt für ihre sendungsspezifischen Anforderungen Wirklichkeit geworden: Alle Abteilungen des Hauses werden zukünftig praktisch in der Lage sein, aus dem digitalen Modulationsspeicher DIMOS und damit aus 100 000 Titeln ihre Auswahl schnell und sicher zu treffen, ohne daß der Originaltonträger im Umlauf oder irgendwo vom Schreibtisch eines Musikredakteurs verschwunden ist. Mit der Vervielfältigung auf den Wechselpufferzwischenspeicher ist eine digitale Aufzeichnung vorhanden, deren Qualität derjenigen des Originals ebenfalls identisch ist.

2. *Digitale Technologie und Rundfunk*

2.1. *Digitaler und analoger Rundfunk*

Der Mensch ist ausschließlich in der Lage, auf analogem Weg Geräusche oder Bilder mittels Ohren oder Augen zu rezipieren. Digitale Informationen verschließen sich dem Menschen; solche Informationen müssen in analoge

Signale umgewandelt sein, um verstanden werden zu können. Vor diesem Hintergrund ist die digitale Signalverarbeitung im Rundfunk grundsätzlich kein gesonderter, rechtlich bedeutsamer Vorgang. Digitale Verarbeitung betrifft den Transportweg der Information.
Der Rundfunkstaatsvertrag (§ 2 I) beschreibt als Rundfunk denjenigen Vorgang, der auf die für die Allgemeinheit bestimmte Veranstaltung und Verbreitung von Darbietungen aller Art in Wort, in Ton und Bild unter Benutzung elektrischer Schwingungen ohne Verbindungsleiter oder mittels eines Leiters ausgerichtet ist. Die Verwendung der Technologie des digitalen Rundfunks - ganz gleich ob es sich hierbei um DAB oder Digital TV oder HDTV handelt - unterfällt damit hinsichtlich der Zweckrichtung ebenfalls dem Rundfunkbegriff, auch wenn die Übertragungsform nicht mehr analog erfolgt. Die digitale Verarbeitung von Musik-, Film-, Bild- und Sprachwerken ist deshalb unter dem bestehenden Rundfunkrecht in Deutschland für jeden Rundfunkveranstalter rechtlich möglich und gewährleistet.

2.2. *Rundunk und electronic delivery*

Es steht zu erwarten, daß die neuen Technologien digitaler Datenkompression und Datenreduktion sowie Datenverwertung im Falle der umfänglichen Nutzung im Rundfunk den Hörern wie den Zuschauern zusätzliche Nutzungsmöglichkeiten bieten können und werden. Für den Fall des interaktiven Fernsehens beispielsweise wird der Zuschauer die Möglichkeit haben, zwischen verschiedenen Kameraeinstellungen eines Fußballspiels zu wählen. Kuß oder Ohrfeige für den Filmhelden: Der Zuschauer entscheidet. Jedoch gilt auch hier, daß der Zuschauer nur zwischen vorhandenen Bildeinstellungen wählen kann. Eine aktiv-individuelle Wahl oder Kontrolle des Hörers oder Zuschauers ist hierbei nicht möglich.
Wo die individuelle Wahl von Phonoprogrammen oder Videogrammen aus einem *electronic shop* (celestial juke box) in Frage steht ist - wie gesehen - nicht nur in wirtschaftlicher Betrachtungsweise eine Verbreitungshandlung gegeben, die sich als ein gegenüber dem Rundfunk gesonderter Weg des Kaufens und Verkaufens von Vervielfältigungsstücken darstellt. Nicht zuletzt deshalb handelt es sich aus diesem Grund bei *video-on-demand* nicht um Rundfunk im traditionell verstandenen Sinne - was nicht bedeutet, daß derartige Zugriff- oder Abrufdienste nicht vom Rundfunkbegriff erfaßt werden. Der in Art. 5 I 2 GG verwendete Begriff »Rundfunk« läßt sich nicht in einer ein für allemal gültigen Definition erfassen. Inhalt und Tragweite verfassungsrechtlicher Begriffe und Bestimmungen hängen (auch) von ihrem Normbereich ab. Soll die Rundfunkfreiheit in einer sich wandelnden Zukunft ihre normierende Wirkung haben, dann - dies hat das Bundesverfas-

sungsgericht schon in seinem 5. Fernsehurteil zum Landesmediengesetz Baden-Württemberg festgestellt[15] - kann es nicht angehen, nur an ältere Technik anzuknüpfen, den Schutz des Grundrechts auf diejenigen Sachverhalte zu beschränken, auf welche diese Technik bezogen ist, und auf diese Weise die Gewährleistung in Bereichen obsolet zu machen, in denen sie ihre Funktion auch angesichts der neuen technischen Möglichkeiten durchaus erfüllen könnte. Zur Gewährleistung freier individueller und öffentlicher Meinungsbildung darf den öffentlich-rechtlichen Rundfunkanstalten der Zugang zu diesen Diensten deshalb nicht versagt werden.[16]

Wenden sich die privaten wie öffentlich-rechtlichen Rundfunkveranstalter diesen Formen des *electronic shops* zu, stellt sich zugleich die Frage der Legitimität dieser Unternehmungen. Im hier interessierenden Zusammenhang steht nicht die technische Komponente des Begriffes Rundfunk in Frage; wie gesehen muß die digitale Signalverarbeitung dem technischen Rundfunkbegriff zugerechnet werden, wie überhaupt der Rundfunkbegriff nicht starr mit einer bestimmten technischen Modalität verbunden werden kann, wegen der ständig fortschreitenden technischen Entwicklung vielmehr zukunftsoffen zu sehen ist.[17] An dieser Stelle ist die rundfunkrechtliche Zulässigkeit der Veranstaltung von *pay-TV, pay-per-view* und *video-on-demand* durch insbesondere öffentlich-rechtliche Veranstalter positiv zu beantworten.

Die Möglichkeiten des digitalen Fernsehzeitalters verlangen vom öffentlich-rechtlichen Rundfunk, sich auch diesen Herausforderungen zu stellen. Öffentlich-rechtlicher Rundfunk soll den Informationsbelangen der Allgemeinheit dienen. Eine Form der Nachlese und begleitenden Unterrichtung des Rundfunkteilnehmers erfolgt bereits heute beispielsweise mittels Videotext. Die aufgezeigten digitalen Technologien *pay-TV* und *video-on-demand* erlauben diesbezüglich erweiterte Informationsgewährung, indem beispielsweise bereits gesendete Programme - aktuelle, berichterstattende wie unterhaltende Informationen - wiederholt zugänglich sind und nicht - wie den öffentlich-rechtlichen Rundfunkveranstaltern vorgeworfen - in den Archiven auf nimmer Wiedersehen verschwinden.

Die mittels digitaler Verarbeitung zukünftig mögliche technische Verfügbarkeit auch von Filmwerken und Laufbildern, von Hörfunksendungen ent-

15 BVerfGE 74, 297, 350 f. - Landesmediengesetz Baden-Württemberg. Zur Problematik auch J. Kreile: Rundfunkstaatsvertrag 2000 in: Kabel + Satellit 2/94, 46.

16 Dem steht nicht entgegen, wenn vereinzelt die Landesmediengesetze diese Dienste nicht als Rundfunk bezeichnen, vgl. § 1 II Nr. 1 LMedG Baden-Württemberg; hierzu BVerfGE 74, 297, 351 - Landesmediengesetz Baden-Württemberg.

17 Hesse, Rundfunkrecht, S. 85 ff., 88; Paschke: Medienrecht, § 11; BVerfGE 74, 297, 350 f. - Landesmediengesetz Baden Württemberg.

spricht den gesetzlichen Gegebenheiten[18] wie dem Gebot des Bundesverfassungsgerichts, Bestand und Entwicklung sowie Funktionieren des öffentlich-rechtlichen Rundfunks zu gewährleisten.[19] Von dieser verfassungsrechtlichen Gewährleistung sind die zukünftigen digitalen Mediendienste durch den öffentlich-rechtlichen Rundfunk gedeckt:

> In der Art und Weise der Funktionserfüllung sind die Rundfunkanstalten grundsätzlich frei. Die Bestimmung dessen, was die verfassungsrechtlich vorgegebene und gesetzlich näher umschriebene Funktion publizistisch erfordert, steht ihnen zu. Das ist der Sinn der grundrechtlichen Gewährleistung des Art. 5 Abs. 1 Satz 2 GG. Sie bezieht sich in erster Linie auf Inhalt und Form der Programme. In der Entscheidung über die als nötig angesehenen Inhalte und Formen liegt indessen zugleich eine Entscheidung über für ihre Verwirklichung benötigte Zeit und damit auch über Anzahl und Umfang der Programme. Diese Entscheidung wird daher ebenfalls grundsätzlich vom Schutz der Rundfunkfreiheit erfaßt und ist folglich primär Sache der Rundfunkanstalten.[20]

Für die Nutzung künftiger Digitaltechnik und damit sowohl von *Pay-TV* wie von *video-on-demand* durch öffentlich-rechtliche Rundfunkveranstalter sprechen eine Vielzahl von Gründen:
Die Vervielfachung der Kanäle und damit deutlich sinkende Kosten für Transpondermieten sind gleichwohl für den öffentlich-rechtlichen Rundfunk von Interesse.
In Anbetracht steigender Kosten muß auch der öffentlich-rechtliche Rundfunk mit Blick auf das Programm ergänzende und damit komplementäre Programmformen realisieren, die sowohl alternative Finanzierungsmöglichkeiten und inhaltliche Angebote verwirklichen als auch die gestiegenen Bedürfnisse nach einer umfassenden Grundversorgung, die eine Mehrzahl von Programmen voraussetzt,[21] gegebenenfalls im Verbund mit Dritten[22] zu befriedigen. Das voraussichtlich umfangreichere und spezifischere Zuschauerinteresse hat Anspruch auf angemessen den technischen Entwicklungen entsprechende Informationstechnologien.

18 Hierzu Präambel *(Für den öffentlich-rechtlichen Rundfunk sind Bestand und Entwicklung zu gewährleisten. Dazu gehört seine Teilhabe an allen neuen technischen Möglichkeiten in der Herstellung und zur Verbreitung sowie die Möglichkeit der Veranstaltung neuer Formen von Rundfunk)* und §§ 10 I und 12 II Nr. 1 und 2 Rundfunkstaatsvertrag sowie § 1 II ZDF-Staatsvertrag und § 3 III WDR-Gesetz; 1 1 II BayRln v. 25. 2. 1994.

19 Zuletzt BVerfG 1 BvL 30/88 vom 22. Februar 1994 ZUM 1994, S. 173 - Gebührenfinanzierung.

20 BVerfG ZUM 1994, S. 173 - Gebührenfinanzierung mit Verweis auf BVerfGE 87, 101, 201 - Werbeverbot im Dritten Fernsehprogramm des HR.

21 BVerfGE 74, 297, 320 - Landesmediengesetz Baden-Württemberg.

22 Hier ist an den Zugang zu Daten- und Informationsbanken wie auch zu Bildspeichern von Verlagen etc. zu denken.

Die digitale Rundfunktechnologie widerspricht nicht der öffentlich-rechtlichen Rundfunkgebühr, weil die zukünftigen Fernsehdienste nicht an die Stelle der Grundversorgung treten, sondern diese ergänzen die bestehenden Programme. Digitaltechnik und hiermit mögliche neue programmliche Erscheinungsformen gewährleisten die Wettbewerbsfähigkeit des öffentlich-rechtlichen Rundfunks und konkretisieren die Dynamik der Grundversorgung.[23]

Die Verpflichtung zu aktueller Berichterstattung und Programmgestaltung schließt es im übrigen aus, daß nicht von allen Rundfunkgebührenteilnehmern technisch empfangbare digitale Fernsehdienste an die Stelle der Hauptprogramme treten.

Die Einrichtung von digitalen Diensten entspricht der seit langem geübten rundfunkmäßigen und außerrundfunkmäßigen Verwertung von Rundfunkprogrammen, deren Gewinne ebenfalls wieder dem Programm zugeführt werden.

Die Möglichkeiten digitaler Rundfunkdienste werden dem Anspruch des Rundfunkteilnehmers gerecht, jede Sendung anhören oder ansehen zu können; er ist hiermit in der Lage, auch diejenigen Programme zu rezipieren, die er aus zeitlichen oder technischen Gründen nicht verfolgen konnte. Gerade die Dienste *Pay-TV* und *video-on-demand* ermöglichen es den öffentlich-rechtlichen Rundfunkveranstaltern erst, ihre Programme angemessen häufig zu wiederholen und zeitlich angepaßt auszustrahlen, wofür in entsprechenden Zeitschienen der Hauptprogramme gar keine Sendezeit zur Verfügung steht.

Ich komme deshalb zu dem Ergebnis, daß auch der öffentlich-rechtliche Rundfunk und also ARD und ZDF ihre eigenen Programme sowie programmbegleitende und unterstützende auditive und audiovisuelle Informationen über den *Information-Highway* des *video-on-demand* oder mittels *Pay-TV* oder *Pay-per-view* wie über andere digitale Verbreitungsdienste interessierten Kreisen zugänglich machen können, dürfen und müssen, sofern hierfür die erforderlichen Rechte vorhanden sind. Damit ist der These insbesondere der Vertreter des sogenannten Privatrundfunks deutlich entgegen zu treten, die den öffentlich-rechtlichen Rundfunk auf das Bestehende beschränken und ihm den Zutritt in das digitale Fernsehzeitalter versagen wollen.

23 Hierzu BVerfG - ZUM 1994, S. 173 - Gebührenfinanzierung, sowie Stellungnahme des ZDF zum Gebührenurteil des BVerfG, II. Seite 13.

3. *Digitale Signalverarbeitung und Urheberrecht*

3.1. *Urheberpersönlichkeitsrechte einerseits und Anspruch auf Werk- und Leistungsänderung andererseits*

Fragen des Urheber- und Leistungspersönlichkeitsrechts und also des Anspruchs auf Werkintegrität und Leistungsintegrität stehen im Zusammenhang mit dem interaktiven Fernsehen ebenso zur Beantwortung an, wie auf der anderen Seite der Anspruch auf zulässige Veränderung des urheberrechtsfähigen Werkes und der künstlerischen Leistung in Frage steht. Daß die Verwendung der neuen Technologien Auswirkungen auf Qualität und Quantität der Verwendung von Werken und sonstigen Leistungen hat, steht außer Frage.[24] Strategische Optionen für die Stärkung der Programmindustrie im Rahmen der audiovisuellen Politik der Europäischen Union stehen auf dem Plan.[25]

Das Werk-Veränderungsrecht ist in § 39 II des deutschen Urheberrechtsgesetzes ausdrücklich verankert. Hiernach sind Änderungen des Werkes oder seines Titels zulässig, zu denen der Urheber seine Einwilligung nach Treu und Glauben nicht versagen kann. Entsprechendes gilt für den Leistungsschutzberechtigten, soweit für diesen unmittelbar die nationalen Urheberrechtsvorschriften Anwendung finden. Die Rom-Konvention kennt keine persönlichkeitsrechtlichen Vorschriften für ausübende Künstler. In diesen Fällen ist der Künstler nahezu in allen Ländern auf die Inanspruchnahme des Beleidigungsschutzes oder anderer strafrechtlicher Schutznormen angewiesen, auf die sich die Interpreten bei Vorliegen einer Verletzung ihrer Ehre oder Reputation berufen können.

Für die Bundesrepublik Deutschland erscheint es mir nicht notwendig, vor dem Hintergrund der bestehenden Schutznormen zur Werk- und Leistungsintegrität (§§ 14 und 83 UrhG) daran zu denken, in Beziehung auf das digitale Fernsehen ergänzenden Rechtsschutz vorzusehen. Ein Entstellungschutz bei Filmwerken und damit auch bei Fernsehwerken und Fernsehfilmen[26] besteht hierin überhaupt nur bei gröblicher Entstellung oder anderer gröblicher Beeinträchtigung (§ 93 UrhG). Die Art und Weise der Entstellung ist hierfür ebensowenig erheblich wie der gegenständliche Anwendungsbereich des Integritätsanspruchs auch auf digitalisierte Programme nicht ausgeschlossen ist.

24 Vgl. zuletzt Erwägungsgründe 22 und 23 der Richtlinie 93/88/EWG zur Koordinierung bestimmter urheber- und leistungsschutzrechtlicher Vorschriften betreffend Satellitenrundfunk und Kabelweiterverbreitung vom 27. 9. 1993, ABl. der EG L 248/15 ff.

25 Hierzu Grünbuch der EG: Strategische Optionen für die Stärkung der Programmindustrie im Rahmen der audiovisuellen Politik der Europäischen Union (1994), S. 10 ff.: Die neuen technologischen Gegebenheiten.

Rundfunkanstalten sind heute in vielen Fällen dazu übergegangen, ihre Programme außerrundfunkmäßig auf Videokassette oder CompactDisc zu verwerten; dies geschieht zum einen, um die Nutzungsmöglichkeiten ihrer Produktionen zu erhöhen und zum anderen, um die finanzielle Ertragsseite zu stärken. Voraussetzung hierfür ist, daß die erforderlichen Rechte erworben sind. Derartige Nutzungshandlungen der Rundfunkanstalten werden generell als sogenannte Randnutzung bezeichnet. Hierfür wie für die digitale Fernseh- und Hörfunktechnologie müssen die erforderlichen Rechte vorhanden sein.

Niemand bestreitet, daß die Satellitenverbreitung von Programmen Rundfunk ist und vom jeweiligen nationalen Rundfunkrecht abgedeckt wird. Für die Bundesrepublik Deutschland steht dies auch vor dem Hintergrund des Staatsvertrages über den Rundfunk im vereinten Deutschland vom 31. 08. 1991 und hierin insbesondere dem Rundfunkstaatsvertrag außer Frage. Im europäischen Rahmen wird dies durch die Richtlinie zur Satelliten- und Kabelweiterleitung[27] sowie durch die Fernsehrichtlinie[28] und zukünftig auch die Europäische Konvention zum grenzüberschreitenden Satellitenfernsehen[29] bestätigt.

Ob eine Rundfunksendung terrestrisch oder aber mittels digitaler Satellitensendung verbreitet wird, ist vor dem Hintergrund des urheberrechtlichen Sendebegriffs unerheblich: Das Senderecht ist, wie bereits dargelegt, das Recht, das Werk durch Funk, wie Ton- und Fernsehrundfunk, Drahtfunk und ähnliche technische Einrichtungen, der Öffentlichkeit zugänglich zu machen (§ 20 UrhG). Unabhängig davon kann individualvertraglich vereinbart werden, daß das diesbezügliche Senderecht inhaltlich auf eine bestimmte Art und Weise der Rundfunkverbreitung – etwa derjenigen der terrestrischen oder satellitenmäßigen Verbreitung – beschränkt wird. Diesbezüglich werden sich die Parteien in Lizenz- oder Auftrags- sowie Coproduktionsverträgen in sogenannten Einstrahlungsschutzklauseln dahingehend verständigen, wie Dritten entsprechende oder identische Rechte außerhalb des Lizenzgebiets nicht eingeräumt werden dürfen.

In den Fällen der sogenannten Randnutzung und also der Nutzung von Rundfunkproduktionen außerhalb der eigentlichen Rundfunkverbreitung und insbesondere in der hier interessierenden Frage der Verwendung von

26 Schricker/Dietz, Kommentar zum Urheberrechtsgesetz, § 93 Rdnr. 11.
27 Richtlinie 93/83/EWG vom 27. 9. 1993.
28 Richtlinie 89/552/EWG vom 3. 10. 1989.
29 Vgl. hierzu Draft Convention relating to Questions on Copyright Law and Neighbouring Rights in the Framework of transfrontier Broadcasting by Satellite and Explanatory thereto vom 18. Januar 1994 (CM[94]5).

Rundfunkprogrammen im Rahmen des interaktiven Fernsehmediums müssen die hierfür erforderlichen Rechte vorhanden sein. Dieses diesbezügliche Nutzungsrecht muß mithin vertraglich erworben worden sein. Stellt sich in diesem Zusammenhang *Pay-TV* als ein dem Senderecht unterfallendes Nutzungsverhalten dar, so wird man dies für das sogenannte *video-on demand*-Handeln wie gesehen[30] nicht unmittelbar sagen können. Für die Zukunft empfehlen sich für die Rundfunkveranstalter in individuellen Verträgen wie in Rahmen- oder Gesamtverträgen sowie innerhalb kollektiv-vertraglicher Ordnungen entsprechende Regelungen, um die digitale Signalverbreitung von Rundfunkproduktionen im Hörfunk wie im Fernsehen urheberrechtlich außer Frage zu stellen.

Betrachtet man die in vielen Rundfunkanstalten vorhandenen Tarifverträge über die Urheber- und Mitwirkendenrechte arbeitnehmerähnlicher Personen - entsprechendes gilt für die Urheber- und Leistungsschutzrechte festangestellter Mitarbeiter -, so werden hierin die Rundfunkrechte zeitlich, räumlich und inhaltlich unbeschränkt der jeweiligen Sendeanstalt vorbehaltlich abweichender individueller Absprachen eingeräumt. Insoweit diese Rechte pauschal mit dem Ausgangshonorar abgegolten sind, steht der Verwendung auch in den digitalen Fernsehdiensten nichts entgegen, insbesondere besteht in diesen Fällen hierfür keine gesonderte Vergütungspflicht. Ist der Honorarvertrag als ein solcher mit Wiederholungsvergütung ausgestattet, gilt hinsichtlich der Rechtsübertragung nichts anderes; lediglich insoweit die Vergütung für weitere Nutzungsverwendungen infrage steht, müssen entsprechende Vergütungsregelungen greifen. Hierzu und also insbesondere für die außerrundfunkmäßige Nutzung sehen die zitierten Tarifverträge vor, daß die kommerzielle Verwertung im auditiven und audiovisuellen Bereich ebenfalls der Rundfunkanstalt gegen entsprechende Erlösbeteiligungen eingeräumt sind. Bestehen diesbezügliche Tarifverträge oder sind entsprechende Klauseln in Honorarbedingungen nicht vorhanden, denenzufolge die digitale Verwertungsform als eine Sonderform der außerrundfunkmäßigen Nutzung anzusehen ist, müssen entsprechende Absprachen getroffen werden.

Insoweit gegen die diesbezüglichen Vertragssicherung Einwendungen dergestalt erhoben werden, daß der Rundfunk sich auf die Rundfunkverbreitung beschränken solle, ist dem - wie bereits rundfunkverfassungsrechtlich erfolgt - auch sendevertragsrechtlich entgegenzuhalten, daß die jeweiligen Sendeunternehmen originäre Rechteinhaber der Fernsehproduktionen (wie auch Hörfunkproduktionen) sind (§§ 85, 86, 94, 95 UrhG). Die außerrundfunkmäßige und insbesondere in der Zukunft digitale Technik kann ohne das diesbezügliche Basis-Recht des Filmproduzenten aus §§ 94, 95

30 Siehe oben 1.1.

UrhG keinerlei Nutzung zugeführt werden. Es liegt deshalb nicht nur nahe, sondern es erscheint auch sachgerecht, die Rundfunkanstalt mit der Verwertungsmöglichkeit unter Zuhilfenahme digitaler Technologien als einer Form der kommerziellen Verwertung unter vielen zu betrauen.

3.3. *Kein urheberrechtlich ausschließliches Nutzungsrecht der digitalen Verarbeitung*

Verschiedentlich wird gefordert, die digitale Verarbeitung urheberrechtlicher Leistungen als eine eigenständige rechtliche Befugnis neben dem Vervielfältigungsrecht zu schützen.[31] Maßgebend hierfür ist das Verlangen nach einem wirksamen Schutz gegen u.a. unkontrollierbare Piraterie. Hiergegen sprechen aber nicht nur die Erwägungen der Rom-Konvention, die in Art. 1 den Schutz der Urheberrechte an Werken der Literatur und Kunst unberührt lassen. Für den Urheber, der faktisch durch ein solches Vetorecht des ausübenden Künstlers in seiner Werkverwertung gehemmt wäre, erschiene eine solche Rechtsposition unannehmbar und führte zu unterschiedlichen, auf Qualitätsstandards beruhenden Werkwiedergaben, die vom Werkinterpreten gegen den Willen des Schöpfers kontrolliert werden könnten. Diese Forderung läuft auch den gesetzlichen Regelungen in § 76 II deutsches UrhG wie auch in Art. 12 Rom-Abkommen zuwider, danach die Funksendung erschienener Tonträger nicht der gesonderten Erlaubnis bedarf. Ein derartiges ausschließliches Recht des Tonträgerherstellers wälzte eine Interessenkollision zwischen Urheber und ausübendem Künstler auf die insoweit völlig unbeteiligten Rundfunkanstalten über.

Deshalb sind die Leistungsschutzberechtigten aber nicht rechtlos. Das Vorhaben der Bundesregierung, die Richtlinie zum Vermiet- und Verleihrecht[32] in einem 4. Änderungsgesetz zum Urheberrechtsgesetz umzusetzen[33], belegt, daß gegen die diesbezüglichen Nutzungshandlungen entsprechende Vergütungsansprüche gewährt werden. Gleiches gilt für die private

31 Siehe hierzu Protokoll des Committee of Experts on a possible Protocoll to the Berne Convention for the Protection of Literary and Artistic Works, Geneva, November 4 to 8, 1991 und Draft WIPO Model Law on the Protection of Producers of Sound Recordings, Geneva 15 to 19, 1992: Section 4 II: *The Permission under paragraph (1 - private reproduction for the personal purposes of a physical person) shall not extend to the reproduction by digital means, of a copy of a digital sound recording where that copy has been made under paragraph (1);* Section 24: *The producer of a sound recording and the performer . . . shall be entitled to civil damages . . . where copies of the sound recordings are offered for sale or rental in an electronic form with a copy-protection or copy-management device and a device or means specifically designed or adopted to circumvent the said device or means is made or imported for sale or rental.*

32 Richtlinie 92/100/EWG vom 19. 11. 1992.

33 Hierzu Referentenentwurf des Bundesjustizministeriums zu einem Vierten Änderungsgesetz des Urheberrechtsgesetzes vom Januar 1994.

oder zum sonstigen eigenen Gebrauch hergestellte Vervielfältigung, die nach den Vorschriften der §§ 53, 54 UrhG durch die Geräte- und Leerkassettenabgabe vergütungspflichtig ist. Erscheinen die diesbezüglichen Entgelte angesichts der Vielzahl und Qualität der Vervielfältigungen nicht angemessen, dürfte sich eine Erhöhung dieser Sätze empfehlen.[34]
Rundfunkanstalten haben kein Erlaubnisrecht in Beziehung auf die Herstellung privater Kopien von Tonträgern die über Rundfunk ausgestrahlt werden, und Sendeunternehmen erhalten auch keinerlei Vergütung für die diesbezügliche private Nutzung ihrer Signale[35]. Das Mitschneiden zum privaten Gebrauch ist im übrigen in vielen Ländern auf der Erde rechtlich erlaubt und führt zu den deutschen Regeln entsprechenden Vergütungsansprüchen. Die EG-Kommission plant hierzu eine Regelung über die private audiovisuelle Vervielfältigung[36], in der die digitale Vervielfältigungstechnik in Erwägungsgrund 20 angesprochen ist. Weil die Gefahr bestehe, daß diese Technologie das Raubkopieren von urheberrechtlich geschützten Werken und Leistungen erleichtert, müsse dieses Risiko eingeschränkt werden und die digitalen Aufzeichnungsgeräte zu diesem Zweck mit technischen Vorrichtungen ausgerüstet sein.[37] Im Bereich der Europäischen Union wird zu fordern sein, daß in den Mitgliedsländern, in denen eine Regelung über das Herstellen einer privaten Kopie und diesbezüglicher Vergütungen nicht besteht, umgehend entsprechende Rechtsregeln eingeführt werden.

Rundfunkanstalten können mithin für den rechtswidrigen Mitschnitt bzw. die im Anschluß an den rechtmäßigen Mitschnitt erfolgende rechtswidrige Nutzungshandlung keinerlei Verantwortung tragen. Das eigentliche Vervielfältigen findet im übrigen nicht durch Mitschneiden von Rundfunksendungen sondern durch die Duplizierung vorbestehender Tonträger statt.[38]
Führt man sich einmal die jährlichen Steigerungen der Verkaufszahlen von Industrietonträgern vor Augen – in den Vereinigten Staaten wurden im Jahre

34 Hierzu die Anlage zu § 54 IV UrhG.
35 Vgl. § 87 III UrhG.
36 Vorentwurf eines Vorschlags für eine Richtlinie des Rates zur Koordinierung für die private Vervielfältigung geltender Regeln des Urheberrechts und der Leistungsschutzrechte vom 17. 7. 1992.
37 Hierzu Vorentwurf einer Richtlinie des Rates zur Koordinierung einiger für die private Vervielfältigung geltender Regeln des Urheberrechts und der Leistungsschutzrechte (Vorlage der Kommission vom 17. 7. 1992, V 16) und *Avant-projet* vom September 1992. Erwägungsgrund 20: *Considérant que la technologie de la reproduction numérique permet de réaliser des reproductions dont la qualité est identiqu à celle de l'original à partir duquel la reproduction a été effectuée; que cette technologie risque de faciliter la piraterie d'oeuvres protégées par le droit d'auteur et d'autres objets protégés par les droits voisins; qu'un tel risque doit être équipés de dispositifs techniques à cette fin.*
38 Hierzu Erfahrungsbericht der Bundesregierung über die Auswirkungen der Urheberrechtsnovelle 1985 und Fragen des Urheber- und Leistungsschutzrechts, BTags-Drucksache 11/4929, S. 23 ff., hierzu auch Reinhold Kreile ZUM 1990, 1 ff.

1993 für insgesamt 28,7 Milliarden US Dollar Industrietonträger veräußert; die Verkaufszahl hat sich gegenüber 1991 um 9,3 % gesteigert - so erscheint es ziemlich spekulativ, sich vorzustellen, daß der private Mitschnitt von Rundfunksendungen, denen Industrietonträger zugrundeliegen, einen signifikanten Effekt im Hinblick auf die Verhinderung des Verkaufs von CDs hätte. Hinzu tritt, daß eine Vielzahl von großen Industrietonträgerherstellern Gesellschafter multinationaler Elektronikhersteller sind, die Audio-Hifi-Equipment herstellen sowie Leerkassetten vertreiben. Von hierher tragen diese Interessengruppen eine noch größere Verantwortung für das private Mitschneideverhalten und es liegt in ihrer eigenen Macht, Vorkehrungen gegen schrankenloses Kopieren vorzusehen. Die Regeln des heutigen *serial copying management system,* SCMS, sehen die Möglichkeit vor, daß bei Vorhandensein eines Übertragungscodes *copyright protected* nur eine einzige Vervielfältigung möglich ist. Für den Bereich des amerikanischen Rechts ist - bei einer entsprechenden Verpflichtung *copyright protected codes* einzubringen - ausdrücklich jede Verantwortung der Rundfunkanstalt in Beziehung auf die private Nutzung von Urheber- oder Leistungsschutzrechten ausgeschlossen.
Hinzu tritt, daß Rundfunkunternehmer auf die Möglichkeit der Ausstrahlung von Industrietonträgern angewiesen sind, wie dies andererseits auch von der Öffentlichkeit erwartet wird. Angesichts des steigenden Wettbewerbs im Zuge immer neuer Rundfunkveranstalter muß gerade für den öffentlich-rechtlichen Rundfunk gelten, daß als Inhalt seines Rundfunkauftrages auch die Übertragung von digitalen Tonträgern möglich ist. Ich sehe auch kein Argument für ein *upgrading* des rundfunkrechtlichen Senderechts zu einem Ausschließlichkeitsrecht, insbesondere für Mitwirkende, wenn die Qualität des Systems steigt; letzteres wird auf eine unterschiedliche Anzahl von Umständen zurückzuführen sein.
Auf der anderen Seite sind sich die Mitglieder der Europäischen Rundfunkunion EBU/UER mit der phonographischen Industrie dahingehend einig, daß das Problem der Privatkopie und also die Vervielfältigung eines analogen oder digitalen vorbestehenden Industrietonträgers einer Rundfunksendung den Anspruch rechtfertigt, für die diesbezügliche private Vervielfältigung wie bisher eine Vergütung zu entrichten.

3.4. *Video-on-demand und urheberrechtliche Einordnung*

Wie oben gesehen, ist *video-on-demand* weder vom gegenwärtigen Senderechtsbegriff des UrhG noch vom gegenwärtigen Verbreitungsrecht oder Vorführungsrecht erfaßt sowie auch nicht von der urheberrechtlichen Befugnis der öffentlichen Wiedergabe im Urheberrechtsgesetzes abgedeckt.

Mit dem 4. Änderungsgesetz zum Urheberrechtsgesetz[39] soll die EG-Richtlinie 92/100/EWG zum Vermiet- und Verleihrecht[40] umgesetzt werden. Nach dieser Richtlinie ist Vermietung die Gebrauchsüberlassung zu unmittelbarem oder mittelbarem wirtschaftlichen oder kommerziellen Nutzen.[41] Mit einem weiten Verständnis des Begriffs *Vermieten* könnten *on-demand*-Dienste, die »unmittelbar oder mittelbar Erwerbszwecken dienen«[42], mithin vom diesbezüglich erweiterten Verbreitungsrecht erfaßt werden, weil *on-demand*-Nutzung eine entsprechende zeitweilige Gebrauchsüberlassung darstellt.[43]
Dies ist allerdings - wie könnte es anders sein - nicht unbestritten. Hillig[44] hält eine Ergänzung des Begriffs der öffentlichen Wiedergabe für überlegenswert, die sich am Copyright Act der USA orientieren könnte. Hiernach liegt eine öffentliche Werkwiedergabe auch dann vor, wenn der Teil der Öffentlichkeit, für die die Werkwiedergabe bestimmt ist, sie an unterschiedlichen Orten oder zu verschiedenen Zeiten empfängt.[45]

4. *Thesen*

1. Die Zukunft digitaler Rundfunktechnik führt zu erheblicher Qualitätssteigerung der Hörfunk- und Fernsehprogramme. Die öffentlich-rechtlichen Rundfunkveranstalter sind den Rundfunkteilnehmern gegenüber verpflichtet, die digitale Signalübertragung aus den verfassungsrechtlichen Geboten der Bestandssicherung und der technischen Weiterentwicklung vorzunehmen.
2. Die digitale Technik erlaubt es den öffentlich-rechtlichen Rundfunkveranstaltern, ihre archivalischen Programmbestände mittels *Pay-TV, Pay-per-view* und *on-demand*-Diensten den Hörern und Zuschauern als weitere Rundfunkserviceleistungen zur Information und Meinungsbildung zur Verfügung zu stellen.

39 Hierzu Referentenentwurf des BJM vom Januar 1994.
40 Richtlinie 92/100/EWG, ABl.EG Nr. L 346 vom 19. 11. 1992, S. 61.
41 Art. 1 Abs. 2: *Für die Zwecke dieser Richtlinie bedeutet »Vermieten« die zeitlich begrenzte Gebrauchsüberlassung zu unmittelbarem oder mittelbarem wirtschaftlichen oder kommerziellen Nutzen.*
42 Hierzu Begründung des RefE des BMJ eines 4. Änderungsgesetzes des UrhG, Seite 14.
43 So auch Reinbothe/Lewinski (Fn. 8), S. 41 f.
44 Hillig: Urheber- und Wettbewerbsrecht, in Fuhr/Rudolf/Wasserburg: Recht der Neuen Medien, 384 ff., 425 f.
45 § 101 - Definitions - CA-USA 1978: *To perform or display a work »publicly« means . . . to transmit or otherwise communicate a performance . . . to the public . . . whether the members of the public capable of receiving the performance or display receive it in the same place or in separate places and at the same time or at different times.*

3. *Video-on-demand* ist vor dem Hintergrund des geltenden deutschen Urheberrechts nicht eindeutig einzuordnen. Mit der Umsetzung der EG-Richtlinie zum Vermiet- und Verleihrecht könnte diese Inanspruchnahme urheberrechtlicher Nutzungsrechte am ehesten vom Verbreitungsrecht erfaßt werden.
4. Ein ausschließliches Nutzungsrecht für die Vervielfältigung oder Verbreitung von Werken oder Leistungen mittels digitaler Signalverarbeitung ist abzulehnen. Der Urheber- und Leistungspersönlichkeitsschutz für Werkschöpfer und Darbietende ist angemessen im Urheberrechtsgesetz gesichert. Das Urheberrecht schützt de lege lata Urheber- und Leistungsschutzberechtigte vor dem Hintergrund zukünftiger digitaler Signaltechnik ausreichend.

Jürgen Becker

Die digitale Verwertung von Musikwerken aus der Sicht der Musikurheber

I. *Musik und Technik*

Musik hat zur Technik eine besondere Affinität. Mehr noch als die anderen klassischen Urheber, die Schriftsteller, Maler oder Bildhauer bedürfen Komponisten technischer Hilfsmittel, um ihre Werke sprichwörtlich zum Klingen zu bringen. Die menschliche Stimme allein reicht bei aller Wertschätzung nicht aus, damit ein Komponist die gesamte Fülle seiner schöpferischen Möglichkeiten und seiner künstlerischen Begabung ausbreiten kann.

Wer durch eine Instrumentensammlung streift, kann die technischen Wunderwerke bestaunen, mit deren Hilfe Komponisten ihre Werke - man darf sagen seit Jahrtausenden - der Allgemeinheit, d.h. dem interessierten Publikum, vermitteln. In knapp hundert Jahren haben Erfindung und Einführung von Schallplatte, Film, Rundfunk und Fernsehen, elektrischer Lautsprecherwiedergabe, Tonband sowie Audio- und Videokassette immer neue technische Möglichkeiten erschlossen, Werkschöpfungen von Musikurhebern in immer besserer Qualität einer breiten Öffentlichkeit zugänglich zu machen.

Mit der Einführung der CD (Compact Disc) im Jahr 1982/83 wurde in der Musikbranche das digitale Zeitalter eingeläutet. Die Ablösung der analogen Schallspeicherung durch die Digitaltechnik der CD gilt als Revolution der Aufzeichnungs- und Wiedergabetechnik, die sich fortgesetzt hat mit der Entwicklung und Einführung des ersten digitalen Audiobandes DAT (1985), der Laser-Disc mit digitalem Ton (1988), der digitalen Compact-Cassette, DCC, und der laserabgetasteten, bespielbaren Mini-Disc, MD (1990/92). Mit der CD-Interaktiv (CD-I), sowie der CD-ROM (Disc-Read only Memory), mit deren Hilfe sich Ton, Bild und EDV verknüpfen lassen, hat sich auch für die Musik die Multimedia-Welt eröffnet.

Musikwerke können inzwischen auch als sog. MIDI-Daten (MIDI = Musical Instrument Digital Interface) auf MIDI-Files abgespeichert und genutzt werden. Hierbei handelt es sich um elektronische Spielanweisungen für MIDI-fähige Keyboards, vergleichbar mit den mechanischen Spielanweisungen auf einer lochgestanzten Klavierrolle, wie sie Ende des 19. Jahrhunderts verwendet wurden. In den USA werden MIDI-Files von der Firma CompuServe on-line abrufbar angeboten. Der Umsatz wird auf 185 Millionen Dollar bei einer Abonnentenzahl von 1 Million geschätzt. Allerdings wird in den USA gegen CompuServe ein Prozeß wegen Urheberrechtsverletzung geführt.

Eine weitere Verwertungsmöglichkeit auf digitaler Ebene stellt das sog. Soundsampling in der Form des Tonträgersamplings dar. Hierbei werden in der Regel Teile von Musikwerken auf bereits bestehenden Tonträgern in ein spezielles Keyboard in digitaler Form eingespeist (gesamplet). Diese können dann beliebig manipuliert und in Produktionen von Dritten verwendet werden.

Und durch die Verbindung von Digitaltechnik, EDV und Telekommunikation, die Musik- und Videodatenbanken und damit »Music on demand« oder »Video on demand« ermöglichen, rollt die Musik auf den sog. digitalen »Super-Highways« körperlos direkt in die »Entertainment-Centers« deutscher, europäischer, amerikanischer und japanischer Haushalte.

Der technologische Quantensprung beruht auf folgendem:

Die digitale Technologie ermöglicht die Umwandlung von geschützten Werken und Leistungen in ein und dasselbe Datenformat, unabhängig davon, zu welcher der bislang unterscheidbaren Werkarten sie gehören und unabhängig davon, in welchem der bislang und deutlich voneinander abgrenzbaren Speichermedien sie verkörpert sind. Texte, Bilder, Bildfolgen und Klang können ebenso digitalisiert werden, wie ganz allgemein Daten und Informationen. Sie alle können auf ein und demselben Datenträger gespeichert, über die gleichen Kommunikationsnetze verbreitet und von ein und demselben Gerät wieder in ihre ursprüngliche, für den Menschen wahrnehmbare Form umgewandelt werden. Man spricht deshalb auch von »Multimedia-Produkten«. Zugleich lassen sich Werke in bisher getrennten Medien frei miteinander kombinieren und schließlich vom Werknutzer in nahezu beliebiger Weise verändern[1]. Das digitale Entertainment-Center bzw. die sog. digitale »Plattform« der Zukunft könnte nach Thomas *Dreier* etwa der »über ISDN mit Text-, Klang- und Bilddatenbanken sowie mit anderen Teilnehmern vernetzte Computer sein, ausgestattet mit einem Laufwerk für wiederbespielbare CD's und mit einer Antenne zum Empfang digitalen Rundfunks, und angeschlossen an eine Videokamera, einen Scanner sowie einen Fernsehbildschirm«[2].

Die Einführung des digitalen Hörfunks hat in Deutschland mit sechzehn Programmen, die über Satelliten ausgestrahlt werden, bereits begonnen. Daneben installieren sich in Europa digitale Kabeldienste, die ihren Abon-

1 Vgl. *Dreier,* GRUR Int. 1993, 742.
2 *Dreier,* a.a.O.

nenten zeitgleich eine Auswahl von dreißig, sechzig und mehr Musikprogrammen in digitaler Qualität liefern können und wollen. Grundsätzlich ermöglicht die Technik der digitalen Kompression zukünftig auch eine nahezu unbegrenzte Anzahl von Fernsehprogrammen, Pay-TV, »on-demand«-Diensten, interaktivem Fernsehen etc., über deren Notwendigkeit und Wirtschaftlichkeit schlußendlich der Markt entscheiden wird.
Diese technischen Errungenschaften sind keine Revolution sondern eine Evolution des bereits Bekannten und bedeuten, ganz allgemein und ganz nüchtern, erst einmal nichts anderes, als z.B. die Erfindung der Schellackschallplatte, der LP oder des Tonbandes, nämlich einen quantitativen Schritt in der technischen Entwicklung sowie einen qualitativen Fortschritt beim Werk- bzw. beim Kunstgenuß. Sie ermöglichen einem breiten Publikum eine vielseitige und weitreichende Teilnahme an den Ergebnissen schöpferischer Arbeit und eröffnen den schöpferischen Menschen, namentlich auch den Musikurhebern, schon in der nahen Zukunft einen Wirkungsraum von zur Zeit noch nicht abschätzbarem Ausmaß.
Ein erweitertes Wirkungsfeld setzt erfahrungsgemäß auch bei Musikurhebern schöpferische Kräfte frei. Der CD-Boom der letzten zehn Jahre und die Anreize durch Rundfunk und Fernsehen im erweiterten deutschen dualen Rundfunksystem geben davon Zeugnis. Deshalb darf davon ausgegangen werden, daß die Musikurheber, die Komponisten und Textdichter, aber auch die Musikverleger, sich der digitalen Herausforderung stellen und, wie bereits in der Vergangenheit, die neuen technischen Entwicklungen und Möglichkeiten nutzen und daraus Früchte ziehen.

II. *Der Wettlauf um den Multimedia-Markt*

Nicht nur in den USA und in Japan, sondern auch in Deutschland hat ein heißer Wettlauf um den entstehenden Multimedia-Markt begonnen. Die in den USA auf privater Ebene betriebenen Telefon- und Kabelfernsehgiganten haben sich zusammengeschlossen und wachsen durch Übernahme von Film- und Medienkonzernen, wie unlängst bei der Übernahme von Paramount durch den Kabelfernsehkonzern VIACOM, zu Multimedia-Riesen. Paramount war das letzte große unabhängige Hollywood-Filmstudio. Paramount gehören die Rechte an zahlreichen Film- und Fernsehproduktionen und liefert damit den heißbegehrten »Rohstoff« für die Multimedia-Industrie. Zu VIACOM gehört der Pop-Fernsehsender »MTV«, der inzwischen in fünfundzwanzig Länder ausgestrahlt wird[3]. Aber auch in Deutschland bilden sich neue Allianzen: So legte jüngst die Kirch-Gruppe gemeinsam

3 Vgl. FAZ v. 16.2.1994.

mit der Telekom und Bertelsmann den Grundstein für die »Mediaservices GmbH«, die den Multimedia-Markt erschließen soll[4]. Eine Beteiligung von ARD und ZDF an diesem Zusammenschluß gilt als nicht ausgeschlossen. Auch Bertelsmann Music Group (BMG) will das Multimedia-Geschäft für den deutschsprachigen Raum entwickeln. Eine neue Sparte BMG Ariola Multimedia soll die Bereiche Neue Technologien, Direct Marketing und Merchandising bündeln. Ariola Multimedia soll in Quickborn bei Hamburg angesiedelt werden und Multimedia-Produkte der amerikanischen BMG-Partner vermarkten[5]. Verflechtungen und vertikale Konzentrationsprozesse machen es für die Rechteinhaber aber schwerer zu durchschauen, mit wem sie kontrahieren, und es besteht die Gefahr, daß Vertragsverhandlungen zum Diktat werden. Die wirtschaftliche Bedeutung der amerikanischen »Entertainment-Industrie« ist in den letzten Jahren so gewachsen, daß sie nach der Rüstungsindustrie auf Platz zwei der Exportindustrie steht. Die Spekulationen über mögliche Umsätze auf dem digitalen Markt sind kaum noch zu bremsen: So prognostiziert Mark *Wössner,* Vorstandsvorsitzender der Bertelsmann AG, allein für die Kommunikationswirtschaft in Deutschland bis zum Ende des 20. Jahrhunderts einen Umsatz von DM 140 bis 160 Mrd. - mehr als doppelt so viel wie heute. Apple-Chef John *Sculley* schätzt, daß der Digital-Markt bis zur Jahrtausendwende, also in knapp sechs Jahren, weltweit ein Umsatzvolumen von über 3.000 Mrd. Dollar erreichen wird.

Auch die EG-Kommission verbindet mit der Digitalisierung und den neuen Übertragungstechniken große Erwartungen. In ihrem 1993 vorgelegten Weißbuch »Wachstum, Wettbewerbsfähigkeit, Beschäftigung - Herausforderungen der Gegenwart und Wege ins 21. Jahrhundert« geht sie davon aus, daß z.B. bis zum Jahr 2000 die Zahl der Fernsehkanäle auf 500 und die der Fernsehsendestunden im gleichen Zeitraum von 650.000 auf 3,2 Mio. ansteigen. Außerdem soll die Sendezeit der verschlüsselten Programme um das 30fache steigen. Die Kommission schätzt, daß in der EU derzeit 1,8 Mio. Menschen ihren Lebensunterhalt in den audiovisuellen Diensten verdienen. Außerdem soll es hier erhebliche Möglichkeiten zur Schaffung von neuen Arbeitsplätzen geben. »Vorausgesetzt, daß es zu neuen Arbeitsplätzen in Europa und nicht zu einem Kapitaltransfer von Europa in andere Teile der Welt führt«, können nach Auffassung der Kommission »unter gleichbleibenden Umständen bis zum Jahr 2000 etwa 2 Mio. neue Arbeitsplätze geschaffen werden«. Die Erwartung sei nicht unrealistisch, daß der audiovisuelle Dienstleistungssektor direkt oder indirekt 4 Mio. Personen Beschäftigungen bieten wird. Damit wird der audiovisuelle Sektor im 21.

4 Vgl. FAZ v. 23.3.1994.
5 Vgl. Handelsblatt vom 9.5.1994, S. 13.

Jahrhundert zu den größten Dienstleistungsektoren gehören, weshalb es verständlich ist, daß die EG-Kommission diesem Bereich eine erhöhte Aufmerksamkeit widmet.
Der erwartete wirtschaftliche Erfolg auf der Nutzerseite läßt aber schnell und leicht vergessen, daß der »Rohstoff« für diese Industrie von den Urhebern geliefert wird. In Deutschland hängen inzwischen Einkünfte in Höhe von rund DM 56 Mrd. und etwa achthundertausend Arbeitsplätze unmittelbar oder mittelbar von urheberrechtlich geschützten Werken und ihrer Verwertung ab. Dies entspricht 2,5 % der Bruttowertschöpfung und einem Anteil von 3,1 % an der Gesamtzahl der Erwerbstätigen[6].
Trotz Marktmacht bedeutet wirtschaftliche Größe aber auch eine Ordnung der Marktkräfte, die dem Urheber gesicherte Einnahmen garantieren, auch wenn er um ihre Höhe erbittert kämpfen muß. Für den Urheber bedeutet dies in einem neuen geordneten Markt Stabilität und eröffnet Chancen für Weiterentwicklung und wachsende Einnahmen.

III. *Mögliche Gefährdungen für den Urheber*

Der mit der Digitalisierung erreichte technische Fortschritt bei Aufnahme, Übertragung und Wiedergabe von Musik und anderen Programmen ist gewaltig. Mit der Übernahme der Digitaltechnik durch andere Medien, wie Rundfunk, Fernsehen, Abrufdienste etc., erhöht sich aber auch die Gefahr des unkontrollierten bzw. des unkontrollierbaren Zugangs zu Musik, Filmen und anderen Programmen.
Was den Urhebern, und nicht nur den Musikurhebern, Sorge bereitet, ist die Auswirkung der technischen Revolution, aufgrund derer es in absehbarer Zeit weniger auf den Verkauf von körperlichen Tonträgern ankommt, als auf die unkörperliche Kabel- und Satelliten-Lieferung von Musik. Darüber hinaus ermöglichen digitaler Rundfunk und digitale Kabelnetze den digitalen Mitschnitt von Musikwerken mittels DAT, DCC, MD und demnächst auch wiederbespielbarer CD. Die Musikpiraterie wird damit zum Kinderspiel. Digitale Übertragung durch traditionellen Rundfunk und herkömmliche Kabelnetze, erleichterte Zugriffsmöglichkeiten mit Hilfe interaktiver Servicenetze, rasche, kostengünstige Kopiermöglichkeit ohne Qualitätsverlust und nicht zuletzt die erleichterte Möglichkeit eines Eingriffs in das geschaffene Werk spielen eine bedeutende Rolle. Die konkret absehbar gewordenen Gefahren für das Urheberpersönlichkeitsrecht wecken beim Musikurheber zurecht Befürchtungen im Hinblick auf die Integrität seines Werkes und die

6 Vgl. *Leutheusser/Schnarrenberger* in einem Interview der GEMA-Nachrichten, Heft 149, S. 6 ff.

Zukunft seiner wirtschaftlichen Existenz. Denn das deutsche und das kontinental-europäische Urheberrecht legen besonderes Gewicht auf die Beziehungen zwischen dem Urheber und seinem Werk. Neben den materiellen Interessen sind deshalb auch immer die ideellen Interessen der Urheber zu beachten.
Nicht zu Unrecht betrachten die Urheber die großen Zusammenschlüsse auf dem amerikanischen, europäischen und deutschen Multimedia-Markt mit Skepsis. Denn gegenüber wirtschaftlicher Macht ist der auf sich gestellte Urheber in einer schwachen Position. Erst der Zusammenschluß zu starken und effizienten Verwertungsgesellschaften macht aus der Vielzahl der musikalischen Urheber einen ernstzunehmenden und adäquaten Verhandlungspartner für die Nutzer-Giganten, der in der Lage ist, die rechtlichen und wirtschaftlichen Interessen der Urheber auch gegenüber dem wirtschaftlich Stärkeren zu vertreten und durchzusetzen. Die Bedeutung von Verwertungsgesellschaften wird deshalb im digitalen Zeitalter weiter zunehmen, wenn man nur an die Fülle der neuen Anbieter, d.h. Nutzer von Musik, denkt, denen die Verwertungsgesellschaften das Weltrepertoire der Musik schnell, zuverlässig, unbürokratisch und zu berechenbaren Kosten aus »einer Hand« anbieten und liefern können. Beim Aufbau der neuen digitalen Dienste und damit der Schaffung von neuen Arbeitsplätzen leisten die europäischen musikalischen Verwertungsgesellschaften deshalb aktive Hilfestellung. Der schnelle Aufbau z.B. des dualen Fernsehsystems in Deutschland gibt davon Zeugnis.

IV. *Auswirkungen der digitalen Technologie auf das Urheberrecht*

Über die Auswirkungen der digitalen Technologie auf das Urheberrecht wird inzwischen auf breiter Ebene diskutiert, nachgedacht und geschrieben.

1. *Die Überlegungen im Rahmen der WIPO*

Gleich auf zwei internationalen Konferenzen hat sich die WIPO diesem Thema angenommen: In einem »Expertenkomitee für ein mögliches Protokoll zur Berner Konvention« und in einem »Expertenkomitee über ein eventuelles Instrument bezüglich des Schutzes der ausübenden Künstler und der Tonträgerhersteller«. Die mehrwöchigen Sitzungen während der Jahre 1992 und 1993 behandelten die Frage, inwieweit die Digitaltechnik zu Umformulierungen der dem Urheberrecht und den verwandten Schutzrechten zugrundeliegenden Prinzipien und Philosophien führen kann. Dies vor allem deshalb, weil die derzeitig gültigen Begriffe des Urheberrechts noch vor dem Hintergrund der Printmedien geschaffen wurden und nur vereinzelt

neue Technologien regeln. Die WIPO hält es deshalb für angebracht, u.a. folgende Begriffe und Themen zu überdenken:
»Müssen etwa die bestehenden Werkarten neu definiert werden?
Bedarf es zusätzlicher Arten geschützter Werke?
Müssen den Inhabern von Rechten an bestehenden geschützten Werken und Leistungen neue Rechte zuerkannt werden?
Sind die Rechte der Vervielfältigung, der Verbreitung, der Sendung und der öffentlichen Mitteilung neu zu definieren?
Beeinträchtigt die digitale Technologie den Ausgleich der Interessen von Rechteinhabern und Nutzern, wie er gegenwärtig in der Definition des Umfangs der Schutzrechte und der Schrankenbestimmungen festgeschrieben ist?[7]«.
Daneben stehen die Auswirkungen der digitalen Technologie auf bestehende und zukünftige Urheberrechtsverträge wie z.B. Wahrnehmungsverträge zwischen Urhebern und Verwertungsgesellschaften, Gegenseitigkeitsverträge zwischen Verwertungsgesellschaften und Lizenzverträge zwischen Nutzern und Verwertungsgesellschaften zur Debatte. Auch wird die Frage aufgeworfen, welche Rechte im digitalen Zeitalter sinnvollerweise einzeln oder kollektiv wahrgenommen werden sollen.
Die rechtzeitige, intensive Beschäftigung mit diesen Fragen soll nach Auffassung der WIPO verhindern, »daß die faktischen Vorgaben der technischen Wirklichkeit den rechtlichen Entscheidungsspielraum einengen und das Recht des geistigen Eigentums darauf beschränken, inzwischen unabänderlich Gewordenes nachträglich zu bestätigen«. Dies insbesondere, um die schöpferischen Menschen sowie die Allgemeinheit vor wirtschaftlichen Schäden zu bewahren[8]. Auch die EG-Kommission hat die möglichen Herausforderungen der technischen Entwicklung erkannt und deshalb in ihrer Richtlinie zum Kabel- und Satellitenrundfunk vom 27. September 1993[9] die Erwartung verankert, »daß die Verwendung der neuen Technologien Auswirkungen auf Qualität und Quantität der Verwertung von Werken und sonstigen Leistungen hat«. In Anbetracht dieser Entwicklung soll der Schutz, »der allen in den Geltungsbereich dieser Richtlinie fallenden Rechtsinhabern in deren Rahmen gewährt wird, laufend geprüft werden«. Die EG-Kommission wird verpflichtet, spätestens bis zum 1. Januar 2000 einen Bericht über die Anwendung dieser Richtlinie vorzulegen (Art. 14 Abs. 3).
Es hat den Anschein, als seien die Überlegungen im Rahmen der WIPO ins Stocken geraten. Wer bei den Verhandlungen dabei war, den kann das nicht

7 *Dreier,* GRUR Int. 1993, 742.
8 *Dreier,* a.a.O., S. 743.
9 ABl. EG Nr. L 248 vom 6.10.1993, 15ff.

überraschen. Allein die Besetzung des Genfer Plenums, in erster Linie mit Experten zwar für Urheberrecht, aber mehrheitlich aus Ländern, in denen die analoge Technik sich bis jetzt kaum durchgesetzt hat, insbesondere aber das immense Programm und die Abstraktheit des Gegenstands waren kaum geeignet, die Anwesenden von der Dringlichkeit der aufgeworfenen Fragen zu überzeugen. Im Nachhinein wird man aber auch den Verdacht nicht los, als hätten interessierte Kreise aus dem Bereich der sich formierenden Multimedia-Giganten die Unsicherheit und Verwirrung im Hinblick auf angeblich von der digitalen Technologie ausgehender Gefahren, nutzen wollen, um mit Hilfe des Genfer Spektakels, sich neue Rechtspositionen zu verschaffen und alte zu stärken.
Die ursprünglich für Juni 1994 geplante Fortsetzung der Expertengespräche wurde inzwischen auf das Jahresende verschoben. Es scheint, als hätten die Amerikaner die Freude an den Genfer Diskussionen verloren, weil sie erwarten müssen, daß ihr leicht zu durchschauender Versuch, die strenge und wohlbegründete Unterscheidung zwischen Urheberrecht und Leistungsschutzrechten mittels der Genfer Verhandlungen aufzuweichen, bzw. ganz zu beseitigen, am Widerstand nahezu aller übrigen Regierungen und der in Genf vertretenen Interessenverbände der Urheber scheitern wird. In dem inzwischen bekannt gewordenen Schreiben des amerikanischen Unterstaatssekretärs für Wirtschaft, Bruce A. Lehmann, an den Generaldirektor der WIPO, Dr. Arpad Bogsch, vom 23. März 1994 in dem die Amerikaner die Verschiebung der Juni-Sitzung vorschlagen, führt Lehmann unmißverständlich aus, daß die amerikanische Regierung davon ausgeht, daß die traditionellen Unterscheidungsmerkmale zwischen dem »Droit d'Auteur«, dem Recht der Produzenten und dem Recht der ausübenden Künstler, die als »Demarkations-Linie« zwischen dem Urheberrecht und den verwandten Schutzrechten dienen, im digitalen Zeitalter sehr schnell ihre Bedeutung verlieren. Es gibt Anzeichen dafür, als würden sich die Amerikaner mit dieser Auffassung Gehör und in gewissem Maße auch Verständnis in der EG-Kommission verschaffen, die ganz zu Unrecht befürchtet, daß sich das Urheberrecht als Hemmschuh beim Aufbau der neuen digitalen Dienste und damit der Schaffung von neuen Arbeitsplätzen in Europa erweisen könnte.
Für die im kontinental-europäischen Urheberrecht verwurzelten Rechteinhaber und deren Vertreter sind dies Entwicklungen, die bei ihnen die höchste Alarmstufe auslösen müssen. Wie die EG-Kommission über diesen Komplex denkt, wird vielleicht deutlicher gelegentlich einer Anhörung, die die DG XV für Anfang Juli 1994 mit den interessierten Kreisen angesetzt hat. Die Vertreter der Urheber werden bei dieser Gelegenheit deutlich machen, daß sie sich auch nur gegen die geringste Aufweichung ihrer Rechtsposition zur Wehr zu setzen werden, daß sie sich Überlegungen zu einer Erleichterung bei der Rechteeinräumung aber nicht verschließen werden, so-

lange dabei insbesondere ihre wirtschaftlichen Interessen gewahrt bleiben. Eines ist jedoch schon deutlich geworden, daß nämlich das von der WIPO geschnürte Paket für evtl. Handlungsbedürfnisse viel zu groß geschnürt wurde, was eher eine Lähmung, denn eine Fortsetzung der Arbeiten an den wirklichen Problemen auslösen wird. Diskussionsbedarf besteht selbstverständlich immer, ob Handlungsbedarf besteht, muß sich erst erweisen. Bisher jedenfalls steht der Nachweis dafür noch aus.

Unabhängig von den derzeit diskutierten Rechtsfragen formieren sich die großen Anbieterallianzen, die die Aufnahme ihrer Geschäftstätigkeit, in die sie Milliarden Dollar oder DM investieren, gewiß nicht von der Frage abhängig machen werden, ob möglicherweise das derzeitige urheberrechtliche Instrumentarium noch ausreicht oder ob es Lücken aufweist. Die in der derzeitigen wirtschaftlichen Rezessionsphase auf Wirtschaftsaufschwung angewiesenen Regierungen, aber auch die EG-Kommission, haben wenig Interesse daran, daß das Urheberrecht evtl. ein Hindernis für große wirtschaftliche Entwicklungen darstellt.

Angesichts der Kompliziertheit der Materie ist es bisher keinem Experten gelungen, dem »digitalen Laien« eine Vorstellung davon zu vermitteln, ob, in welchem Zeitraum und in welchem Ausmaß die theoretisch aufgezeigten Veränderungen die urheberrechtliche Landschaft in der Praxis tatsächlich verändern werden.

Man muß wohl deshalb von der Illusion Abschied nehmen, es könne im Urheberrecht gelingen, was auch in anderen Rechtsgebieten nur schwer durchsetzbar ist, nämlich, daß das Urheberrecht den technischen Entwicklungen einmal vorauseilt und nicht hinterher. Die Erfahrung zeigt jedoch, und das gilt nicht nur für Deutschland, daß der Gesetzgeber auf dem Gebiet des Urheberrechts, für das sich in den Gesetzgebungsorganen nur wenig Engagement findet, in der Regel nur dann tätig wird, wenn die Rechteinhaber bzw. ihre Interessenvertretungen, wie z.B. die GEMA, vor den höchsten Gerichten für die Rechte der schöpferischen Menschen gekämpft und obsiegt haben.

Wenn durch technische Vorgänge und Veränderungen die Merkmale zur Unterscheidung von Schöpfer, Produzent, Bearbeiter, Nutzer etc. angeblich verschwimmen, dann ist dies eine Herausforderung an die Experten, gerade dann die Unterscheidungsmerkmale aufzuzeigen, deutlich zu machen und herauszuarbeiten. Ein Mixtum zwischen den Trägern unterschiedlicher Rechte darf es nicht geben, will man den Schöpfungsprozeß nicht gefährden. Wenn das urheberrechtliche »Skalpell« nicht mehr ausreicht, dann schlägt die Stunde der »urheberrechtlichen Mikrochirurgie«. Die Urheber haben im übrigen keinen Anlaß, das Vertrauen in die Gerichte zu verlieren, deren technisches Verständnis gerade im Urheberrecht nicht unterschätzt zu werden braucht. Wer sich als Richter in die komplizierte Materie einer

Atomkraftanlage einarbeiten kann und muß, dem wird es auch gelingen, in die vergleichsweise einfache Digitaltechnik einzusteigen und aus der Technik die für den Schöpfungsprozeß richtigen Schlüsse zu ziehen.
Eine seriöse und dauerhafte Gesetzgebung kann es im Urheberrecht erst dann geben, wenn, gestützt auf empirische Untersuchungen, die urheberrechtlich relevanten Sachverhalte und die notwendigen Ergänzungen klar und deutlich erkennbar sind.
So lange nichts Neues vorhanden ist, gilt auch im Urheberrecht der Satz: »Besser den Spatz in der Hand als die Taube auf dem Dach«.

2. *Besinnung auf das geltende Urheberrecht*

Die Schwerpunkte urheberrechtlicher Betrachtungen unter einem sog. digitalen Vorzeichen liegen in den Bereichen *Eingriff in das Werk* und evtl. *neue Nutzungsmöglichkeiten.*
Für den Musikurheber bedeutet dies, daß er sich auch im digitalen Zeitalter auf den konventionellen Schutz des geltenden Urheberrechts zur Vermeidung von Eingriffen und Mißbräuchen besinnen muß. Außerdem muß er der Frage nachgehen, wo evtl. neue Nutzungsarten auszumachen sind.
Musikwerke werden durch das geltende Urheberrecht dagegen geschützt, daß sie durch Dritte in einer vom Urheberrechtsgesetz nicht gebilligten Form unbefugt verwertet werden. Instrumente gegen die illegale Verwertung eines Originalwerks sind das Urheberpersönlichkeitsrecht (§§ 12-14 UrhG) und die ausschließlichen Verwertungsrechte (§ 15 UrhG). Das Urheberrechtsgesetz schützt aber nicht nur vor illegaler Verwertung des Originalwerks in toto, sondern auch vor unbefugter Entnahme von Werkbestandteilen. Die Entnahme lediglich von Werkteilen erfreut sich aufgrund vereinfachter Zugriffs- und Veränderungsmöglichkeiten mittels digitaler Techniken steigender Beliebtheit. Die Manipulationsmöglichkeiten an musikalischen Werken sind vielfältig. Dazu zählen u.a. Bearbeitung, Arrangement und Umgestaltung, Parodie, Plagiat sowie das Musikzitat.

a) *Eingriffsmöglichkeiten auf fremde Werke*

aa) *Bearbeitung, Arrangement, Umgestaltung*

Veränderungen unterschiedlichster Art von bereits bestehenden Musikwerken spielen in der Praxis inzwischen eine besonders große Rolle. Zu nennen sind hier einmal die sog. Cover-Versions[10]. Hierbei handelt es sich um die seit Mitte der 70er Jahre geübte und beliebte Praxis von Neueinspielun-

10 Vgl. eingehend *von Weidenbach,* Handbuch der Musikwirtschaft, 2. Aufl., 1993, 603 ff.

gen bestehender Werke teilweise auch mit übersetztem oder verändertem Text oder mit veränderter Originalmusik. Beliebt ist in diesem Zusammenhang die Entnahme von Werken bzw. von Teilen von Werken geschützter und ungeschützter klassischer Musik. So wurde z.B. ein Teil des gregorianischen Gesangs der »Capella Antiqua« vom Komponisten und Produzenten Michael Cretu zur Erzeugung eines sakralen Effektes für den erfolgreichen Hit »Sadeness« entnommen. Auch Carl Orffs Chorstück »O Fortuna« aus den Carmina Burana diente unlängst als »herausgepickte Rosine« einer Techno-Version auf CD, deren Vertrieb jedoch in den Niederlanden untersagt wurde[11].

Das technische Instrumentarium für derartige Manipulationen liefern in der Regel sog. Sampling-Keyboards, die jeden Klang aufnehmen, ihn manipulieren und in dieser Weise abspielbar machen können.

Bei *Bearbeitungen* kann ein neues Werk geschaffen werden, das nach § 3 UrhG einen eigenen Schutz genießt, wobei der Bearbeiter ein Bearbeiterurheberrecht erhält. Der Maßstab zur Abstandsbestimmung zwischen dem Originalwerk und der Umgestaltung hängt von der Gestaltungshöhe des Vorlagewerkes ab. Je auffälliger die Eigenart des benutzten Werkes ist, desto weniger verblassen dessen übernommene Eigenheiten in der Bearbeitung[12]. Ein Werk mit geringer Eigenprägung wird somit eher in der Bearbeitung aufgehen.

Nicht als schützenswert erkennt das Urheberrechtsgesetz in § 3 S. 2 sog. unwesentliche Bearbeitungen eines nicht geschützten Musikwerkes an. Diese Regelung wurde erst 1985 in das Gesetz aufgenommen, um der Pflege alten Volksmusikguts insbesondere in Heimatvereinen und Trachtengruppen Rechnung zu tragen[13]. Unwesentlich ist die Einflußnahme, wenn es bei dem überlieferten melodischen, harmonischen und rhythmischen Grundmuster verbleibt[14].

In seiner »Haselnußentscheidung«[15] aus dem Jahre 1968 sah der Bundesgerichtshof auch die Instrumentierung und Orchestrierung und damit das *Arrangement* eines gemeinfreien Volksliedes für Blasmusik und Männerchor als schutzfähige Bearbeitung an, da durch die Kombination einzelner Gestaltungselemente wie Einsatz der Instrumente, Wirkung ihrer Klangfarbe und andersartige Rhythmisierung ein eigenständiger Charakter geschaffen worden sei.

Die o.g. Entnahme und digitale Verarbeitung gregorianischer Gesangsteile

11 Urteil des President van de arondissementsrechtbank te Amsterdam vom 24.2.1992, AMI 1992, 112 ff.

12 BGH GRUR, 1981, 267 (269) – Dirlada.

13 *Hertin,* Handbuch der Musikwirtschaft, 2. Aufl., 1993, 491 (500).

14 *Hertin,* a.a.O.

15 BGH GRUR 1968, 321 (324).

in einem Musikwerk der 90er Jahre, d.h. also die bloße Idee, gregorianische Melodiefolgen mit Rhythmus zu unterlegen, wertete das OLG München als nicht schutzfähig. In der Ausgestaltung der Gregorianik-Pop-Version wurden aber die Schutzfähigkeit begründende Faktoren gesehen. Der Wechsel zwischen den Chorfragmenten, dem Rhythmus und dem Sprechgesang, die Unterlegung der Fragmente mit Synthesizersounds, die Einfügung kleiner Melodieteile auf Celesta oder Glockenspiel sowie der charakteristische Einsatz eines Flötenspiels wurde als eine besondere musikalische Ausdrucksform betrachtet, die durch die Kombination bestimmter außerhalb der Melodiebildung liegender Merkmale bestimmt und damit schutzfähig ist[16].

Umgestaltungen fallen schon nicht unter den o.g. Begriff der Bearbeitung und sind somit auch nicht schutzfähig. Bei ihnen handelt es sich um solche Veränderungen des Originalwerkes, die noch keine persönliche geistige Schöpfung darstellen und die damit gewissermaßen eine Stufe unter der Bearbeitung stehen[17]. Hierzu gehören rein handwerkliche Leistungen wie z.B. die Satzumstellung eines mehrteiligen Musikwerks, die Szenenumstellung bei Opern und Operetten und Singspielen sowie geringfügige Änderungen von Melodie, Harmonie und Rhythmus[18]. Gleiches gilt für das Transponieren in eine andere Tonart[19]. Das Anbringen, Weglassen oder Verändern von Verzierungen oder die Vornahme rhythmischer Veränderungen (z.B. Punktierungen) verdient ebenfalls keinen Schutz[20].

bb) *Die Parodie*

Unter Parodie versteht man die antithematische Behandlung eines vorbestehenden Werkes[21]. Es werden bestimmte Elemente des parodierten Werks in der Absicht des Wiedererkennens aufgegriffen; sie werden jedoch derart in einen anderen Zusammenhang gestellt, daß die übernommenen Werkteile komisch oder satirisch wirken.

cc) *Das Plagiat*

Das Plagiat ist die bewußte Aneignung fremden Geistesguts[22]. Damit unterscheidet es sich von der objektiven Entnahme aus einem vorbestehenden

16 OLG München ZUM 1992, 202 – Phlegma Madness part I.
17 Fromm/Nordemann/Vinck, Urheberrecht, 8. Aufl., 1994, § 3 Rn. 2, § 23 Rn. 1 m.w.N., a.A. Schricker/Loewenheim, Urheberrecht, 1987, § 23 Rn. 4.
18 *Hertin*, a.a.O. (501).
19 *Hertin*, a.a.O. (501).
20 *Hertin*, a.a.O. (501).
21 *Fromm/Nordemann/Vinck*, a.a.O. , § 24, Rn. 9.
22 *Fromm/Nordemann/Vinck*, a.a.O., § 24, Anh., Rn. 1.

Werk durch den subjektiven Tatbestand der bewußten Entlehnung. Aneignung heißt hier Behauptung der eigenen Urheberschaft. Plagiator ist folglich nur der, der ein fremdes Musikwerk als sein eigenes ausgibt.

dd) *Das Musikzitat*

Ein Musikzitat liegt vor, wenn einzelne Stellen eines Musikwerkes in einem neuen, selbständigen Musikwerk verwendet werden. Hierbei handelt es sich nicht um eine Basis für ein neues Werk, sondern lediglich um eine »Anführung«[23]. Das Zitat läßt die Struktur des Originals unberührt. Erkennbarkeit ist Voraussetzung für ein Musikzitat. Da sich der Zitatzweck in der Herbeiführung einer bestimmten Assoziation erschöpft, darf das Fragment nicht als thematischer Einfall des neuen Werkes auftreten und damit innerhalb des neuen Werkes nicht der Variation unterzogen werden[24]. Beispiel für ein Zitat ist das Anführen der »Marseillaise« im Beatles Hit »All you need is love«, um auf die Franzosen als Erfinder von l'amour hinzudeuten.

b) *Rechtsfolgen von Eingriffen in fremde Werke*

aa) *Die Schutzfähigkeit von Werkteilen*

Beim Eingriff in bereits bestehende Werke der Musik durch digitale Technik entstehen neue Abgrenzungsprobleme. Insbesondere bei der Frage, wann ein entnommener Werkteil noch schutzfähig ist und wann sich damit der Urheber gegen die Verwertung von Teilen seines Werkes wehren kann. Denn gerade Sampling- und Multimedia-Systeme - bei letzteren handelt es sich um Computersysteme, die die gleichzeitige Berarbeitung von Text, Bild und Ton ermöglichen - beruhen auf der Entnahme und Wiedergabe kleiner Teile vorbestehender Musikwerke. Grundsätzlich sind aber nach § 2 UrhG nicht nur Werke als Ganzes sondern auch deren Teile geschützt, sofern sie jeweils für sich eine persönliche geistige Schöpfung gem. § 2 Abs. 2 UrhG darstellen. Beschäftigte sich die Rechtsprechung anfangs mit dem Problem, ob bestimmte Themen, Melodien oder Motive eines Liedes schutzfähig sind[25], so erweitert sich die Fragestellung heute dahingehend, ob auch die Schutzfähigkeit eines einzelnen Klanges (Sounds) zu bejahen ist. Aber auch hier gelten die gleichen Schutzanforderungen: es muß eine persönliche geistige Schöpfung vorliegen[26]. Bei einzelnen Klängen oder kurzen Musikfet-

23 *Hertin,* GRUR 1989, 159 (161).
24 *Hertin,* Handbuch der Musikwirtschaft, 2. Aufl., 1993, 491 (506).
25 BGHZ 9, 262, (266 ff.) - Lied der Wildbahn I; BGHZ 28, 234 (237) - Verkehrskinderlied.
26 *Schulze,* ZUM 1994, 15 (17).

zen (sog. »licks«) dürfte dies in der Regel zu verneinen sein[27]. Schutzfähig können aber Tonfolgen oder auch Klangbilder sein und zwar aufgrund ihres Umfanges, ihrer Vielfalt, ihrer Variationsbreite, ihres Rhythmusses sowie aufgrund der Anzahl oder Zusammenstellung einzelner Klangfarben oder auch anderer Gestaltungsmerkmale[28].

Allerdings kann die Beantwortung der Frage, welchem Werk eine Passage entnommen wurde, auf Schwierigkeiten stoßen. Solche Schwierigkeiten entstehen dann, wenn die entnommenen Töne digital manipuliert worden sind und sich vom Originalwerk damit weit entfernt haben[29].

bb) *Die Rechtstellung der Urheber*

Was die *Bearbeitung* angeht, so schützt § 23 UrhG den Originalurheber zwar nicht vor dem Zugriff und damit der Erstellung einer Bearbeitung seines Werkes, jedoch vor dessen Veröffentlichung und Verwertung, da letztere von seiner Zustimmung abhängig ist. Gleiches gilt für die Verwertung von *Umgestaltungen.* In Vertragsverhältnissen über die Werknutzung darf zudem nach § 39 Abs. 1 UrhG der Nutzungsberechtigte das Werk nicht ändern, es sei denn, es ist etwas anderes vereinbart, oder der Urheber darf seine Zustimmung nach Treu und Glauben nicht verweigern (vgl. § 39 Abs. 2 UrhG). Besonderheiten gelten, wenn der Bearbeiter fremde Melodien nutzt. Dann greift der sog. *starre Melodienschutz* des § 24 Abs. 2 UrhG. Danach darf die Melodie eines vorbestehenden Werkes nicht erkennbar diesem entnommen und einem neuen zugrundegelegt werden. Da die Erkennbarkeit logische Voraussetzung für die Annahme einer Benutzung ist, ergibt sich, daß eine sog. freie Benutzung im Musikbereich ausgeschlossen ist[30]. Deshalb ist z.B. die musikalische *Parodie* ohne Zustimmung des Originalurhebers unzulässig.

Bei der Regelung des § 24 Abs. 2 UrhG handelt es sich um eine Ausnahme vom Grundsatz der *freien Benutzung,* nach dem fremdes Werkschaffen als Anregung für die eigene Schöpfung ausgenutzt werden darf (vgl. § 24 Abs. 1 UrhG). Dies bedeutet letztlich, daß für musikalische Bestandteile wie Harmonie, Rhythmus, Instrumentierung und Sound die vielfach kritisierte »Schutzmauer« des § 24 Abs. 2 UrhG nicht gilt. Deshalb ist z.B. die in den Jahren 1990/91 in Mode gekommene sog. »Techno-Musik«, die fast ohne

27 Vgl. *Jörger,* UFITA-Schriftenreihe, Bd. 99, 73, 43-58 m.w.N.; *Hoeren,* GRUR 1989, 11 (13).
28 *Schulze,* ZUM 1994, 15 (19).
29 *Schulze,* ZUM 1994, 15 (21); vgl. zu den Schwierigkeiten bei der Beweisführung: *Klein,* Handbuch der Musikwirtschaft, 2. Aufl., 1993, 575 (578 ff.).
30 *Fromm/Nordemann/Vinck,* a.a.O., § 24, Rn. 12.

Melodien auskommt, den Nachahmungsmethoden nahezu schutzlos ausgeliefert[31].

Die Übernahme fremder Melodieteile kann jedoch nach § 51 Nr. 3 UrhG als *Musikzitat* zulässig sein, denn dogmatisch betrachtet wird die entnommene Melodie dadurch nicht dem neuen Werk »zugrundegelegt«, sondern nur darin »angeführt«. Digitales Tonträgersampling wird jedoch allgemein nicht als Zitat angesehen, da es lediglich »Materialfunktion« haben soll und ihm ein Zitatzweck fehlt[32]. Die Auszüge (Samples) werden nicht »angeführt«, sondern dienen dem neuen Werk als Grundlage. Die Antwort auf die Frage der Zulässigkeit eines solchen Eingriffs mittels Sampling richtet sich danach, inwieweit nach den o.g. Grundsätzen Werkteile schutzfähig sind.

Als bewährte und treffsichere Waffe gegen neue und subtilere Zugriffsmöglichkeiten im Rahmen der Digitaltechnik auf seine Werke steht dem Urheber im geltenden Urheberrechtsgesetz das Urheberpersönlichkeitsrecht nach §§ 12-14 UrhG zur Verfügung, dessen Bedeutung im digitalen Zeitalter nicht ab-, sondern eher zunehmen wird. So kann in Einzelfällen eine Entstellung eines Werkes nach § 14 UrhG vorliegen, wenn übernommene Musikphrasen digital so bearbeitet werden, daß sie zwar erkennbar bleiben, ihr ursprünglicher Charakter aber völlig verändert wird, z.B. durch »zerhakken« in kleine Teile und ständige rhythmische Wiederholung: ein beliebtes Stilmittel der Techno-Musik[33]. Das aus dem Urheberpersönlichkeitsrecht fließende Recht auf Anerkennung der Urheberschaft nach § 13 UrhG wird bei der Herstellung eines *Plagiats* wegen der bewußten Aneigung fremden Geistesguts regelmäßig verletzt.

Unproblematisch ist der Zugriff auf Werke, die gemeinfrei sind und zum kulturellen Gemeingut gehören. Dies sind schutzfähige Musikwerke, deren Schutzfrist nach 70 Jahren abgelaufen ist oder die aus einer Zeit stammen, in der noch kein gesetzlicher Urheberrechtsschutz existierte, d.h. insbesondere die Werke der sog. »klassischen Musik«, die gemeinfrei gewordene Oper- und Operettenmusik sowie die Unterhaltungsmusik[34]. Nicht schutzfähig sind aber auch bestimmte Instrumentierungstechniken, bestimmte Klangfärbungen eines Synthesizers und herkömmliche Harmonie- und Rhythmusstandards[35].

Es mag sein, daß der Nachweis einer Urheberrechtsverletzung im digitalen Zeitalter schwieriger geworden ist und diese Schwierigkeiten bei weiterer Entwicklung der Technik zunehmen. Das bedeutet jedoch noch nicht, daß

31 *Hertin,* Handbuch der Musikwirtschaft, 2. Aufl., 1993, 491 (504).
32 *Klein,* Handbuch der Musikwirtschaft, 2. Aufl., 1993, 575 (581 f.); *Schorn,* GRUR 1989, 579.
33 *Klein,* a.a.O.
34 *Hertin,* Handbuch der Musikwirtschaft, 2. Aufl., 1993, 491 (503).
35 *Hertin,* (a.a.O.).

damit das konventionelle Instrumentarium zur Bekämpfung von Urheberrechtsverletzungen ausgedient hätte und durch neue - jedoch welche? - Regelungen ersetzt werden müßte. Kann eine Rechtsverletzung nicht nachgewiesen werden, dann liegt im juristischen Sinne auch eine solche nicht vor. Es geht also darum, die Nachweismethoden für Rechtsverletzungen zu verbessern und den Sinn bzw. Spürsinn derer zu schärfen, die über eine evtl. Rechtsverletzung zu richten haben. Trittbrettfahrer im Bereich der Musik gibt es, solange es Kompositionen gibt. Die digitale Technik erleichtert das Trittbrettfahrertum. Im Bereich der Musik wird aber auch in Zukunft der Satz gelten: Das Original ist besser als die Kopie.

c) *»Music on demand« im System der bestehenden Verwertungsrechte*

Bei der digitalen Nutzungsform des »Music on demand« stellt sich die Frage, wie die verschiedenen technischen Vorgänge, die sich hierbei abspielen, vor dem Hintergrund des Systems der Verwertungsrechte gem. § 15 UrhG zu bewerten sind.
Bei »Music on demand« muß zwischen folgenden technischen Vorgängen differenziert werden:

1. Einlesen und digitales Abspeichern von Musikwerken in eine Datenbank durch den »Music on demand«-Anbieter.
2. Übertragung der Daten zum Nutzer.
3. Einlesen der Daten in das Empfangsgerät beim Nutzer.

aa) *Die Einspeicherung als Vervielfältigung*

Zunächst stellt sich die Frage, ob die digitale *Einspeicherung* von Musikwerken, sei es beim Datenbankbetreiber, sei es beim Nutzer eine Vervielfältigung nach §§ 15 Abs. 1 Nr. 1, 16 UrhG darstellt[36].
Diese Frage ist nicht neu. Sie hat sich bereits in den 70er Jahren bei der Einführung der sog. »information storage and retrieval systems«[37] gestellt. Es handelte sich hierbei um Computersysteme, die urheberrechtlich geschütztes Material einspeichern und wiedergewinnen konnten. Gegen eine Vervielfältigung könnte sprechen, daß die digital eingespeicherten Musikstücke in Nullen und Einsen »zerlegt« und damit erst einmal nicht wahrnehmbar sind. Rechtsschutz nach dem konventionellen Urheberrecht besteht jedoch unabhängig von einer Wahrnehmbarkeit durch menschliche

36 Vgl. zu dieser Frage im Bereich des Tonträgersamplings *Bortloff*, ZUM 1993, 476 (478 ff.).
37 *Ulmer*, GRUR 1971, 297.

Sinne. Sofern das eingespeicherte Material erst über ein Wiedergabegerät wieder wahrnehmbar wird ist dies ausreichend[38]. Ist das Schaffensergebnis soweit verselbständigt, daß es ohne weiteres Zutun des Urhebers durch technische Mittel wahrnehmbar gemacht werden kann, so genügt dies für die Annahme einer Vervielfältigung im urheberrechtlichen Sinn[39].

§ 16 UrhG fordert jedoch die Herstellung eines körperlichen Vervielfältigungsstückes. Bedenken auf der Seite des *Nutzers* bestehen hieran, wenn man sich die verschiedenen Zwecke von »Music on demand« vor Augen führt. Wird die Musik dem Nutzer zu Überspielzwecken auf einen Tonträger »geliefert«, so stellt dieser mit der Überspielung ein körperliches Vervielfältigungsstück nach § 16 Abs. 2 UrhG her. Zweifel bestehen aber, wenn das Musikstück nur ephemer zum Anhören angefordert wird. In diesem Fall werden die Musikwerkdaten nur in den »flüchtigen« Speicher des Empfangsmodems beim Nutzer eingelesen. Insoweit könnte es an einer körperlichen Fixierung fehlen. Bei Computerprogrammen wird unstreitig eine Vervielfältigung dann angenommen, wenn deren Übertragung von einem zum anderen verkehrsfähigen Datenträger erfolgt[40]. Gegen die Annahme einer Vervielfältigung, auch bei einer flüchtigen Speicherung, wird die Notwendigkeit einer dauerhaften Fixierung angeführt[41]. *Katzenberger* verneint die Vervielfältigung bei empfangbaren Video-, Kabel- oder Bildschirmtextdokumenten, wenn sie beim Abschalten des Empfangsgerätes gelöscht werden[42]. Nach heute h.M. stellt die Speicherung von Werken jedoch grundsätzlich eine Vervielfältigung nach § 16 UrhG dar[43]. Auch eine nur kurzfristige sog. »flüchtige Speicherung« ist ausreichend, sofern sie geeignet ist, das Werk den menschlichen Sinnen auf irgendeine Weise wiederholt wahrnehmbar zu machen[44]. Im Falle von Fernsehbildern hat auch der BGH darauf abgestellt, daß die dauerhafte Fixierung keine Voraussetzung für den

38 *Nordemann/Hertin,* NJW 1971, 857 (858).

39 BGHZ 37, 1 (7) für das Fernsehbild. »Das Schutzanliegen des Urheberrechts, körperliche oder unkörperliche Wiedergaben des geschützten Geistesgutes dessen Urheber vorzubehalten, erfordert es vielmehr, den Beginn des Schutzes bereits auf den Zeitpünkt zuruckzubeziehen, in dem das Ergebnis des Schaffens des Urhebers eine solche Konkretisierung, m.a.W. Verselbständigung erfahren hat, daß es nicht nur im Geist seines Schöpfers lebt, sondern auch von Dritten, ohne daß es einer weiteren Tätigkeit des Urhebers bedürfte – sei es auch unter Einschaltung technischer Mittel –, wahrnehmbar gemacht werden kann.«

40 BGH CR 1991, 80 (86); *Ulmer/Kolle,* GRUR Int. 1982, 489 (498 f.); *Kindermann,* GRUR 1983, 150 (157); *Erdmann,* CR 1986, 249 (256); *Haberstrumpf,* CR 1987, 409 (411); *Junker,* Computerrecht 1988, Rn. 137; Ernestus, CR 1989, 784 (785).

41 *Schricker/Loewenheim,* a.a.O., § 16 Rn. 9; *Hoeren,* GRUR 1986, 340 (345); ders. CR 1988, 908 (912); *Bartsch* CR 1987, 8 (10).

42 *Katzenberger,* GRUR Int. 1983, 895 (911).

43 Vgl. jeweils m.w.N. *Ulmer/Kolle,* GRUR Int. 1982, 489 (498); *Schricker,* FuR 1984, 71; *Kolle,* GRUR Int. 1985, 29 (31); *v. Gravenreuth,* GRUR 1986, 720 (722); *Maaßen,* ZUM 1992, 338 (344); *Heker,* ZUM 1992, 400 (402); *Bortloff,* ZUM 1993, 476 (481).

44 *Mehrings,* GRUR 1983, 275 (278).

Urheberrechtsschutz sei, da nicht der Sachgegenstand, sondern das immaterielle geistige Gut im Vordergrund stehe[45]. Daß für die Annahme eines Vervielfältigungsstückes eine gewisse Dauerhaftigkeit nicht erforderlich ist, zeigt auch das Beispiel von Vervielfältigungsstücken aus vergänglichen Materialien wie Schnee, Eis und Backwerk[46]. Beispielsweise stellt auch die nunmehr u.a. in § 69c UrhG umgesetzte EG-Richtlinie über den Rechtsschutz von Computerprogrammen vom 14.5.1991[47] auf den Schutz flüchtiger Speicherungen ab. Nach § 69c Nr. 1 UrhG ist die vorübergehende Vervielfältigung eines Computerprogrammes, ganz oder teilweise, mit jedem Mittel und in jeder Form von der Einwilligung des Rechteinhabers abhängig. Soweit das Laden, Anzeigen, Ablaufen, Übertragen oder Speichern eines Programms eine Vervielfältigung erfordert, ist dafür die Einwilligung des Rechteinhabers erforderlich. Eine direkte Anwendung des § 69c UrhG auf »Music on demand« verbietet sich aber, da die eingelesenen Musikwerkdaten kein Computerprogramm darstellen. Bei letzterem handelt es sich um einen Anweisungssatz an ein informationsverarbeitendes Gerät und den mit diesem Gerät arbeitenden Menschen[48].
Bei der Speicherung von Musikwerken beim »Music on demand«-*Anbieter* treten die o.g. Probleme der kurzfristigen Speicherung nicht auf, da dieser die Musikdaten regelmäßig in einen nicht flüchtigen Speicher seiner Datenbank einliest. Im übrigen soll gem. Art. 5 Abs. 1 des geänderten Vorschlags für eine EG-Richtlinie über den Schutz von Datenbanken[49] der Vorgang der Aufnahme von Werken in eine Datenbank der Genehmigung durch den Urheber unterliegen. Denn Sammlungen von Tonfolgen, die mit elektronischen Mitteln gespeichert und zugänglich sind, sollen unter den Datenbankbegriff von Art. 1 Nr. 1 der geplanten EG-Datenbankrichtlinie fallen[50]. Damit stellt bei »Music on demand«-Systemen das Einladen der Musikdaten sowohl beim Anbieter, als auch beim Nutzer grundsätzlich einen Eingriff in das Vervielfältigungsrecht des Urhebers dar.

bb) *Die Einordnung der Datenübertragung als Verbreitung*

Als weitere Frage stellt sich die Einordnung des digitalen *Übertragungsweges* bei »Music on demand«-Verbindungen in das geltende System der Verwertungsrechte.

45 BGHZ 37, 1 (7).
46 *Marly,* Softwareüberlassungsverträge, 1991, Rn. 113.
47 ABl. EG Nr. I 122, 42 vom 17.5.1991.
48 *Kindermann,* ZUM 1985, 2.
49 ABl. EG Nr. C 308 vom 15.11.1993, 1 (9) sowie Erwägungsgrund 20.
50 ABl. EG Nr. C 308 vom 15.11.1993, Erwägungsgrund 16.

§ 17 Abs. 1 UrhG räumt dem Urheber das ausschließliche Recht ein, das Original oder Vervielfältigungsstücke des Werkes der Öffentlichkeit anzubieten oder in Verkehr zu bringen. Die Vorschrift gilt grundsätzlich jedoch nur für die Verbreitung von körperlichen Gegenständen[51]. Bei den hier in Frage stehenden Verbindungen werden jedoch nicht die Datenträger selbst, sondern nur die Daten der zuvor beim Anbieter eingespeicherten Musikwerke herausgelesen bzw. abgerufen und an den Nutzer »verschickt«. Damit scheidet eine direkte Anwendung von § 17 UrhG derzeit aus.

cc) *Die Einordnung der Datenübertragung als Sendung*

Wie sind aber die Vorgänge bei »Music on demand« im Lichte des Senderechts nach § 20 UrhG zu bewerten? Das Senderecht ist das Recht, das Werk durch Funk, Drahtfunk oder ähnliche technische Einrichtungen der Öffentlichkeit zugänglich zu machen. Bedenken gegenüber der Annahme einer »Sendung« im Sinne des § 20 UrhG bereitet das Merkmal der Öffentlichkeit bei »on demand«-Verbindungen. Die Legaldefinition des § 15 Abs. 3 UrhG gilt nach h.M. auch für § 20 UrhG[52]. Unter »Öffentlichkeit« ist nach § 15 Abs. 3 UrhG eine *Mehrzahl* von Personen zu verstehen, sofern nicht ihr Kreis bestimmt abgegrenzt ist und sie nicht durch gegenseitige Beziehungen oder Beziehungen zum Veranstalter persönlich untereinander verbunden sind.
Der Unterschied zwischen den bisherigen *Zugriffssystemen* auf ständige Rundfunksendungen zu *Abrufsystemen* liegt darin, daß bei ersteren die Werkvermittlung per Ausstrahlung an die Allgemeinheit gerichtet ist, während bei letzteren die Ausstrahlung bzw. Übermittlung nur gegenüber denjenigen Nutzern erfolgt, die das Werk abrufen.
Allerdings stellt der Öffentlichkeitsbegriff nicht auf die Anzahl der Anwesenden, sondern auf alle, an die sich der Veranstalter wenden will, ab[53]. Somit kommt es auch nicht auf eine gemeinsame Anwesenheit der Adressaten z.B. in einem Raum an[54]. Öffentlich zugänglich gemacht ist das Werk aber nur, wenn gleichzeitig eine Mehrheit von Personen erreicht werden soll. Es genügt nicht, wenn durch wiederholte gleichförmige Wiedergabe (z.B. Bildschirmwiedergaben bei EDV-Abrufsystemen) eine Mehrzahl von Personen erreicht wird[55]. Die konkrete Werkwiedergabe muß daher einer Mehrzahl von Personen gleichzeitig zugänglich sein. Auf den tatsächlichen Empfang

51 *Fromm/Nordemann/Vinck*, a.a.O., § 17 Rn. 1.
52 *Schricker/v. Ungern-Sternberg*, a.a.O.,§ 20 Rn. 20.
53 *Schricker/v. Ungern-Sternberg*, a.a.O., § 15 Rn. 29.
54 *Katzenberger*, GRUR Int. 1983, 895 (903); *Schricker*, FuR 1984, 63 (72).
55 *Schricker/v. Ungern-Sternberg*, a.a.O., § 15 Rn. 30 m.w.N.; a.A. *Schricker*, FuR 1984, 63 (72).

kommt es nicht an[56]. Da es aber bei Abrufsystemen zumindest fraglich ist, ob ein bestimmtes Werk von mehreren unabhängigen Nutzern gleichzeitig (nämlich auf die Sekunde genau) abgerufen wird, läßt sich der in Rede stehende Vorgang schwerlich unter das Senderecht des § 20 UrhG subsumieren.

Es besteht damit eine Schutzlücke, die es aus Gründen der Rechtssicherheit zu schließen gilt. Denn auch wenn die *Einspeicherung* des Werkes in die Datenbank zustimmungspflichtig ist (§ 16 UrhG, vgl. oben), stünden Schutzlücken im Gegensatz zur Intention des Gesetzgebers, die ausschließlichen Befugnisse des Urhebers umfassend und dogmatisch sauber zu gestalten, damit jeder neue Verwertungsvorgang von ihm kontrolliert werden kann.

Zur Lösung des Problems werden unterschiedliche Meinungen vertreten: Zum Teil wird dafür plädiert, den Öffentlichkeitsbegriff des § 15 Abs. 3 UrhG extensiv auszulegen. Die Möglichkeit der Wahrnehmung bei »Music on demand«-Systemen durch eine »kummulative Öffentlichkeit«, d.h. in zeitlicher Reihenfolge wegen zeitlich gestaffelter Programmübermittlung, soll der gleichzeitigen Wahrnehmbarkeit einer Rundfunksendung gleichgestellt werden[57]. Andere sprechen sich für ein neues Verwertungsrecht des Urhebers in analoger Anwendung des § 15 Abs. 2 UrhG aus, der nicht abschließend ist[58]. Ein solches neues Recht soll den Urheber dazu ermächtigen, darüber zu bestimmen, ob seine Werke durch EDV-Abrufdienste, die der Öffentlichkeit zugänglich sind, auf die Empfangsgeräte beim Einzelnutzer übertragen werden dürfen.

Die Untersuchung zeigt, daß der *Speicherungsvorgang* von Musikwerkdaten beim Anbieter wie beim Nutzer sich einer dogmatischen Einordnung in das geltende Urheberrecht erschließt, während der *Übertragungsvorgang* einer neuen dogmatischen Einordnung (durch Auslegung bzw. durch Gesetzesänderung) bedarf.

Fazit:

In der Kette der technischen Vorgänge bei »Music on demand« gibt es urheberrechtliche Lücken bzw. zumindest rechtliche Unsicherheiten, die es im

56 BGH GRUR 1994, 45 (46) - Verteileranlagen mit Anm. *Poll*, GRUR 1994, 209.

57 *Katzenberger*, GRUR Int. 1983, 895 (905 f.); ders., GRUR 1990, 94 (96); *Schricker*, FuR 1984, 63 (72); im Ergebnis *Nordemann/Hertin*, NJW 1971, 856 (859); LG Berlin in *Schulze*, LGZ 98, 1 (5) - Schallplatten-Espresso.

58 *Schricker/v. Ungern-Sternberg*, a.a.O., § 15 Rn. 22 m.w.n.; *Heker*, ZUM 1993, 400 (406); im Ergebnis *Brutschke*, NJW 1970, 889 (890). Auf internationaler Ebene wird insbesondere von den Tonträgerherstellern ein sog. »Digital diffusion right« gefordert (vgl. *Garnett*, WIPO-Symposium in Harvard 1993, 101 (111 ff.)).

Sinne einer sauberen dogmatischen Lösung der »on demand«-Vorgänge zu schließen gilt. In ihrer wirtschaftlichen Bedeutung sind sie jedoch weniger dramatisch als zuweilen der Anschein erweckt wird, da es bei »Music on demand« aus wirtschaftlicher Sicht entscheidend ist, daß der Urheber dem Anbieter die Einspeicherung in sein Datenbanksystem untersagen kann, womit er den Schlüssel für das Funktionieren der Kette Anbieter/Nutzer in der Hand hält.

Da jeder Werkschöpfer jedoch grundsätzlich kein Interesse daran hat, die Nutzung seines Werkes zu untersagen, fokussiert sich hier alles auf die Frage nach der angemessenen Vergütung für die Nutzung eines Werkes in einem »on demand«-System. Dabei spielt der Zweck dieses Systems, der mit dem Begriff »on demand« treffsicher umschrieben wird, eine besondere Rolle. Anders als beim Rundfunk, stellt »Music on demand« darauf ab, dem Endnutzer auf »Bestellung« ein gewünschtes Musikwerk (aber auch einen Film) bzw. einen Titel, mehrere Titel, Titelkonfigurationen etc. gegen Entgelt zu liefern, aber nicht nur, damit sie der Endnutzer, wie beim Rundfunk, flüchtig anhören, sondern auch damit sie der Endnutzer »besitzen« kann, was ihm unkörperlich mit Hilfe seiner eigenen Datenbank und körperlich mit Hilfe der Speichermedien wie DAT, MC, DCC etc. ermöglicht wird.

Der Unterschied zum Erwerb eines Musiktitels in körperlicher Form durch Mail-order oder Kauf beim Händler wird damit quasi aufgehoben. Für die Vergütung bedeutet dies, daß sie für den Urheber bei »Music on demand« sowie beim Tonträger in körperlicher Form, den der Nutzer käuflich erwirbt, gleich sein muß.

Vergütungsschuldner muß der Betreiber eines »on demand«-Systems sein, da er der Auslöser der Nutzung ist und nur er allein über Kontrollmöglichkeiten beim Nutzer verfügt, von dem auch er sich seine Verdienste vergüten läßt. Es ist deshalb logisch und wirtschaftlich richtig, daß die Schallplattenproduzenten selbst »Music on demand«-Systeme planen und betreiben wollen. Da »Music on demand« geeignet ist, körperliche Tonträger zu substituieren - die Frage, wann bzw. nach dem Verhalten der Verbraucher spielt dabei keine Rolle - verbieten sich von Anfang an Analogien zu den gewachsenen Vergütungsregelungen des Rundfunks bzw. der privaten Vervielfältigung.

V. *Die Auswirkungen der digitalen Technologie auf die Lizenz- und Inkassotätigkeit der GEMA*

Die GEMA wird als Interessenvertretung von Komponisten, Textdichtern und Musikverlegern deshalb das eine tun und das andere nicht lassen: Nämlich sich national, im Rahmen der Europäischen Union und auch international, namentlich bei der WIPO, stets für eine Verstärkung des Schutzes der Musikurheber einzusetzen und darüber hinaus auf der Grundlage praktischer Erfahrungen im Umgang mit den einmal wieder »neuen Medien« die rechtlichen Schlüsse zu ziehen. Derweil wird sie, gestützt auf die ihr von ihren Mitgliedern durch Berechtigungsverträge und von ihren Schwestergesellschaften durch Gegenseitigkeitsverträge übertragenen Rechten mit dem, wie ich meine, bewährten Instrumentarium des geltenden Urheberrechts sowie des Urheberrechtswahrnehmungsgesetzes das betreiben, was ihre genuine Aufgabe ist: Zu lizenzieren, zu kassieren und sich für eine angemessene Vergütung einzusetzen. Darüber hinaus muß im digitalen Zeitalter die Frage nach der Angemessenheit der Vergütung für die Nutzung von Musikwerken gestellt werden.

Ob analog oder digital, die Musikurheber, d.h. Komponisten und Textdichter, aber auch die Musikverleger haben, wie alle anderen Urheber, einen Anspruch darauf, daß sie an den Früchten beteiligt werden, die Dritte durch die Nutzung urheberrechtlich geschützter Werke ziehen. Im Hinblick auf die gesteigerten Formen der Musiknutzung mittels digitaler Technologie kann dieses Theorem nicht häufig genug wiederholt und den Urhebern selbst, aber auch den Nutzern, ins Gedächtnis gerufen werden.

Der Eigentumsdogmatik des Grundgesetzes liegt die Einheit des Eigentumsbegriffes zugrunde: Sacheigentum, Bodeneigentum und geistiges Eigentum sind lediglich untergeordnete Spezialbegriffe. Schutzobjekt ist jedes vermögenswerte Recht. Für das geistige Eigentum folgt daraus, daß Art. 14 GG die verfassungsrechtlich gewährleistete Einrichtung »geistiges Eigentum« und die daraus abzuleitenden »finanziellen Verwertungsrechte« schützt. Das Bundesverfassungsgericht hat dazu die Feststellung (Leitsatz) getroffen: »Das Urheberrecht ist als Nutzungsrecht ›Eigentum‹ im Sinne des Art. 14 Abs. 1 S. 1 GG«. Art. 14 GG gebietet die grundsätzliche Zuordnung des wirtschaftlichen Wertes eines geschützten Werkes an den Urheber«[59]. Noch deutlicher wird das Bundesverfassungsgericht in seiner Entscheidung vom 25. Oktober 1978, in der es heißt: »Das vom Urheber geschaffene Werk und *die* darin verkörperte geistige Leistung (ist) in vermögensrechtlicher Hinsicht Eigentum im Sinne des Art. 14 Abs. 1 S. 1 GG. Aus seiner verfassungsrechtlichen Gewährleistung erwächst dem Urheber die Befugnis, dieses ›geistige Eigentum‹ wirtschaftlich zu nutzen. Verfassungsrechtlich geschützt sind nicht nur die im Urheberrechtsgesetz einzeln normierten Vermögensrechte, sondern das potentielle Verfügungs- und Verwertungsrecht«[60]. Und schließlich bekräftigt das Bundesverfassungsgericht in seiner Entscheidung vom 11. Oktober 1988, daß der Gesetzgeber

59 BVerfGE 31, 229.
60 BverfGE 49, 382 (392).

»dem Urheber die vermögenswerten Ergebnisse seiner schöpferischen Leistung grundsätzlich zuzuordnen und dessen Freiheit zu gewährleisten (hat), in eigener Verantwortung darüber verfügen zu können«[61].
Allerdings kann in den seltensten Fällen der Inhaber an den Musikrechten den Preis für die Musik selbst bestimmen. Der Inhaber der sog. »Großen musikalischen Rechte«, darunter fällt die bühnenmäßige Aufführung musikalisch-dramatischer Werke wie Opern, Operetten, Musicals, Balletts[62], besitzt noch die größte Freiheit in der Preisgestaltung. Allerdings unterliegt auch er gewissen Preisempfehlungen bzw. Handelsbräuchen, von denen er sich nur schwer lösen kann, will er nicht riskieren, daß sein Werk überhaupt nicht aufgeführt wird.
Der Musikurheber, der sein Werk zur Verwertung der GEMA »übertragen hat«, muß die strengeren Regeln gegen sich gelten lassen, denen Verwertungsgesellschaften unter dem Regime des Urheberrechtswahrnehmungsgesetzes bei der Preisfindung unterliegen.
Der Rechtsrahmen für die Festsetzung von Tarifen der GEMA, wie aller anderen Verwertungsgesellschaften, ist im Urheberrechtswahrnehmungsgesetz festgelegt. Jede Verwertungsgesellschaft ist verpflichtet, Tarife über die Vergütung aufzustellen, die sie aufgrund der von ihr wahrgenommenen Rechte und Ansprüche fordert (§ 13 Urheberrechtswahrnehmungsgesetz). Dadurch soll im Interesse der Allgemeinheit eine gleichmäßige Behandlung aller gleich gelagerten Fälle durch die Verwertungsgesellschaften sichergestellt, zugleich aber auch den Verwertungsgesellschaften in ihrem eigenen Interesse erspart werden, in jedem Einzelfall langwierige Verhandlungen über Art und Höhe der zu zahlenden Vergütung zu führen. Für nahezu sämtliche Nutzungsarten musikalischer Werke hat die GEMA zur Zeit etwa fünfundsechzig Tarife aufgestellt und veröffentlicht. Natürlich gibt es immer wieder Nutzungsvorgänge, für die das Tarifwerk der GEMA keinen unmittelbar passenden Tarif enthält. In diesen Fällen ist die GEMA berechtigt, »grundsätzlich von dem Tarif auszugehen, der nach seinen Merkmalen der im Einzelfall vorliegenden Art und Weise und im Umfang der Nutzung möglichst nahekommt«[63].
Berechnungsgrundlage für alle Tarife sollen in der Regel die »geldwerten Vorteile« sein, die der Musiknutzer durch die Verwertung geschützter Werke erzielt (§ 13 Abs. 3 Urheberrechtswahrnehmungsgesetz). Darin spiegelt sich der durch eine umfassende Rechtsprechung in einer Reihe europäischer Länder gefestigte urheberrechtliche Grundgedanke wieder,

61 BVerfGE 79, 29 (40). Insgesamt vgl. R. *Kreile*, Die Sozialbindung des geistigen Eigentums, in: Festschrift für Peter Lerche zum 65. Geburtstag, 1993, S. 251 ff.
62 Zur Abgrenzung vgl. *Fromm/Nordemann/Vinck*, a.a.O., § 19 Rn. 3.
63 Urteil des BGH v. 1. Juni 1983, ZR 98/81.

wonach der Urheber angemessen am wirtschaftlichen Nutzen seiner Werke zu beteiligen ist.
Maßstab für diesen wirtschaftlichen Nutzen soll der wirtschaftliche Erfolg des Verwerters, seine aus der Nutzung des Urheberrechts hervorgegangene Vermögensvermehrung sein, soweit dieser wirtschaftliche Erfolg im Zusammenhang mit der Nutzung steht. Das bedeutet, daß bei der Tarifgestaltung der Umsatz des Verwerters zugrundegelegt werden sollte. Bei Nutzungsvorgängen, bei denen alleiniger oder hauptsächlicher Zweck die Darbietung z.B. urheberrechtlich geschützter Musik ist, läßt sich dies ohne weiteres berechnen: so bei Konzertveranstaltungen anhand der Eintrittspreise, aber auch beim Rundfunk mittels Gebühren- und Werbeeinnahmen. Dort, wo die geldwerten Vorteile mangels unmittelbarer Einnahmequellen nicht oder nur schwer festzustellen sind, wie z.B. bei der Background-Musik in Supermärkten, Boutiquen, Ladenpassagen etc. können auch andere Berechungsgrundlagen herangezogen werden (so § 13 Abs. 3 S. 2 Urheberrechtswahrnehmungsgesetz). Dies sind in der Regel pauschalierte Tarife, die sich an Raumkapazitäten, Zweck und Dauer der Veranstaltung etc. orientieren.
Zur Frage, welcher prozentuale Beteiligungssatz bei der Nutzung von musikalischen Werken angemessen ist, haben sowohl die Schiedsstelle beim Deutschen Patentamt als auch das Schweizerische Bundesgericht Stellung genommen. Beide gehen davon aus, daß die Urheberrechtsentschädigung maximal 10 % der Bruttoeinnahmen betragen darf. Nach Auffassung des Schweizerischen Bundesgerichts hat sich diese zehnprozentige Entschädigung als »praktikabler Grenzwert herausgebildet und wird sowohl national als auch international als gemeinhin anerkannte Usance befolgt.« Das Schweizerische Bundesgericht bewertet diese zehnprozentige Urheberrechtsentschädigung als einzigen, allgemein akzeptierten Anhaltspunkt für die Bemessung von Urheberrechtsentschädigungen, z.B. im Kabelbetrieb[64].
Die Schiedsstelle beim Deutschen Patentamt legt ihrer Spruchpraxis ebenfalls den zehnprozentigen Beteiligungssatz für alle Urheber unter Hinweis auf die schweizerische aber auch die österreichische Praxis zugrunde[65].
Vor dem Hintergrund der Praxis und Rechtsprechung hat der schweizerische Gesetzgeber im neuen Urheberrechtsgesetz vom 9. Oktober 1992 den Grundsatz der Angemessenheit in eine Gesetzesform gegossen. Die einschlägige Norm im neuen schweizerischen Urheberrechtsgesetz (Art. 60 Abs. 2) lautet:

64 Vgl. Urteil des Schweizerischen Bundesgerichts vom 7. März 1986, in: Eidgenössische Schiedskommission für die Verwertung von Urheberrechten, Entscheide und Gutachten 1981 - 1990, S. 183 (191).
65 Vgl. Sch-Urh 1/86, in: ZUM 1987, 183.

»Die Entschädigung beträgt in der Regel höchstens zehn Prozent des Nutzungsertrags oder -aufwands für die Urheberrechte und höchstens drei Prozent für die verwandten Schutzrechte; sie ist jedoch so festzusetzen, daß die Berechtigten bei einer wirtschaftlichen Verwaltung ein angemessenes Entgelt erhalten«.

Obwohl in der Praxis der Verwertungsgesellschaften die Zehnprozent-Marke vielfach noch nicht erreicht ist, darf sie im Hinblick auf die Nutzungsmöglichkeiten und die Nutzungsintensität, die die digitale Technologie dem Musikverbraucher bietet, grundsätzlich in Frage gestellt werden. Aber nicht, weil sie etwa zu hoch, sondern weil sie zu niedrig ist. Denn wer z.B. als Musikanbieter über Kabel oder Satellit rund um die Uhr seinen Abonnenten digitalen Werkgenuß geschützter Musik anbietet, kann die Musikurheber nicht mit 10 % seiner Abonnementgebühren abspeisen. Dies stellt eine »Ausbeutung« der »Rohstofflieferanten« dar. Im übrigen müssen sich Komponisten, Textdichter und Musikverleger die Vergütung noch untereinander aufteilen.
Die GEMA-Praxis für die Lizenzierung digitaler Tonträger sieht derzeit wie folgt aus:

1. *Die Musikverwertung in körperlicher Form*

Zunächst wird in der Lizenzierungspraxis bei der GEMA zwischen Tonträgern[66] und Bildtonträgern[67] unterschieden, wobei die interaktiven audiovisuellen Träger, wie CD-ROM und CD-I, den Bildtonträgern zugerechnet werden.

a) *Digitale Tonträger*

Für digitale Tonträger, wie z.B. die CD als derzeit wichtigstem Tonträger, beträgt die prozentuale Beteiligung für die Urheber am Listenpreis für Detailhändler rund 10 %. Dieser Satz ist in einem Gesamtvertrag mit dem Verband der Tonträgerhersteller, der Deutschen Landesgruppe der IFPI, vereinbart. Die Urheberberechtigten erhalten also in der Regel für eine Normalpreis-CD, beispielsweise mit vierzehn Musikwerken, eine Vergütung

66 Vergütungssätze für die Vervielfältigung und Verbreitung von Tonträgern - VR-T-H 1, Vergütungssätze für die Vervielfältigung und Verbreitung von Audiödatentragern - VR-DT-H 1 (Tarifbezeichnungen vereinfacht).

67 Vergütungssätze für die Vergabe des Synchronisationsrechts für Bildtonträger - VR-TH-F 2, Vergütungssätze für die Verwertung von Musikvideos - VR-BT-H 1 (derzeit nicht praktiziert), Vergütungssätze für die Vervielfältigung und Verbreitung von Bildtonträgern mit Filmproduktionen (Zweitverwertung) - VR-BT-H 2, Vergütungssätze für die Vervielfältigung und Verbreitung von audiovisuellen Datenträgern - VR-AV-DT-H 1 (Tarifbezeichnungen vereinfacht).

von rund DM 2,10 je Exemplar. Die Lizenzeinräumung gegenüber dem Lizenznehmer durch die GEMA für die Nutzung der Vervielfältigungs- und Verbreitungsrechte erfolgt entweder vor der Inanspruchnahme dieser Rechte im Rahmen von Einzelverträgen oder im Rahmen von sog. Industrieverträgen.

b) *Digitale Bildtonträger*

Im Vergleich zu Tonträgern sind Bildtonträger durch die zusätzliche Komponente des Bildes, bei den interaktiven audiovisuellen Trägern CD-I und CD-ROM durch weitere Komponenten, wie z.B. Programm-Möglichkeiten für den Anwender gekennzeichnet. Die Fachwelt spricht deshalb von »multimedialen Trägern«. Diese zusätzlichen Komponenten haben Auswirkungen auf die Lizenzierungspraxis.
Für den gesamten Bereich der Bildtonträger gilt in der Lizenzierungspraxis der GEMA, die sich auf Musikwerke konzentriert, daß zunächst vom Lizenznehmer ein Synchronisationsrecht für die Zusammenfügung der jeweiligen Komponenten mit dem Musikwerk zu erwerben ist, das bei unverlegten Werken von den Urhebern selbst, ansonsten bei verlegten Werken vom Verlag vergeben wird. Sofern der Berechtigte nicht selbst die Rechtevergabe vornimmt - was jedoch der Ausnahmefall ist - ist die GEMA befugt, gemäß Berechtigungsvertrag auf der Grundlage einer sog. Rückfallregelung für das jeweilige Werk das Synchronisationsrecht nach dem einschlägigen Tarif zu vergeben. Dieser Tarif orientiert sich an den durchschnittlichen Marktbedingungen für die Vergabe von Synchronisationsrechten. Die Höhe ist an mehrere Bedingungen geknüpft, z.B. das Auswertungsgebiet, wie auch die verschiedenen Nutzungsformen des Bildtonträgers, z.B. Sendezwecke etc.
Der Lizenznehmer erwirbt, nachdem er das Synchronisationsrecht eingeholt hat, vor der Vervielfältigung und Verbreitung der Bildtonträger im Falle von Einzelgenehmigungen bzw. im Rahmen entsprechender Industrieverträge für die Werke des GEMA-Repertoires die Vervielfältigungs- und Verbreitungsrechte.
Die GEMA praktiziert für die Vergabe der Vervielfältigungs- und Verbreitungsrechte auf Bildtonträgern im wesentlichen drei verschiedene Tarife, nämlich für Bildtonträger mit Kinofilmen, für Musikvideos und für audiovisuelle Datenträger, zu denen auch die interaktiven Bildtonträger zählen. Im Tarif für audiovisuelle Datenträger spiegeln sich die anderen beiden Tarife im Prinzip wider, da eine Unterscheidung dahingehend getroffen wird, ob es sich um

- einen audiovisuellen Musikdatenträger - analog zu einem Musikvideo,
- einen audiovisuellen Datenträger mit Schwerpunkt Musik - z.B. die CD-

ROM von Herbert Grönemeyer, die neben Musik auch Hintergrundinformationen enthält -,

oder

- um einen sonstigen audiovisuellen Datenträger handelt, als Beispiel sei hier ein Reiseführer mit landestypischer Musik erwähnt,

handelt.

Entsprechend dem Umfang und der Bedeutung der Musik bei den verschiedenen audiovisuellen Datenträgern wird eine abgestufte Vergütung berechnet. Dies kann wie folgt erläutert werden:

- Für audiovisuelle Musikdatenträger wird ein Beteiligungssatz von 10 %,
- für audiovisuelle Datenträger mit Schwerpunkt Musik mit vierzehn Musikwerken wird im Vergleich zu einer CD gleichen Inhalts statt rund 10 % ein Beteiligungssatz von 6 %,
- bei gleichem Musikinhalt für einen sonstigen audiovisuellen Datenträger nur 3 %

Vergütung vom veröffentlichten Abgabepreis für den Detailhandel beansprucht. In diesem Zusammenhang ist von Interesse, daß es im Bereich der audiovisuellen Datenträger bisher keinen Verband der Lizenznehmer gibt, der einen Gesamtvertrag mit der GEMA geschlossen hat, für den im Urheberrechtswahrnehmungsgesetz Vorzugsvergütungen vorgesehen sind.

Gerade bei multimedialen Trägern ist es oft für den Lizenznehmer kompliziert und aufwendig, für die Nutzung der verschiedenen in einem Produkt zusammengefaßten Komponenten die Rechte von den unterschiedlichen Rechteinhabern einzuholen. Die Rechtevergabe aus einer Hand wäre für die Zukunft sinnvoll und wünschenswert. Einen ersten Schritt in diese Richtung hat die GEMA durch Abschluß eines Vertrages mit der VG MUSIKEDITION getan. Die GEMA nimmt dabei das Inkasso für die Mitglieder der VG MUSIKEDITION im Falle der Nutzung der graphischen Rechte an Texten und Noten in Verbindung mit Datenträgern wahr.

Im Hinblick auf die leichter gewordenen Möglichkeiten eines Eingriffs in das geschützte Werk ist es von Bedeutung, daß die Lizenz der GEMA stets unter dem Vorbehalt erteilt wird, daß der Lizenznehmer das Urheberpersönlichkeitsrecht des Musikautors respektiert.

2. *Die Musikverwertung in unkörperlicher Form*

Das geltende Urheberrecht macht im Hinblick auf den Vergütungsanspruch des Rechteinhabers keinen Unterschied, ob sein Werk körperlich auf einem Träger festgehalten und genutzt, oder ob es unkörperlich verbreitet und genutzt wird. Die Unterscheidung der Verwertung in körperlicher Form von der Verwertung in unkörperlicher Form bedeutet für den Inhaber von Werken der Musik lediglich, daß er für jede Nutzungsart separat einen Anspruch auf Vergütung hat. Der Vertrieb eines Musikwerkes in digitaler Form auf CD, einem anderen digitalen Träger, »on line« oder per Satellit hat im Hinblick auf den Vergütungsanspruch des Urhebers keine Auswirkung.

a) *Die Lizenzierung des konventionellen »Rundfunks«*

Auf dem Gebiet der »unkörperlichen Verwertung« hat die GEMA eine lange Erfahrung durch die Lizenzierung von Rundfunk und Fernsehen, die terrestrisch, über Satelliten oder durch Kabel zum Nutzer herangeführt werden.
Rundfunk- und Fernsehsender, ob privat oder öffentlich-rechtlich, befolgen den urheberrechtlichen Grundsatz, wonach der Urheber angemessen am wirtschaftlichen Nutzen seiner Werke zu beteiligen ist, dadurch, daß sie die Musikurheber prozentual an ihren Einnahmen aus Werbung und Gebühren beteiligen. Dieses Prinzip hat sich in den letzten Jahrzehnten international durchgesetzt und bewährt. Die wertmäßige Ausgestaltung des Prinzips der Beteiligung, nämlich ihre Angemessenheit, bedarf in Deutschland der Verbesserung, damit im einheitlichen Wirtschaftraum der EU alle Musikurheber im Durchschnitt die gleiche Vergütung für die Nutzung ihrer Werke im Rundfunk und im Fernsehen erhalten. Die GEMA macht (noch) keinen Unterschied, ob die Sendung analog oder digital ausgestrahlt wird. Solange die Nutzung der Musikwerke im Rundfunk und im Fernsehen in den üblichen Programmformen erfolgt, d.h. unterbrochen durch Wortbeiträge, Werbung etc., kann grundsätzlich an diesem Prinzip festgehalten werden. Sollte der Rundfunk jedoch seine Programme in der Weise ändern, daß er, ähnlich wie die neu auf den Medienmarkt strebenden Anbieter digitaler Pay-Rundfunk- und Fernseh-Dienste, rund um die Uhr nach Klangfarben aufgespaltene Programme anbietet, müssen die derzeitigen Vergütungsparameter überdacht werden.

b) *Digitale Pay-Radiodienste*

Das digitale Pay-Radio sucht sich seinen Markt in Europa. »Music Choice Europe«, ein Programmanbieter aus dem Hause WARNER und SONY, ist jedoch nicht der einzige Anbieter in Europa. Der amerikanische Anbieter »DMX«, hinter dem die VIACOM-Gruppe und der amerikanische Kabelnetzbetreiber »TCI« stehen, versucht, namentlich in den stark verkabelten Ländern Niederlande, Belgien, Schweiz und Deutschland, ein Konzept zu übertragen, das in den USA schon beträchtliche Erfolge aufzuweisen hat: Musikradio pur, nach Musikfarbe und -schattierung möglichst weitgehend

und ausdifferenziert in mehr als fünfzig parallel ausgestrahlten Programmen. Aber nicht nur Symphonie-, Oper- oder Operetten-, sondern auch Pop-, Rock- und Heavy-Metal-Sender, ebenso wie eine Chanson-Welle, ein Schlagerkanal und einen Kanal mit volkstümlicher Musik. Die Pay-Radio-Angebote von MC-Europe und DMX werden weder durch Werbung, noch durch Wortbeiträge unterbrochen. Informationen zu der jeweils gesendeten Musik - bis hin zur Bestellnummer der entsprechenden CD - werden als digitale Zusatzinformation über Display auf der Fernbedienung des anzumietenden Spezialreceivers übertragen.
Digitales Radio und digitale Pay-Radio-Dienste liefern Rundfunk in CD-Qualität. Professor Norbert *Thurow,* der Hauptgeschäftsführer der Deutschen Landesgruppe der IFPI, bezeichnet sie deshalb auch als »CD-Radio« und fordert, wie alle europäischen und amerikanischen Schallplattenproduzenten, für die Produzenten ein Exklusiv-Recht, das es ihnen erlaubt, zu bestimmen, ob und wann ein Tonträger von solchen Diensten genutzt und dem Publikum angeboten werden dürfe. Kabel- und »on demand«-Dienste, so befürchtet die Schallplattenbranche, könnten in nicht allzu ferner Zeit den körperlichen Tonträger substituieren, was für Tonträgerhersteller, aber auch für Komponisten, Textdichter, Musikverleger und schließlich auch für die ausübenden Künstler erhebliche Einnahmeverluste bringen würde. Da die in Verwertungsgesellschaften wie der GEMA zusammengeschlossenen Musikurheber einem Kontrahierungszwang unterliegen und lediglich eine »angemessene« Vergütung für die Nutzung ihrer Werke, sei es durch Vervielfältigung und Verbreitung, sei es durch Sendung, erzielen können, fordert die Schallplattenindustrie wie im Filmbereich ein Recht, das es ihr erlaubt, ihr Produkt optimal einzusetzen und zu steuern.
Ohne Zweifel fördern die neuen digitalen Radiodienste - und demnächst wohl auch Fernsehdienste - die private Vervielfältigung mittels wiederbespielbarer digitaler Speichermedien wie DAT, DCC und MD. Vor diesem Hintergrund ist es endlich an der Zeit, daß der deutsche Gesetzgeber die Vergütung für wiederbespielbare Ton- und Bildtonträger sowie den dazugehörigen Kassetten auf ein Niveau anhebt, das den Rechteinhabern wenigstens einen minimalen Ausgleich für ihre Verkaufsverluste gewährt. Die EG bleibt aufgefordert, endlich einen Richtlinienvorschlag für die Einführung europaweiter Regelungen zur privaten Vervielfältigung bzw. zur Harmonisierung der bereits geltenden Regeln auf den Weg zu bringen. Die Entwicklungen im Multimedia-Bereich ersetzen auf keinen Fall Bestimmungen für die private Vervielfältigung. Auch im Lichte des Prinzips der Subsidiarität bleibt die Kommission aufgefordert, schnell zu handeln, damit den europäischen Rechteinhabern nicht weitere Einnahmeverluste entstehen.
Damit ist das Problem jedoch nicht gelöst, da Vergütungen für die private Vervielfältigung niemals in der Lage sind, Einkommenseinbrüche im Be-

reich von Tonträgern oder Bildtonträgern auszugleichen. Auch die Einführung von Kopiersperren per Gesetz mögen das private Vervielfältigen zwar verlangsamen, verhindern werden sie dies jedoch nicht. Dennoch sollte auch nach Ansicht der in der GEMA vertretenen Komponisten, Textdichter und Musikverleger, wie in den USA, eine Kopiersperre per Gesetz verordnet werden, wenn die betroffene Industrie nicht in der Lage ist, dies selbst zu regulieren. Die Einführung von Identifizierungs-Codes sowie technischen Kontrollsystemen bzw. »Toll Gates« dürfte eine Selbstverständlichkeit werden, da »Music on demand« sich wirtschaftlich sonst nicht rentiert.

Ich stimme Professor Hans Wilfred *Sikorski,* dem Vizepräsidenten des Deutschen Musikverleger-Verbandes und stellvertretenden Vorsitzenden des GEMA-Aufsichtsrates, zu, daß Autoren und Verleger einem Verbotsrecht den Anspruch auf eine angemessene Vergütung vorziehen sollten. Mit der Einführung eines Exklusiv-Rechts für Produzenten würde sich zweifelsohne die Hierarchie der Rechte zugunsten der nachschaffenden Inhaber von Leistungsschutzrechten verschieben. Auch wenn die zu Verwertungsgesellschaften zusammengeschlossenen Musikurheber ihr Exklusiv-Recht nur eingeschränkt ausüben können, dürfen die Rechte der Urheber, ohne deren Werke die Künstler nichts aufführen und die Produzenten nichts produzieren könnten, nicht beschränkt bzw. zurückgedrängt werden, denn das Kreative steht nun einmal über dem Organisatorischen.

Rechteinhaber wie Schallplattenindustrie haben richtig erkannt, daß sie es in Zukunft mit neuen Verhandlungspartnern zu tun haben, wie z.B. den weltweit operierenden digitalen Dienstleistern und daß deshalb die alte Antinomie zwischen Musikurhebern und Schallplattenproduzenten einer Partnerschaft zwischen beiden, deren wirtschaftliche Interessen eng verbunden sind, Platz machen muß. Beide können gegenüber der neu entstehenden wirtschaftlichen Macht im Multimedia-Markt nur dann gewinnen, wenn sie sich rechtzeitig verbünden. In welcher Form dies geschehen kann, ist noch offen. Erste hoffnungsvolle Signale sind ausgesandt. Vielleicht haben inzwischen auch die Schallplattenproduzenten eingesehen, daß es ein Fehler war, in der Vergangenheit die Vergütungen der Musikurheber immer mehr zu drücken, da sich das auch auf die eigene Ausgangslage gegenüber neuen Nutzern negativ auswirken muß.

Bei der Aufstellung von Vergütungen für neue Pay-Radio-Anbieter oder für Radio »on demand« muß sich der Vergütungsanspruch an der gesteigerten Intensität der Nutzung sowie den urheberrechtlich relevanten Verwertungshandlungen orientieren.

Bei Radio »on demand«, auch wenn es über Kabel oder Satelliten »gesendet« wird, liegt eine Analogie zu den bestehenden GEMA-Tarifen für das Vervielfältigungs- und Verbreitungsrecht bei Tonträgern nahe. Die Nutzung eines Werkes »on demand« mit der Möglichkeit, es privat zu speichern und auf einen Träger zu vervielfältigen, darf in bezug auf die Vergütung nicht anders behandelt werden als die körperliche Nutzung eines Titels auf Tonträger. Wie bei der Schallplatte, so richtet sich der Vergütungsanspruch auch bei Nutzungen »on demand« gegen den gewerblichen Anbieter. Dieser verfügt über die notwendigen Kontrollinstrumente, die die für die Abrechnung gegenüber dem Nutzer erforderlichen Auskünfte über die Verwendung der gespeicherten Werke geben.

Der wirtschaftliche Ertrag der Rechteinhaber muß auch beim Rückgang bzw. bei der Substituierung von Tonträgern der gleiche bleiben.

Daß dies grundsätzlich möglich ist, soll die folgende, sehr vereinfachte Berechnung zeigen:

Heute erlöst die Gemeinschaft der Musikurheber durch die GEMA in einem Jahr in Deutschland aus Tonträgerverkäufen ca. DM 360 Mio. Zugrunde liegen diesen Tonträgerverkäufen vereinfacht dargestellt ca. zwei Milliarden Einzelwerknutzungen. Ich will dies erläutern: Wenn ich in einen Laden gehe und eine CD kaufe, sind auf dieser CD beispielsweise vierzehn Werke enthalten. In meine Rechnung kalkuliere ich dies als vierzehn Werknutzungen ein. Der Gesamterlös von DM 360 Mio. umgerechnet auf die zwei Milliarden Einzel-Werknutzungen würde achtzehn Pfennige pro Werknutzung bedeuten.

Es stellt sich nun die Frage, welche Rahmenbedingungen gegeben sein müßten, wenn die Gemeinschaft der Urheberberechtigten aus der Nutzung »on demand« in der Zukunft ohne Tonträger den gleichen Betrag von ca. DM 360 Mio. in einem Jahr erwirtschaften müßte.

Dies wäre folgendermaßen denkbar: Angenommen ca. zehn Millionen Haushalte wären mit den entsprechenden Einrichtungen versehen, die es erlauben, Musik »on demand« zu genießen, was nicht unrealistisch erscheint. Dann müßten für jeden User durchschnittlich im Jahr DM 36 bezahlt werden, um wieder DM 360 Mio. zu erwirtschaften. Wenn der gleiche Wert in Höhe von achtzehn Pfennig pro Werknutzung zugrundegelegt wird, würde dies zweihundert Werknutzungen pro Jahr und User entsprechen. Auch das erscheint realistisch, da dies heute etwa den durchschnittlichen Werknutzungen eines Tonträgerkäufers entspricht.

Diese Rechnung soll noch nicht der zukünftige GEMA-Tarif sein. Sie soll lediglich die Reaktionen zeigen und deutlich machen, daß eine Abkehr von der prozentualen Beteiligung am Verkaufspreis eines körperlichen Trägers hin zu einer Werkevergütung unter Berücksichtigung der Werklänge möglich erscheint. Natürlich ist mir klar, daß zu den Vergütungen der Urheber auch die der Produzenten und ausübenden Künstler hinzukommen. Die Anbieterseite darf aber nicht damit rechnen, daß ihr zur Einführung ihrer Dienste Vorzugssätze eingeräumt werden. Von Anfang an muß der Preis für die Nutzung so angesetzt werden, daß sämtliche Rechteinhaber mindestens genauso gestellt werden wie beim Verkauf körperlicher Träger. Urheber, Produzenten und ausübende Künstler sitzen in einem Boot, dies wird jedem klar. Neue Zeiten schaffen vielleicht auch neue Allianzen. Das Medium, das darüber entscheidet, ob neue Allianzen zustandekommen und wie sie ausgestaltet sein müssen, ist, wen wundert das, die Rechenmaschine.

VI. *Ausblick*

Für die Musikurheber besteht meines Erachtens derzeit kein Grund, angesichts der digitalen Entwicklung »Totengräbergesänge« oder »Urheberrechts-Totenlieder« zu komponieren.

Wenn wir uns in einer technischen und angeblich auch rechtlichen Revolution befinden, so wird in dieser Phase der Urheber, damit auch die GEMA, so willkommen die digitale Entwicklung ist, darauf achten, daß die rechtlichen Positionen gewahrt und weiterentwickelt werden und auch die wirtschaftliche Seite nicht zu kurz kommt.

Da liegt es nahe, in freier Bearbeitung der revolutionären Marseillaise den Musikurhebern zuzurufen:

> »Aux armes musiciens, formez vos bataillons«.

Norbert Thurow

Die digitale Verwertung von Musik aus der Sicht von Schallplattenproduzenten und ausübenden Künstlern

Ich vermute (und diese Vermutung hat sich bereits bei meinen Vorrednern bestätigt), daß sich über die Auswirkungen der Digital-Technik schlecht sprechen läßt, ohne daß man dabei wenigstens kurz auf diese Technik selbst eingeht. Natürlich wird jeder der Sprecher das hier unter dem speziellen Blickwinkel tun, der von ihm von seinem Thema her vorgegeben ist. Trotzdem werden Sie auf diese Weise heute teilweise mit Informationen gefüttert werden, die man in der Informatik als »redundant« bezeichnet. Aber eine Sache wird ja oft erst dann plastisch und anschaulich, wenn sie aus verschiedenen Blickwinkeln gesehen wird. Darum halte ich diese (verbale) Redundanz sogar für nützlich.

Die Digitaltechnik besteht aus drei Elementen: Aufnahme- und Wandlertechnik, Speichertechnik und Übertragungstechnik. Erst diese drei zusammen ergeben die digitale Revolution.

Lassen Sie mich kurz umreißen, wo wir auf diesen drei Gebieten stehen. *Aufnahme- und Wandlertechnik* sind heute so ausgereift, daß elektrische Daten, die optische und akustische Informationen darstellen, mit hoher Geschwindigkeit und Präzision vom Analogen ins Digitale umgewandelt und wieder zurückverwandelt werden können.

Bei der *Speichertechnik* geht es bekannterweise um die Zahl an Bits, die auf einem Speicher untergebracht werden können. Auch die CD ist ein digitaler Speicher - und zwar ein ungewöhnlich leistungsfähiger (was übrigens ihre zweite Karriere als CD-ROM begründet hat). Bei einer guten Stunde Spieldauer enthält sie 600 - 700 Megabyte oder gut 5.000 Megabits (1 Byte entspricht 8 Bits). Man würde nicht weniger als 80 der neuesten 64 Megabit-Chips benötigen, um den Inhalt einer CD auf Chips »umzuladen«. Diese Chips sind sehr teuer und technisch aufwendig in der Herstellung, während die Herstellung einer CD nur 3 Sekunden dauert und weniger als DM 3,00 kostet (ich spreche hier nur von den technischen Kosten, natürlich nicht von den Kosten des Programms).

Die CD ist also auch technisch etwas Erstaunliches: Mittlerweile mehr als 10 Jahre alt, ist sie immer noch unerreicht in der Kombination von Spei-

cherfähigkeit, Preiswürdigkeit und Akzeptanz beim Publikum. Die Information ist dabei nicht elektronisch auf der CD gespeichert, sondern wird im Spritzgußverfahren auf der Oberfläche in mikroskopisch kleinen Vertiefungen abgebildet - ist also dreidimensionaler, körperlicher Natur! Miniaturisierung und Präzision - dies ist das Geheimnis der CD.
Die CD war ein technischer Durchbruch und das erste digitale Massenprodukt der Konsumelektronik. Sie ist für die Speicherung von Musikprogrammen bis heute das Nonplusultra geblieben. Die Tonträgerhersteller dürfen mit Recht stolz darauf sein, an der Pforte zu einem neuen Zeitalter gestanden zu haben. Einführung und Durchbruch der CD im Markt für Unterhaltungselektronik waren aber für Künstler, Hersteller, Autoren und Verleger nach der tiefen Krise der frühen 80er Jahre auch von eminenter wirtschaftlicher Bedeutung. Ohne die CD wäre die Renaissance des Tonträgers als Massenkonsumartikel undenkbar gewesen, und heute sind die Einnahmen aus dem Verkauf von CDs für sie das wirtschaftliche Rückgrat. Ohne den Erfolg der CD wären aber auch Repertoirebreite und Angebotsvielfalt des heutigen Tonträgermarktes undenkbar. Ohne Übertreibung läßt sich sagen: Hier war der technische Fortschritt segensstiftend für die Verbreitung von Kultur. Es muß uns darum gehen, dieses glückliche Ergebnis auch in das Zeitalter der allgemeinen Medien-Digitalisierung hinüberzuretten.
Auch bei der *Übertragungstechnik* digitaler Informationen gibt es, nach dem die Kompressionstechnik eingeführt ist und die Übertragungskapazität so vervielfacht wurde, keine unlösbaren Fragen mehr: Ob kabelgebunden, ob über terrestrische Wellen, über Satellitenfunk oder gar über Richtfunk aus dem Weltraum: Selbst interplanetarische Sonden können heute präzise Informationen und Fotos, wie z.B. vom Jupiter und seinen Monden geschehen, digital zur Erde funken, über Entfernungen von Hunderten von Millionen Kilometern.
Sie wissen, mit welchen Schlüsselbegriffen gerade in den letzten Monaten das heraufziehende digitale Zeitalter bezeichnet wird. Multimedia, Datenautobahn, digitaler Netzverbund, 500 Fernsehkanäle für jedermann usw. sind die Schlagworte, derer sich die allgemeine Diskussion inzwischen bemächtigt hat, und dies zu Recht. (Wir werden darüber heute noch mehr hören.) Ich will mich hier auf die Entwicklungen und Probleme beschränken, die ich im Bereich der digitalen Verbreitung von Musikprogrammen sehe.
Natürlich hat sich die Tonträgerbranche Gedanken gemacht, wie sie der digitalen Zukunft gerecht werden kann, denn es unterliegt keinem Zweifel, daß netz- oder wellengebundene digitale Verbreitungsformen von Musikprogrammen in Zukunft dem Verkauf bespielter Tonträger Abbruch tun werden. Gestritten werden kann meines Erachtens nur über die zeitliche Perspektive und den Umfang dieser Entwicklung sowie darüber, welches System schließlich die Nase vorn haben wird. Für die Tonträgerwirtschaft

heißt die Wunschlösung: »Music on Demand«. Der dem Netz angeschlossene Konsument soll mit intelligenter Heimelektronik Verbindung zu einer zentralen Musikdatenbank aufnehmen können und sich die Titel seiner Wahl in digitaler Qualität durchs Kabel gegen Bezahlung liefern lassen. Idealerweise gibt es eine Preisdifferenzierung nach der Aktualität der Titel und danach, ob die gewünschte Musik nur ephemer zum Anhören angefordert wird oder ob eine Überspielung stattfinden soll. Die Überspielung wird teurer sein.

Wenn es der Tonträgerwirtschaft gelingt, »Music on Demand« zu etablieren, dann kann sie den Verlust an körperlichen Umsätzen mit Tonträgern wahrscheinlich wirtschaftlich verschmerzen. Gelingt dies nicht, so sind für die Musikproduktion kritische Einbrüche zu befürchten.

Und die Chancen stehen nicht gut. Denn ohne die Hilfe des Gesetzgebers wird es wie oft im Leben so kommen, daß sich schneller und profitabler auf Feldern ernten läßt, die man nicht selbst bestellt hat. Das Rezept ist einfach: Man bediene sich des weltweiten Vorrats an CD-Musik, wie er seit 1983 entstanden ist und mache sich den Umstand zunutze, daß die Etablierung von interaktiven Netzen noch einige Zeit auf sich warten lassen wird. Es gibt aber schon etwa 15 Millionen verkabelte Haushalte allein in Deutschland (und ca. 50 Millionen in Europa), die im one-way-Verfahren sozusagen »digital erreichbar« sind. Und auch die *Sendung* digitaler Programme auf terrestrischen Wellen wird schneller kommen als Interaktiv-Kabelangebote der Programmhersteller.

Da haben wir zunächst DAB, »Digital Audio Broadcasting«. Private und öffentliche Rundfunkanstalten, Satellitenbetreiber, Gerätehersteller und Deutsche Bundespost/Telekom arbeiten bekanntlich mit Hochdruck an der Verwirklichung. Spätestens 1996 soll DAB starten und das erste digitale Radio in Europa werden.

Man verspricht sich davon - und das zu Recht - einen enormen technischen Qualitätssprung gegenüber dem bisherigen UKW-Standard. Fragt man bei den Rundfunkanstalten die Techniker, warum sie das Radio digitalisieren, so ist die Antwort klar: Das Bessere ist stets der Feind des Guten, und was besser machbar ist, wird besser gemacht. Die Programmacher aber führen ein Wort am meisten im Munde, das aufhorchen lassen sollte: »Endlich Radio in CD-Qualität!« Hinterfragt man genau (und ich habe das mehrfach getan), *was* denn nun in CD-Qualität gesendet werde solle (der Nachrichtensprecher? das Zeitzeichen? Hörspiele? Verkehrsmeldungen? Wirtschaftssendungen?), so wird bald klar und unter der Hand auch zugegeben, daß es nur die *digitale Qualität der Musik* ist, die das digitale Radio in den Augen seiner Protagonisten so gebieterisch notwendig werden läßt. Diese Musik »in CD-Qualität« gedenkt man nicht selber zu produzieren – einmal abgesehen von den immer bedrohlicher abschmelzenden Rundfunkorchestern im

öffentlich-rechtlichen Bereich - sondern man hat sie ja, die digitale Musik, und zwar von der Schallplattenindustrie. »Radio in CD-Qualität« hieße also besser »CD-Radio«, aber das würde den Etikettenschwindel natürlich allzu offensichtlich machen.
Weniger verschämt äußern sich zu ihren Zielen digitale Kabeldienste, die sich in Amerika und Japan derzeit mit großer Geschwindigkeit etablieren und auch in Europa heftig an alle Türen klopfen. Sie sagen geradeheraus, was sie dem umworbenen Kunden anbieten: Täglich 24 Stunden CD-Musik in vielen nach Musikgeschmacksrichtungen sortierten, anwählbaren Kanälen ohne störende Unterbrechungen durch Ansagen und Werbung. Derzeit machen besonders zwei amerikanische Netzangebote von sich reden:

- Digital Music Express, ein Netzangebot mit 86 parallelen Kanälen und
- Music Choice, dessen europäische Tochter Music Choice Europe (MCE) derzeit 65 parallele Kanäle anbietet.

In Japan gibt es ein Netzangebot namens »USEN cable radio«, das mit 440 Kanälen arbeitet. Nach einer Meldung der Fachzeitschrift MUSIC WEEK vom 16. April hat DMX kürzlich einen Vertrag abgeschlossen, der ihm ab November 1994 gestattet, über den ASTRA-Satelliten 14 Millionen europäische Haushalte direkt zu erreichen. Für Verkauf bzw. Vermietung von Decodern und Tunern soll ab Sommer 1994 massiv geworben werden.
Die Betreiber solcher Angebote scheinen davon auszugehen, und das bei kräftiger Überstrapazierung des Sendebegriffs wohl nicht zu unrecht, daß es sich bei der Verbreitung solcher Dienste um eine »Art Sendevorgang« handelt und ihrem Projekt jedenfalls kein *praktikables* Verbotsrecht der Rechtsinhaber entgegensteht. Eine gewisse Vergütung für die Rechte zu bezahlen scheint man zwar bereit zu sein, doch da das ganze Vergnügen für den Konsumenten nach den bisherigen Vorstellungen pro Monat etwa den Preis nur einer CD kosten soll, kann für Urheber, Künstler und Tonträgerhersteller nicht viel abfallen. Selten, scheint mir, ist eine Rechnung unverfrorener ohne den Wirt aufgemacht worden.
Es ist leicht auszumalen, was eine flächendeckende Etablierung von digitalen Multi-Channel-Kabelnetzen der projektierten Art für »Music on Demand« bedeuten würde: Das Ende vor dem Anfang. Denn diese Multi-Channel-Projekte bauen darauf, mit einer feinabgestimmten Programmformatierung der parallel angebotenen Kanäle sich den Geschmacksrichtungen der Kundschaft optimal anzupassen. Sie machen sich damit die Bedienungsfreundlichkeit der digitalen Gerätewelt zunutze, die perfekten Zugriff und schnelle Menü-Verfügbarkeit garantiert. (Übrigens bietet auch DAB die Möglichkeit einer Vorauswahl von Programmsparten, die der Tuner dann automatisch ansteuert.)
Wer zwischen einer erdrückenden Anzahl von bis ins Feinste aufgeästelten Geschmacksrichtungen wählen kann, wird am seriös kalkulierten und des-

halb viel teureren Einzelbezug von Musiktiteln kaum noch Interesse haben, denn fast jeder gewünschte Titel ist durch Wahl des entsprechend spezialisierten Kanals mit einiger Sicherheit dort ohnehin im laufenden Angebot. Ein Kabelnetzbetreiber könnte z.B. nicht einmal daran gehindert werden, die Plätze 1 - 100 der jeweiligen CD-Hitparade säuberlich sortiert in Hörschleifen anzubieten. Geschieht das, so würden zwar viele Abonnenten gewonnen, doch die rentable Neuproduktion von Musik würde unmöglich.
Man darf bei all dem nicht vergessen, daß die digitale Übermittlung von Musik darüber hinaus auch noch den digitalen Mitschnitt ermöglicht. Digitale Recorder gibt es heute in drei verschiedenen Systemen, den beiden Bandsystemen DAT und DCC sowie dem Plattensystem Mini Disc. Diese Geräte lassen sich sowohl an einen CD-Player als auch an einen digitalen Tuner anschließen, wie ihn DAB oder digitale Netzangebote bereitstellen. Und das Szenario läßt sich leicht weiter ausmalen: Kunftige weiterentwikkelte digitale Recorder könnten ohne großen Aufwand mit einer kleinen Raffinesse ausgestattet werden, um dem Publikum einen nie dagewesenen Komfort zu offerieren: den »ISRC-Wächter«. ISRC steht für »International Standard Recording Code« und bezeichnet eine unverwechselbare internationale Standard-Aufnahmenummer, die im Subcode jeder CD mitgeführt wird. Der Besitzer eines Gerätes mit CD-Wächter gibt die ISRC-Nummer der von ihm zum Mitschnitt ersehnten Titel einfach in den Suchspeicher des Gerätes ein, und das Gerät horcht selbständig den Äther bzw. die Kabelprogramme daraufhin ab, ob der gesuchte Titel in irgendeiner Sendung erscheint - und schon schaltet sich das Gerät automatisch zum digitalen Mitschnitt ein. Hier spätestens wird deutlich: Die traditionelle Einteilung bei der Nutzung von Schallplattenmusik in Erstverwertung (gleich Schallplattenpressung und -verkauf) und Zweitverwertung (gleich Sendung und öffentliche Wiedergabe) ist obsolet geworden. Digitale Übermittlung durch Sendung oder Kabel wird künftig eine Form der Erstverwertung sein.
Sieht man die geschilderten Auswirkungen des digitalen Rundfunks und der digitalen Kabel-Musikangebote zusammen, so wird die Feststellung plausibel, daß sie in ihrer Massierung und in ihrer digitalen Qualität die doppelte Gefahr in sich bergen, zugleich den Absatz bespielter Tonträger zu gefährden und die leider nur zeitverzögert mögliche Einführung von »Music on Demand« unmöglich zu machen. Man kann es auch simpler ausdrücken: Es droht die galoppierende Entwertung der Leistungen von Tonträgerherstellern und Künstlern. Sie besitzen nach heutiger Rechtslage kein Exklusivrecht für die Sendung erschienener Tonträger, sondern sind nach den §§ 76 und 86 des Urheberrechtsgesetzes auf einen bloßen Vergütungsanspruch angewiesen. Den Autoren geht es übrigens nicht viel besser. Sie haben zwar ein Exklusivrecht, müssen es aber sachnotwendig der GEMA übertragen. Die GEMA wiederum steht als Wahrnehmungsgesellschaft un-

ter dem Kontrahierungszwang des Gesetzes, was im Ergebnis auf nicht viel mehr als auch nur auf einen Vergütungsanspruch hinausläuft.
Was demgegenüber nötig ist, ist ein Recht, um den *Einsatz* digitaler Musikprogramme so steuern zu können und so vergütet zu erhalten, daß der Musik-Gesamtmarkt wirtschaftlich im Gleichgewicht gehalten werden kann. So praktiziert es die Filmwirtschaft - gestützt auf Exklusivrechte - seit langem: Filme werden in einer fein abgestuften Kaskade verwertet: Zuerst Kinoaufführung, dann Videoverleih, dann Pay-TV, später Videoverkauf, Erstaufführung im Publikumsfernsehen und danach die gesamte Palette der Zweit- und Drittauswertungen. Erst die Gesamtheit dieser Auswertungen gewährleistet ein wirtschaftliches Umfeld, in dem die Kreativen ihr Auskommen finden *und* die Produzenten einen Gewinn erwirtschaften, der Investitionen in weitere Produktionen lohnend macht.
Ähnliche Wege muß auch die Musikwirtschaft finden, und der Gesetzgeber muß sie ihr eröffnen. Wird hingegen das vorher beschriebene Szenario für digitale Musikverwertung auch nur zu einem guten Teil Wirklichkeit, so gerät - um einen Begriff aus der Biologie zu gebrauchen - eine ganze »Nahrungskette« in Gefahr: Der Verkauf von CDs ist heute das finanzielle Rückgrat für die Existenz nicht nur von Künstlern und Tonträgerherstellern, sondern auch von Autoren und Verlagen. Weil dieser Erstverwertungsmarkt funktioniert, wird die Zweitverwertung von Musik in nachgelagerten Märkten zu sehr günstigen Preisen erst möglich: Auch Rundfunk und Diskotheken sind von Schallplattenmusik abhängig, und die gesamte ubiquitäre Nutzung von Musik in der Öffentlichkeit wird mittelfristig gefährdet, wenn die Erstvermarktung von Tonträgermusik nicht mehr zu auskömmlichen Bedingungen möglich sein sollte.
Die Bewertung dieses komplexen Themas wird dadurch nicht einfacher, daß der Einsatz von Musik in Zweitverwertungsmärkten wie Rundfunk und mit einiger Einschränkung auch Diskotheken einen Rückkopplungseffekt auf den Verkauf von neuveröffentlichten Tonträgern hat. Denn der Einsatz neuveröffentlichter Tonträger - und notabene: *nur* neuveröffentlichter Tonträger - im Rundfunk ist zugleich ein Promotioninstrument zu deren Popularisierung. Dieses in gewisser Weise symbiotische Verhältnis zwischen Tonträgerbranche und Hörfunk neigt sich allerdings dem Ende zu. Schon heute ist es äußerst gefährdet durch die schiere Menge der Sender und dadurch, daß der Einsatz von Neuerscheinungen im Radio zunehmend verschmäht wird, weil nur bereits etablierte Hitmusik Einschaltquoten bringt und sichert. Damit verkehrt sich die von seiten der Tonträgerhersteller erhoffte Promotionswirkung in ihr Gegenteil: Das reine »Hitradio« zerstört durch Powerplay beliebter Titel deren Absatzchancen und verkürzt drastisch die Aktualitätsspanne gerade der wirtschaftlich erfolgreichen Titel, die nur etwa 10 % der Veröffentlichungen ausmachen.

Wenn eines nahen Tages das gesamte Angebot der Tonträgerhersteller im digitalen Rundfunk und in Dutzenden von Kanälen der Kabeldienste in Originalqualität *ständig* verfügbar ist, und parallel dazu digitale Aufzeichnungsmöglichkeiten in großer Breite bestehen, dann ist - ich sagte es schon - die heutige Zweitverwertung zur Erstverwertung geworden und der Unterschied zwischen Erstverwertung und Zweitverwertung findet sich aufgehoben. Man kann dann nicht mehr von Sendung im bisherigen Sinne sprechen, sondern der Konsument wird digital *beliefert*, sei es per Rundfunk, Kabel oder Satellit. Im Ergebnis entspricht die digitale Vermittlung des Produktes damit der traditionellen körperlichen Lieferung. Nach unserer eingeführten urheberrechtlichen Terminologie aber ist Lieferung eine Form der Verbreitung. Das Verbreitungsrecht gehört de lege lata für Autoren und Tonträgerhersteller und de lege ferenda nach der unmittelbar bevorstehenden Umsetzung der EG-Richtlinie zum Vermietrecht auch für die ausübenden Künstler in die Kategorie der Exklusiv-Rechte. Ich plädiere deshalb dafür, künftig die digitale Übermittlung von Musikprogrammen für Urheber, ausübende Künstler und Tonträgerhersteller generell einem Exklusiv-Recht zu unterstellen und dieses Recht dem Verbreitungsrecht zuzuordnen. In diesem Sinne hat sich schon im Oktober 1992 die WIPO geäußert und seitdem zwei Expertenkonferenzen zu diesem Thema abgehalten. Das in den WIPO-Papieren angedachte internationale New Instrument könnte als neue Konvention solche Rechte für Autoren, Künstler und Tonträgerhersteller vorsehen. Ich halte diese Initiative für sachgerecht und begrüße sie ausdrücklich.

Der bei WIPO-Initiativen übliche Zeitrahmen ist jedoch so weit gesteckt, daß davon im hochentwickelten Europa keine rechtzeitige Abhilfe zu erwarten ist. Gesetze sollten der digitalen Herausforderung zuerst dort angepaßt werden, wo sich diese digitale Herausforderung stellt. Das ist *hier in Europa*, das im Begriffe steht, auf diesem wichtigen technologischen Zukunftsmarkt eine führende Rolle zu übernehmen. Wir haben es in der Hand, eine fruchtbare und wirtschaftlich für alle Beteiligten erfolgreiche Symbiose herzustellen zwischen den Schöpfern der Programme und den Herren der Netze, die Programme transportieren.

Ich hätte es mir versagt, wie vielerorts üblich, einen heiteren Schlußakzent meines Referates vorzusehen, wäre mir nicht im vergangenen Jahr ein Inserat der Deutschen Bundespost/Telekom in die Hände gefallen, in dem für den Kabelanschluß und dabei auch für das Digitale Satellitenradio DSR geworben wird. Es demonstriert exemplarisch, daß an den heutigen Verhältnissen wirtschaftlich und urheberrechtlich etwas nicht stimmen kann. Es vermittelt darüberhinaus einen Hauch ehrlichen Staunens des offensichtlich billig und gerecht denkenden Verfassers.

Da steht zu lesen: »Kabelanschluß ist wie Hummer zum Preis von Würstchen«.
Das ist zu schön, um wahr bleiben zu können. Ein Markt, auf dem eine hochwertige Ware zu so unfairen Preisen verschleudert wird, wird auf die Dauer nur noch Würstchen anzubieten haben. Die Hummer jedenfalls werden sich dem Schicksal, zu armen Würstchen werden zu sollen, zu entziehen trachten. Wir sollten - mindestens! - Verständnis für sie haben.

Ferdinand Melichar

Die digitale Verwertung von Sprachwerken

I. *Die Zukunft hat schon begonnen*

Die Digitalisierung hat natürlich auch auf die Verwertung von Sprachwerken Auswirkungen, über deren Ausmaß uns heute wohl nicht einmal professionelle Zukunftsforscher ein präzises Bild geben können. Ich bin kein solcher Prophet und werde mich in meinen Ausführungen daher auf das beschränken, was längst Realität ist. Weiterhin möchte ich mich hier auf den für Sprachwerke spezifischen Sektor beschränken. Natürlich greifen die neuen, sogenannten multimedialen Nutzungsmöglichkeiten auch massiv in die Rechte an Sprachwerken ein; das gleiche gilt für die jetzt so oft zitierten Super-Highways. Ich werde mich hier auf den Bereich beschränken, in dem die digitale Technik in das bisher dem gedruckten Wort vorbehaltene Revier eindringt. Den Bereich also, in dem gedruckte Vorlagen durch Scannen nicht nur rasch und billig vervielfältigt werden können, sondern auch so gespeichert, daß diese Vorlagen ungeheuer bequem zugänglich sind. Es ist dies ein besonders spannender Bereich, da die Praxis hier schon wesentlich weiter fortgeschritten ist, als z.B. bei Audio- oder audiovisuellen Werken, wo die auf Abruf bereite »eternal jukebox« noch Zukunftsmusik ist.
Ich möchte drei Beispiele schildern, die belegen, daß für Sprachwerke die digitale Zukunft bereits begonnen hat.

1. *»Virtuelle Bibliothek« der Universität Illinois*

Professor Michael S. Hart, Professor für elektronische Textverarbeitung an der Universität von Illinois, ist mit seinen Mitarbeitern vom »National Clearinghouse for Machine Readable Texts« dabei, eine sog. virtuelle Bibliothek einzurichten: »Bis zum Jahresende 2001 wollen wir eine öffentlich zugängliche elektronische Bücherei mit 10 000 Werken aufbauen, und jedes Buch darin soll den Benutzer nicht mehr als 1 Cent kosten«[1]. Nach Auffassung von Prof. Hart könne damit selbst ein dickes Buch über die internationalen Datennetze »zum Preis einer Briefmarke« verschickt werden (hinzu kämen allerdings noch die Kosten der Datenübertragung und des Speicherme-

1 W. Müller, Computerzeitung, 4. 11. 1993, S. 3.

diums beim Empfänger). Zugang zu dieser virtual library verschafft das globale Kommunikationsnetzwerk von Internet. Weltweit sind diesem »Netzwerk unabhängiger Netze« derzeit über 10 Millionen Nutzer angeschlossen; alle 7 Monate soll sich die Zahl der angeschlossenen Computer verdoppeln.

2. *Elektronische Datenbank des Beilstein-Instituts*

Das Beilstein-Institut in Frankfurt/M. - als Herausgeber des »Beilstein Handbook« die wohl wichtigste Einrichtung für organische Chemie auf der Welt - betreibt (gemeinsam mit den Universitäten in Patras und Barcelona) seit vielen Jahren ein von der EG-Kommission in Auftrag gegebenes Pilotprojekt. In dessen Rahmen werden aus den wichtigsten, weltweit erscheinenden Chemiefachzeitschriften regelmäßig sämtliche Beiträge in die elektronische Datenbank »Beilstein Online« im Volltext eingescannt. Diese sicher vollständigste chemische Datenbank steht Interessenten in der ganzen Welt auf folgende Weise zur Verfügung: Als Papierkopie von der Originalliteratur, als Papierausdruck aus der Volltextdatenbank, auf elektronischen Datenträgern oder im Wege der Datenfernübertragung (DFÜ). Der Empfänger des Materials kann dieses seinerseits wieder vervielfältigen, in eine eigene Datenbank einspeichern usf. . . .

3. *Elektronische Pressespiegel*

Bislang wurden sog. Pressespiegel von Industrieunternehmen, politischen Parteien, Verbänden etc. in Papierform hergestellt; d.h. die interessierenden Zeitungsartikel werden fotokopiert, gebündelt und in der benötigten Zahl von Kopien an die Mitarbeiter oder Mitglieder verteilt. Anstelle dieses papierenen Pressespiegels tritt jetzt bei Unternehmen immer häufiger der elektronische: die interessierenden Zeitungsartikel werden in den zentralen Datenspeicher eingescannt und können dann von jedem Mitarbeiter an seinem Arbeitsplatz auf dem PC-Terminal abgerufen werden. Gegebenenfalls kann der Mitarbeiter dann auch über seinen PC mittels angeschlossenen Printers wieder eine Papierkopie fertigen.

II. *Die juristische Gegenwart*

1. Die revolutionierende Technik der Digitalisierung schafft also völlig neue Kommunikationsmöglichkeiten und somit auch wirtschaftlich völlig neue Nutzungsmöglichkeiten. Um so überraschter stellt man fest, daß die geschilderten exemplarischen Sachverhalte unschwer mit heutigem juristischen Instrumentarium in den Griff zu bekommen sind.

Ich möchte dies hier bewußt vereinfacht darstellen.

Digitalisierung bedeutet in unseren Fällen Scannen, also »elektronisches Lesen« eines Sprachwerks und dessen Eingabe in einen elektronischen Speicher. Es ist dies unzweifelhaft eine Vervielfältigung (»reproduction«) i.S. von Art. 9 Abs. 1 RBÜ. Bleibt also nur zu prüfen, inwieweit der nationale Gesetzgeber von diesem ausschließlichen Vervielfältigungsrecht
- im Rahmen von Art. 9 Abs. 2 RBÜ (für die ersten beiden Beispielsfälle) bzw.
- im Rahmen von Art. 10 bis Abs. 1 RBÜ (für den dritten Beispielsfall)

eine Ausnahme gemacht hat.

2. Für das deutsche Recht sollte die Antwort hierauf eigentlich recht leichtfallen.

a) Die Einspeicherung von urheberrechtlich geschützten Texten in eine Datenbank, deren erklärtes Ziel es ist, Dritten zur Benutzung zur Verfügung zu stehen, ist nicht durch die Ausnahmevorschrift von § 53 UrhG gedeckt. Schon für die erste Vervielfältigung, d.h. das Scannen und die Einspeicherung in die Datenbank, benötigt deren Betreiber das Vervielfältigungsrecht gem. § 16 UrhG. Da mit dem »zur Verfügungstellen« der Datenbank an Dritte auch in das Verbreitungsrecht gem. § 17 UrhG eingegriffen wird, ist die Frage, ob der Ausdruck von eingespeicherten Texten für Kunden noch durch § 53 Abs. 1 S. 2 oder Abs. 4 a) UrhG gedeckt ist, unerheblich[2].

b) Herkömmliche, d.h. in Papierform kopierte Pressespiegel genießen in Deutschland die Privilegierung nach § 49 UrhG: Sie sind ohne Genehmigung zulässig, es ist hierfür aber eine angemessene Vergütung zu bezahlen. Nach dieser Bestimmung darf die Vervielfältigung von Zeitungsartikeln aber nur »in . . . Zeitungen und anderen lediglich Tagesinteressen dienenden Informationsblättern« erfolgen. Schon an dieser ersten Voraussetzung fehlt es den elektronischen Pressespiegeln ganz offensichtlich. Auch für diese gilt daher, daß das Einscannen eine genehmigungspflichtige Verviel-

2 In diesem Sinne LG Frankfurt (Urteil vom 18. 11. 1993, Az. 2/3 0 3339/92 – unveröffentlicht) über die von einer Großbank betriebene Wirtschaftsdatenbank, in die u.a. Artikel aus großen deutschen Tageszeitungen gespeichert und für Kunden hieraus gegen Entgelt u.a. Kopien ganzer Artikel gefertigt werden. A.A. allerdings in einem gleich gelagerten Fall LG Köln (WM 1993, 807), das die Frage nach dem Verbreitungsrecht überhaupt nicht prüft und zugunsten der Bank § 53 Abs. 1 bzw. Abs. 4 UrhG zur Anwendung bringt, weil die Kunden die betreffenden Fotokopien »herstellen« ließen. Ausführlich hierzu Loewenheim »Urheberrechtliche Grenzen der Verwendung geschützter Dokomente in Datenbanken« AfP Praxisreihe 1994.

fältigung i.S. von 16 UrhG ist[3]. Auf die weitere Frage, ob der Abruf der eingespeicherten Artikel auf dem persönlichen Bildschirm eine öffentliche Wiedergabe i.S. von § 15 Abs. 3 darstellt, kommt es also nicht mehr an.

III. *Theorie und Praxis*

Diese Darlegungen haben gezeigt, wie weit die Bedürfnisse der Praxis und die Durchsetzung des geltenden Rechtes auseinanderklaffen. Erschwert wird eine praktisch wie auch rechtlich befriedigende Regelung zudem dadurch, daß jedenfalls die Datenbanken heute weltweit agieren, so daß eine Beschränkung auf nationales Urheberrecht nicht befriedigt.

1. Dieser unbefriedigenden Situation tragen die beiden erstgenannten Beispiele auf unterschiedliche Weise Rechnung:

- Die University of Illinois will sich - jedenfalls zunächst - auf urheberrechtlich nicht geschützte Werke (von der Bibel bis zu Alice in Wonderland) beschränken.
- Das Beilstein-Institut bemüht sich, von den betroffenen Verlagen die benötigten Rechte einzuholen. Allerdings mit mäßigem Erfolg: Bislang haben von den weltweit betroffenen rd. 50 Verlagen nicht einmal ein Drittel einer Vereinbarung zugestimmt.

Bei solchem Auseinanderklaffen von Anspruch und Realität ist es nahezu selbstverständlich, daß der Ruf nach kollektiver Rechteverwaltung laut wird. Verständlicherweise sind es insbesondere die Betreiber von Datenbanken, die weltweit nach einem »One Stock Shop« rufen. Dabei geht es einmal darum, daß die benötigten Rechte vollständig - und wenn möglich, nur von einer Stelle aus - eingeräumt werden. Zum anderen aber auch darum, daß die Abrechnungen - notwendigerweise eine Vielzahl von Kleinstbeträgen - zentral erfolgen können.
Bislang freilich tun sich auf der anderen Seite sowohl die Rechteinhaber (und hier insbes. die betroffenen Verlage) als auch die Verwertungsgesellschaften schwer, diesem Bedürfnis nach kollektiver Verwaltung nachzukommen. Zu unvereinbar scheinen bislang die Systeme der individuellen Rechtewahrnehmung durch Verlage einerseits und der kollektiven Rechtewahrnehmung durch Verwertungsgesellschaften andererseits. Die Digitalisierung der Nutzung von Sprachwerken sollte Anlaß und Chance sein, dieses scheinbar starre Koordinatensystem neu zu arrangieren.
Auch wenn dies selbstverständlich ist - man muß daran erinnern, daß auch Verwertungsgesellschaften zunächst angetreten sind, konkrete Werknut-

3 Hierzu ausführlich Eidenmüller, CR 1992, 321/324.

zungen individuell zu erfassen. Bis heute müssen Musiker bei Inanspruchnahme des Aufführungsrechtes detaillierte »Programme« unter Angabe von Titel und Autor der gespielten Musikstücke einreichen, aufgrund derer dann die Verwertungsgesellschaft individuell abrechnet. Man sollte in solchen Fällen nicht von einer »kollektiven«, sondern richtiger von einer »zentralen« Verwaltung sprechen[4]. Erst die Möglichkeit der öffentlichen Wiedergabe von Tonträgern oder Funksendungen machte solch individuelle Rechteverwaltung unmöglich: Da nicht nachprüfbar ist, in welcher Gaststätte wann welche Radiosendung, welcher Tonträger gespielt wurde, stellen die Verteilungspläne der Verwertungsgesellschaften jetzt auf die »objektive Nutzungsmöglichkeit« ab, da jede Sendung, jeder Tonträger auch öffentlich wiedergegeben werden *kann.* Es handelt sich hierbei um eine legitime Hilfskonstruktion, die sich vor allem im Bereich der Vergütung für private Überspielung und Fotokopie durchaus bewährt hat. In diesem Zusammenhang kann man zu Recht von »kollektiver Verwaltung« sprechen. Die Digitaltechnik erleichtert nun nicht nur in ungeahntem Ausmaß die Nutzung von urheberrechtlich geschützten Werken - sie bietet gleichzeitig auch die Möglichkeit einer erleichterten Erfassung jedes einzelnen Nutzungsvorganges. Schon beim Scannen kann jeder einzelne Eingabevorgang auch - mit Autor, Titel, Quelle, Umfang etc. - registriert werden. Das gleiche gilt beim elektronischen Abruf von Texten aus Datenbanken. Auch wenn es sich hierbei um eine ungeheure Vielzahl von registrierten Daten handelt - durch den Austausch von Datenträgern wird die Aufbereitung dieses Materials kaum Schwierigkeiten machen. Die Verwertungsgesellschaften können hier also wieder zu ihrer ursprünglichen Aufgabe zurückfinden: Der *zentralen* Verwaltung von *individuell* registrierten und abgerechneten Nutzungsvorgängen.
Nicht zuletzt unter dem Eindruck dieser Entwicklungsmöglichkeit finden im Rahmen der International Federation for Reproduction Rights Organisations (IFRRO) Gespräche mit Autoren- und vor allem Verlegerorganisationen statt, in denen es um das OB und WIE einer kollektiven - richtiger: »zentralen« - Verwaltung geht. Dabei wurde ein Interessengegensatz ganz deutlich. Während - vereinfacht ausgedrückt - die großen, weltweit agierenden Verlagshäuser die elektronische Speicherung ihrer Texte als »Erstverwertung« selbst wahrnehmen und damit steuern wollen, tendieren kleinere Verlage aus verständlichen Praktikabilitätserwägungen dazu, diese Aufgabe Verwertungsgesellschaften zu übertragen. Immerhin kam als bislang wichtigstes Ergebnis dieser Gespräche am 23. September 1992 ein »Joint State-

4 Bezeichnenderweise nannte sich die französische SACEM bei ihrer Gründung 1850 zunächst »Agence Centrale« (vgl. Melichar, Die Wahrnehmung von Urheberrechten durch Verwertungsgesellschaften, 1. f.).

ment on Electronic Storage of STM Material« zwischen IFRRO und der International Group of Scientific, Technical & Medical Publishers (STM) zustande[5]. Hieraus ergeben sich für den Fall einer zentralen Verwaltung der elektronischen Speicherung von Verlagserzeugnissen durch Dritte folgende Prinzipien:

- Die *Tarifgestaltung* muß - auch bei kollektiver Verwaltung - möglichst flexibel sein. Die technischen Möglichkeiten der Elektronik machen Tarifdifferenzierungen - z.B. unterschiedliche Tarife für verschiedene Werkkategorien oder Verlagsprodukte - leicht verwaltbar. Und was für amerikanische Reproduction Rights Organisations nach dortigem Antitrust Law sogar zwingend ist, sollte bei uns selbst im Korsett des Urheberrechtswahrnehmungsgesetzes (§ 13 WahrnG) jedenfalls zulässig sein - nämlich differenzierende Tarife.
- Die *Ausschüttungen* müssen individuell unter Berücksichtigung jedes einzeln zu registrierenden Nutzungsvorganges erfolgen. Dabei sollten nach bewährtem System die Ausschüttungen der Autoren- und Verlagsanteile jeweils direkt an die Beteiligten erfolgen.
- Der Wahrung des *droit moral* kommt gerade bei digitalen Nutzungen besondere Bedeutung zu.

Werden diese Maximen strikt beachtet, sollte einer zentralen Verwaltung elektronischer Einspeicherung und Ausgabe von Texten eigentlich nichts im Wege stehen. Es wäre damit allen Beteiligten gedient. Die ideellen ebenso wie die wirtschaftlichen Interessen von Autor und Verlag blieben gewahrt. Den Betreibern von Virtual Libraries oder wissenschaftlichen Großdatenbanken wird die Möglichkeit zu einfacher Lizenzerlangung und Abrechnung geboten und schließlich den »Kunden« zu solchen Einrichtungen der Zugang erleichtert. Vor allem aber könnte dadurch der schon lange zu beobachtende Wildwuchs in diesem Bereich beseitigt werden: Schließlich bewegen sich diese Einrichtungen mangels einfacher Lizenzierungsmöglichkeit derzeit je nach den nationalen gesetzlichen und praktischen Gegebenheiten mehr oder weniger am Rande, wenn nicht außerhalb der Legalität. Und dies fördert nicht gerade Verständnis und Vertrauen für's Urheberrecht.

Die somit mögliche praktische und juristische Konsolidierung des Erst- und Zweitverwertungsbereiches scheint mir umso wichtiger, als damit die Nutzungsmöglichkeiten ja keineswegs beendet sind. Die - mehr oder weniger privaten - Nutzer von Virtual Libraries oder Großdatenbanken haben ihrerseits wiederum die diffusesten Weiterverwendungsmöglichkeiten des abgerufenen Materials. Sie können dieses nicht nur in Papierform vervielfältigen und elektronisch speichern, sondern beliebig verändern, in neuen

5 Text/deutsche Übersetzung s. Anhang.

Kombinationen als »Sammelwerk« oder in eigenen, systematischen Datenbanken kombinieren etc. Wie kann man die Möglichkeit solch diffuser und unkontrollierbarer Folgenutzungen beklagen, wenn heute noch nicht einmal die überschaubaren digitalen Erst- und Zweitverwertungen reguliert werden!

2. Einfacher erscheint die Situation hinsichtlich der elektronischen Pressespiegel. Wie die Praxis zeigt, sind diese ein echter Ersatz für bisher auf Papier vervielfältigte »traditionelle« Pressespiegel. Solange die elektronischen Pressespiegel sich in diesem Rahmen bewegen, sollte ihnen - auch wenn die Privilegierung des Pressespiegelparagraphen 49 hier nicht greift - die entsprechenden Rechte zentral eingeräumt werden. Die Verwertungsgesellschaften könnten sich dabei an den für § 49 UrhG aufgestellten Tarifen orientieren. Vor dem eventuellen Mißbrauch einer solchen urheberrechtlichen Lösung gewähren - wie schon bei traditionellen Papierpressespiegeln - die Regeln gegen den unlauteren Wettbewerb genügenden Schutz[6].
Ich hoffe, daß es mir im Rahmen dieser kurzen Darlegungen gelungen ist, zweierlei klarzustellen:

1. Schon heute werden Sprachwerke digital in riesigem Ausmaß systematisch vervielfältigt und weitergenutzt. Nicht einmal auf nationaler Ebene sind diese Nutzungen bisher juristisch und praktisch, d.h. vertraglich reglementiert. Hier herrscht essentieller Handlungsbedarf.

2. Die digitalen Verwendungsmöglichkeiten stellen nicht nur eine Gefahr für das traditionelle Vervielfältigen und Verbreiten von Sprachwerken dar, sondern auch eine Chance. Bei richtigem Einsatz der modernen Technik kann sich das Urheberrecht wieder stärker seiner individuellen Ursprünge erinnern. Eine zentrale (nicht: kollektive) Verwaltung des Urheberrechts in diesem Bereich würde diesem individuellen Charakter nicht widersprechen, sondern ihn sogar fördern. Eine solche zentrale Verwaltung kann entweder Lizenzierung und Abrechnung erfassen oder auch nur die Abrechnung.

6 Vgl. LG Düsseldorf AfP 1988, 93.

IFRRO - STM

JOINT STATEMENT ON ELECTRONIC STORAGE OF STM MATERIAL

At the invitation of the international Federation of Reproduction Rights Organizations (IFRRO), joint meetings between representatives of the Group Executive of the international Group Executive of the international Group of Scientific, Technical and Medical Publishers (STM) and the Officers and Executive Committee of IFRRO were held on 14 May 1992 in Edinburgh and on 23 September 1992 in Helsinki. This Joint Statement is an outcome of these meetings.

1. STM recognizes and supports the central role of Reproduction Rights Organizations (RROs) in licensing photocopying of works for which the RROs are authorized to act. recognizes the different legal/contractual backgrounds of RROs, and acknowledges the consequent heterogeneity of their systems of operation.

2. STM and IFRRO agree that the primary publishing process of STM material includes electronic storage.
STM and IFRRO agree further that electronic publishing has the potential to serve the interests and needs of the scientific community but also will change some economic and functional aspects of the primary publishing process.
STM and IFRRO agree that unauthorized electronic uses represent even substantially greater risks to rightsholders than the already present damage from unauthorized photocopying.

3. STM and IFRRO acknowledge that some STM publishers may wish to exercise individual control over licensing users for electronic uses in some or all instances, while other STM publishers may wish voluntarily to authorize RROs in some or all instances to license users on their behalf under such terms as such publishers agree to. In any event STM and IFRRO agree that authorization by rightsholders is a necessary condition for electronic storage of copyright works and for retrieval and distribution in whatever form.
STM and IFRRO support the availability of both alternatives, but recognize that collective administration of rights is preferable als long as the individual exercise of rights is impracticable.

4. STM publishers, within the limitations of their rights, set individually and independently of RROs their own terms for use of their publications in an electronic environment throughout the world. IFRRO recognizes and supports this principle. IFRRO agree to explore, with STM, within the legal/operational constraints in individual countries, the effectiveness of implementing such terms through RROs.

5. STM and IFRRO agree to work together for the development of technical solutions for the tracking of usage of materials in an electronic environment.

6. STM and IFRRO note that the moral rights of authors and the contractual and customary rights and expectations of authors and publishers should be protected. The contributions of authors and publishers to the authenticity and integrity of information, and the interest of the public in the reliability of electronic information, should be appropriately safeguarded.

7. STM and IFRRO agree to continue to meet to develop methods of collective licensing by RROs for the electronic environment (e.g. methods of payment of royalties/fees by RROs to rightsholders).

Helsinki 24. 9. 1992

IFRRO-STM

GEMEINSAME STELLUNGNAHME ZUR ELEKTRONISCHEN SPEICHERUNG VON STM MATERIAL

Auf Einladung der International Organisation of Reproduction Rights Organisation (IFRRO) fanden im Mai 1992 in Edinburgh und im September 1992 in Helsinki gemeinsame Sitzungen von Vertretern des Exekutivausschusses der Internationalen Gruppe wissenschaftlicher, technischer und medizinischer Verleger (STM) und der Organe sowie des Exekutivkomitees der IFRRO statt. Diese Gemeinsame Stellungnahme ist das Ergebnis dieser Beratungen.

1. STM anerkennt und unterstützt die zentrale Rolle von Verwertungsgesellschaften bei der Lizenzvergabe für das Fotokopieren von Werken, deren Rechtewahrnehmung den Verwertungsgesellschaften übertragen ist. STM erkennt darüber hinaus die unterschiedlichen rechtlichen und vertraglichen Grundlagen der Verwertungsgesellschaften und die daraus folgende Unterschiedlichkeit der Verfahrensweisen der Verwertungsgesellschaften an.

2. STM und IFRRO stimmen darin überein, daß die Erstverwertung von STM-Material die elektronische Speicherung mit einschließt.
   STM und IFRRO stimmen außerdem darin überein, daß elektronisches Publizieren die Möglichkeit bietet, den Interessen und Bedürfnissen der Wissenschaft entgegenzukommen, daß es aber andererseits einige ökonomische und funktionelle Aspekte der Erstverwertung verändern wird.
   STM und IFRRO stimmen darin überein, daß nicht genehmigte elektronische Nutzungen eine noch bedeutend größere Gefahr für die Rechteinhaber bedeuten als der derzeit schon durch unerlaubtes Fotokopieren entstehende Schaden.

3. STM und IFRRO erkennen an, daß einige STM-Verleger teilweise oder in allen Fällen eine individuelle Kontrolle über die Lizenzierung von Nutzern für elektronische Nutzungen selbst ausüben wollen, während andere STM-Verleger Verwertungsgesellschaften freiwillig ermächtigen wollen, an ihrer Stelle und zu Bedingungen, denen sie zugestimmt haben, Nutzer zu lizenzieren. Jedenfalls stimmen STM und IFRRO darin überein, daß eine Genehmigung durch die Rechteinhaber eine notwendige Voraussetzung für die elektronische Speicherung von urheberrechtlich geschützten Werken ist, ebenso für die Erschließung und Verbreitung, in welcher Form auch immer.
   STM und IFRRO unterstützen die Verfügbarkeit beider Möglichkeiten, erkennen aber an, daß die kollektive Verwaltung vorzuziehen ist, wenn die individuelle Rechtsausübung unpraktikabel ist.

4. STM Verleger legen innerhalb der Grenzen ihrer Rechte individuell und unabhängig von Verwertungsgesellschaften weltweit ihre eigenen Bedingungen für die Nutzung ihrer Veröffentlichungen im elektronischen Bereich fest. IFRRO erkennt diesen Grundsatz an und unterstützt ihn.
   IFRRO wird zusammen mit STM unter Berücksichtigung der rechtlichen und praktischen Gegebenheiten in den einzelnen Ländern die Effektivität des Einsetzens solcher Bedingungen durch Verwertungsgesellschaften prüfen.

5. STM und IFRRO wollen gemeinsam die Entwicklung technischer Lösungen für die Steuerung der Nutzung von Materialien im elektronischen Bereich erarbeiten.

6. STM und IFRRO betonen, daß die Urheberpersönlichkeitsrechte von Autoren, die vertraglichen und die den üblichen Gepflogenheiten entsprechenden Rechte und Erwartungen von Autoren und Verlegern geschützt werden müssen.
   Die Beiträge von Autoren und Verlegern zur Authentizität und Integrität der Information sowie das Interesse der Öffentlichkeit an der Zuverlässigkeit der elektronischen Information müssen angemessen geschützt werden.

7. STM und IFRRO werden sich weiterhin treffen, um Methoden der kollektiven Rechtewahrnehmung durch Verwertungsgesellschaften im elektronischen Bereich zu entwickeln (z.B. Methoden der Ausschüttung von Honoraren/Vergütungen durch Verwertungsgesellschaften an Rechteinhaber).

Gerhard Pfennig

Die digitale Verwertung von Werken der bildenden Kunst und von Fotografien

1. *Sachverhalt*

Die Digitaltechnik hat die traditionellen Bildmedien - bildende Kunst im traditionellen Sinne, Grafik und Fotografie - im ersten Ansturm mit voller Wucht erfaßt und revolutioniert. Die Mitwirkenden schwanken, je nach ihrer Stellung im Produktions- und Verwertungsgefüge, zwischen höchster Beglückung über technische Instrumente, die die klassischen Arbeitsmittel in unendliche Dimensionen erweitern, und tiefster Betrübnis über den Verlust jeglicher Kontrolle über die eigene Kreation. Bis zu der kulturhistorischen Feststellung, daß in Gegenwart und Zukunft jeder Glaube an die Authentizität der Fotografie, wenn er denn jemals begründet war, sein Fundament durch die Entwicklung der digitalen Technik verloren hat, ist es nicht mehr weit.

1. *Fotografie*

Im Bereich der Fotografie haben wir es - technisch gesehen - mit zwei unterschiedlichen Phänomenen zu tun: der herkömmlichen Belichtung einer lichtempfindlichen Schicht einerseits und neuerdings der direkten elektronischen Speicherung der durch die Linse gebündelten Lichtstrahlen ohne Zwischenschaltung des »Films« auf eine Diskette andererseits. Handicap dieser direkten elektronischen Bildaufnahme ist derzeit noch die geringere Auflösungsfähigkeit der elektronischen Bildaufzeichnung. Möglich ist selbstverständlich auch die Übertragung der Bildinformation eines Papierbildes oder Diapositivs mittels eines Scanners auf die Diskette.
In der professionellen Praxis ist die Ablösung der traditionellen Technik in vollem Gange, weil die Digitaltechnik die Möglichkeiten der Bildbearbeitung erheblich erweitert und gleichzeitig verbilligt. Die durch die Digitaltechnik ermöglichte Einzelerfassung jedes Bildpunkts (Pixels) ermöglicht den punktgenauen Eingriff in diesen Punkt und seine spurlose Veränderung. Dies ist der Einstieg in die perfekte technische Bildbearbeitung. Der technisch versierte Fotoreporter wird deshalb überflüssig; der Bildredakteur am Computer in der Redaktion benötigt nur noch Rohmaterial, um die be-

nötigten Bilder zu erzeugen. Baby Schimmerlos wird also arbeitslos; der Lokalreporter übernimmt auch die Bildberichterstatteraufgabe und übermittelt die mit der elektronischen Kamera aufgenommenen Fotos der Lokalereignisse und -prominenz über die Telefonleitung an die Redaktion, in der sie ins richtige Format gebracht und in das elektronisch erarbeitete Zeitungs-Layout übernommen werden.
Für diejenigen Laien, denen der Sprung in die teure elektronische Fotografie zu schnell kommt, bieten seit Anfang März die führenden internationalen Kamerahersteller das »Advanced Photographic System - APS« an, das, noch beruhend auf der Silberhalogenit-Fotografie, dennoch die Möglichkeit eröffnen soll, die Bilder auf Bildschirmen zu verwenden, elektronisch zu übermitteln oder auch zu drucken.
Alles ist möglich geworden. Kaum eine Zeitschrift entsteht noch, deren Titelbilder nicht am Bildschirm komponiert worden sind; Leser von »Focus« haben sich längst daran gewöhnt, daß die Bildinformationen ihren Dokumentationscharakter weitgehend verloren haben und nur noch plakativ zusammengefaßt die Inhalte der Artikel wiedergeben. So feiert das schöne, urheberrechtlich fast in Vergessenheit geratene »Pasticcio« elektronisch belebt seine Wiederauferstehung.

2. *Design*

Der gesamte Bereich des Designs - von der früher so genannten »technischen Zeichnung« bis zum kreativen Gestalten - ist ohne Computertechnik nicht mehr denkbar; von der Architektursimulation über die Autokonstruktion bis zum Desk-Top-Publishing im Studio des Gebrauchsgrafikers, der das lokale Anzeigenblatt zusammenstellt, ist der elektronische Zeichenstift unersetzlich geworden. Denjenigen, denen es an eigener Kreativität oder an Phantasie mangelt, bieten zahlreiche Grafik-Programme Zeichenhilfe an, die auch den trockensten Text grafisch gefällig daherkommen läßt.

3. *Bildende Kunst*

Digitaltechniken werden überall dort eingesetzt, wo Bildvorlagen für Malerei oder plastische Werke Verwendung finden: Das Dia, das dem photorealistisch arbeitenden Maler oder dem Bildhauer als Vorlage dient, wird am Bildschirm in die richtige Form gebracht.
Wichtiger sind die Entwicklungen im Bereich der künstlerischen Grafik: Die Bildmotive werden mit Hilfe eingescannter Vorlagen am Bildschirm komponiert und über Telefonleitung in das Studio des Druckers übermittelt, der anstelle des Lithosteins oder der Radierplatte den elektronisch gesteuerten Drucker einsetzt, um Auflagengrafik je nach Bestellung und ohne die

früher so geschätzten individuellen Abweichungen der einzelnen Blätter zu produzieren und an den Kunsthandel oder Sammler zum Versand zu bringen, in der Regel allerdings immer noch signiert und numeriert. In vielen Ateliers bekannter Maler haben Computer die Rolle der Assistenten übernommen, naturgemäß vor allem bei der jungen Generation der Künstlerinnen und Künstler.
Gerade in der bildenden Kunst haben die technischen Medien jedoch nicht nur Hilfsfunktionen übernommen, sondern ganz eigenständige neue Ausdrucksformen ermöglicht, die Kunstwerke hervorbringen, die sich vom gewohnten flächigen oder dreidimensionalen Objekt erheblich unterscheiden. Neben der bekannten, jetzt unter Einsatz digitaler Techniken perfektionierten »Video-Kunst« werden Werke geschaffen, die ausschließlich, wie landläufig so schön gesagt wird, »im Computer« existieren und allenfalls im Dialog verschiedener Bildschirme sichtbar werden. In Karlsruhe wurde das Zentrum für Kunst- und Medientechnologie (ZKM) unter anderem mit dem Anspruch gegründet, neue Medientechniken zu erforschen und der Kunst neue Wege zu öffnen; viele andere Ausbildungseinrichtungen fördern die Anwendung neuer Techniken.
Für den interessierten Laien manifestieren sich die Produkte der Computerkünstler am ehesten in Form von Disketten oder Videobändern, häufig ausgelegt auf interaktiven Dialog am Terminal in der Ausstellung oder am PC zuhause, teilweise auch am Fernsehbildschirm, soweit ein Sender nach Mitternacht Lücken zu füllen hat.
Die banale Form der Computerkunst wird auf Flohmärkten dem interessierten Publikum angeboten, das sich mit Hilfe von Zeichenprogrammen seine Phantasiewerke selbst schaffen und ausdrucken kann.
Ein besonders bemerkenswertes Beispiel der künstlerischen Aneignung neuer Techniken war kürzlich in Alfred Bioleks »Boulevard Bio« zu bewundern, als zwei Kunststudenten, gekleidet in schwarze Rüstungen, Cybersex über den Bildschirm demonstrierten, wohlgemerkt im Rahmen ihrer Ausbildung in Computerkunst an der Fachhochschule in Köln.

4. *Digitaltechnik und Archivierung*

Ebenfalls dynamisch verläuft der Einsatz der Digitaltechnik im Bereich der klassischen Bildarchive und, in wesentlich größeren Dimensionen, in Museen und Sammlungen.
In der Archivtechnik werden Bildvorlagen möglichst umfassend eingescannt und auf Datenspeicher übertragen, was die On-Line-Verbindung zum Kunden und die Vernetzung der Datenbankinformationen, damit die Zirkulation der Bilder, wesentlich beschleunigt. Infolge der notwendigen hohen Investitionen geht allerdings mit der Digitalisierung der Archive auch eine

wirtschaftliche Konzentration zugunsten der Großbetriebe einher. Neben den klassischen Bildanbietern entsteht eine neue Kategorie von Billigvermarktern, die rechtefrei die Bestandteile zum Fotocomposing nach dem Baukastenprinzip anbieten, sei es On-line oder auf CD-ROM, und ihrerseits die Computergrafiker und Layouter mit Spielmaterial versorgen.
Eine große Herausforderung stellt die neue Technik für die Museen dar, die, in der Regel infrastrukturell schwach ausgestattet, verlockenden Angeboten der Software-Industrie gegenüberstehen, die ganze Museumssammlungen reproduzieren, einspeichern und über CD-ROM und Bilddatenbanken zur Vermarktung erschließen wollen; für Verwalter aller Art in Zeiten knappen Geldes eine verlockende Perspektive unter dem Gesichtspunkt der Vermarktung des Museumsbestandes. Aber auch der wissenschaftliche Aspekt der digitalen Erfassung mit seinen Möglichkeiten des blitzschnellen Zugriffs auf dereinst den Weltbestand der großen Museen eröffnet faszinierende Perspektiven, die bereits in großem Umfang genutzt werden. Schon 1989 konzipierte z.B. das Museum der schönen Künste in Montréal - Kanada - eine elektronische Bibliothek mit Multimediadokumenten, Texten, Ton- und audiovisuellen Aufzeichnungen und Fotografien, die den Nutzern dieses Projekts - Studenten und Fachwissenschaftlern, aber auch interessierten Laien - zur persönlichen Belehrung und wahlweise auch zur Herstellung persönlicher Vervielfältigungsstücke in jedem Medium unter der Bezeichnung »Media Log« angeboten wurde. Entsprechende Arbeitsvorhaben werden in japanischen, australischen, englischen und deutschen Museen und Forschungsinstituten ausgearbeitet. Allein die Europäische Gemeinschaft unterstützt das »Impact Programme-Projects for the development of interactive multi-media information services« und das »RAMA-Projekt«, das Museen mit Telekommunikationsunternehmen verbinden soll und in erster Linie Museumssammlungen für Forschungszwecke erschließen soll. Es verbindet in seiner ersten Phase Museen für alte Kunst bzw. archäologische Museen in Madrid, Paris, Oxford, Athen, Berlin und Den Haag.
Unter der Führung der Thompson-Gruppe, aber auch unter Beteiligung so honoriger Partner wie der Bayerischen Staatsgemäldesammlungen, der National Gallery in Großbritannien und der University London sowie einzelner Verlage, wird ein Projekt unter der Bezeichnung Marc-Esprit III (Marc steht für »Methodology for Arts Reproduction in Colour«) entwickelt, das ein integriertes System für die digitale Beschaffung, Speicherung und Nutzung von hochauflösenden Farbabbildungen anstrebt, das zur Produktion von Kunstkatalogen genutzt werden soll.
Einen ähnlich interessanten Titel hat das Projekt VASARI (Visual Art System for the Archiving and the Retrieval of Images), das insbesondere die Archivierung von Bildern stützen soll.

Den treffenden Ausdruck für die zahllosen Projekte der Vernetzung verschiedener Datenbanken in Richtung auf eine multimediale Nutzung fand vielleicht das Arts Council von Großbritannien, das 1992 einen Bericht über das Potential interaktiver Multimedianutzungen in Kunstmuseen unter den Titel »Very spaghetti« stellte.

II. *Rechtsfragen*

Die schöne neue digitale Welt der Bildmedien hat rechtliche und ökonomische Auswirkungen, die von den Beteiligten nur zum Teil übersehen werden. Derjenige, der sich insbesondere auf die rechtlichen Konsequenzen beruft, spielt die Rolle des Störenfrieds und Spielverderbers; dennoch - und diesem Zweck dient das Symposium des heutigen Tages - ist die Darlegung der rechtlichen Gegebenheiten unabdingbar, wenn es darum geht, eine vernünftige Basis für den Einsatz moderner Techniken unter Berücksichtigung der rechtlichen Interessen der Urheber zu schaffen.
Bei der digitalen Nutzung von Bildmaterialien geht es rechtlich gesehen um Nutzungen der Reproduktionsrechte, der Senderechte und der Bearbeitungsrechte, um nur die Hauptbereiche zu nennen.

1. *Werkcharakter*

Auszugehen ist zunächst davon, daß es sich, wie Maaßen in seinem grundlegenden Aufsatz »Urheberrechtliche Probleme der elektronischen Bildverarbeitung« in ZUM 7/1992 unter Hinweis auf die Literatur nachgewiesen hat, beim digital erzeugten Bild um ein Werk oder Erzeugnis handelt, das ähnlich wie ein Lichtbild hergestellt wird (§ 2 Abs. 1 NV 5 bzw. § 72 Abs. 1 UrhG), mit dem Unterschied, daß der Rechtsschutz nicht erst mit der Herstellung des Papierabzugs bzw. Dias beginnt, sondern bereits mit der Speicherung der vom Sensor erfaßten Daten.
Bei der Einspeicherung eines vorhandenen herkömmlichen Fotos oder Dias entsteht dagegen kein eigenständig geschütztes Ergebnis; Schutzgegenstand bleibt das zugrundeliegende Foto und/oder das reproduzierte Werk. Unberührt wiederum bleibt der Schutz der angewendeten Computerprogramme bzw. der entstehenden Datenbank. Insbesondere in diesem Bereich der digitalen Nutzung stellt sich die Frage nach dem Eingriff in Reproduktionsrechte.

2. *Reproduktionsrechte*

Die Speicherung eines vorbestehenden Fotos stellt einen Reproduktionsvorgang dar, der gemäß § 53 Abs. 2 Ziff. 2 UrhG nur dann ohne Genehmigung des Schutzrechtsinhabers zulässig ist, wenn die Nutzung der Reproduktion auf die Arbeit mit dem eigenen Archiv beschränkt wird und dies Archiv Dritten nicht zugänglich ist.
Die Digitalisierung ganzer Bildarchive oder Museumsarchive ohne Zustimmung der Foto- und Kunstrechtsinhaber ist mithin schon dann rechtswidrig, wenn die Rechtsinhaber dies nicht genehmigt haben, zumindest sofern die entsprechenden Archive Dritten zugänglich gemacht werden sollen, wovon auszugehen ist.
Weitere Reproduktionsvorgänge finden statt, wenn Benutzer Ausdrucke anfertigen; Bildschirmvorführungen von Bildspeichern in Museen greifen in Vorführungsrechte ein, On-Line-Übermittlungen in Senderechte. Kurz gesagt: Die übergroße Zahl der Betreiber elektronischer Bilddatenbanken befindet sich mit Sicherheit schon jetzt im Zustand des permanenten Urheberrechtsbruchs, selbst wenn es nur um unveränderte Speicherung vorbestehender Materialien geht.

3. *Bearbeitungen*

Bearbeitungen sind immer zu befürchten, wenn gespeicherte Materialien technisch verändert werden können; rein rechtlich gesehen stellen sie die gravierendsten Beeinträchtigungen im Zusammenhang mit digitaler Technik dar. Insbesondere der ungehemmte und kreative Umgang der Künstler verschiedenster Medien von Fotografie über Design bis zur bildenden Kunst insbesondere in Werbeagenturen führt zwangsläufig zu einer Fülle von Berührungen, die mit den urheberrechtlichen Kategorien der »freien Benutzung« und »Bearbeitung« nur unzureichend beurteilt werden können. Wo die Aneignung der Produkte des jeweils anderen künstlerischen Kollegen technisch so leicht möglich ist, verkommen ganze Oeuvres leicht zu Steinbrüchen. Besonders signifikant ist die Tendenz der Werbegrafiker, Kunstwerke zu verfremden und zur Produktwerbung einzusetzen, besonders naheliegend ist hier das Werk des Pop-Klassikers Roy Lichtenstein, der allerdings seinerseits, wenn auch noch mit traditionellen Mitteln, die klassischen Comics zur Grundlage seines künstlerischen Konzepts gemacht hatte.
Der Rechtsstreit zwischen dem amerikanischen Fotografen Rodgers und dem Künstler Jeff Koons, der – sicherlich unter Zuhilfenahme eines Computers – das Foto eines Schäferhundzüchters mit 10 Welpen in eine Skulp-

tur hatte umsetzen lassen, demonstrierte, mit welcher Härte Konflikte zwischen Künstlern ausgetragen werden, zumal, wenn es um viel Geld geht.
Aber auch im unspektakulären Alltagsgeschäft der Illustration von Zeitungen und Zeitschriften besteht das Bearbeitungsproblem praktisch permanent: Die Veränderung der Abbildungen, vom Layoutcomputer erleichtert, und das Bildcomposing bieten so viele faszinierende Gestaltungsmöglichkeiten (Bearbeitungsmöglichkeiten), daß sich die in der Branche Tätigen von »altmodischen« urheberrechtlichen Regelungen kaum aufhalten lassen.
Wo dennoch rechtliche Bedenken auftreten, hilft das Vertragsrecht, in der Regel dem Stärkeren: So teilte kürzlich der Spiegel-Verlag, der ohnehin dadurch hervortritt, daß er bisher als einziger Verlag konsequent seine Fotografen nicht nennt, diesen schriftlich einseitig mit, daß in Zukunft die Vergütungen für den Abdruck von Fotos erhöht werden sollten, gleichzeitig aber vom Einverständnis in die elektronische Speicherung und Bearbeitung ausgegangen werde; die derzeit im Handel vertriebenen CD-ROM-Ausgaben früherer Jahrgänge dieser Zeitschrift entstanden ohne Einverständnis der Bildautoren. Ähnliche Verträge werden in allen Medienunternehmen mittlerweile eingeführt, oder mit den Autoren diskutiert.

4. *Persönlichkeitsrechte*

Fast automatisch gegeben mit der Speicherung von Bildinformationen ist die Verletzung des Nennungsrechts gem. § 13 UrhG, da insbesondere Fotos häufig ohne Urhebernennung publiziert werden - bzw. mit Urhebernennungen an anderer Stelle als unmittelbar am Bild -; dies führt bei unsorgfältiger Speicherung häufig dazu, daß das Bild unidentifiziert eingescannt wird.
Insbesondere für die Fotografen hat die Nichtbeachtung bzw. Verletzung des Nennungsrechts die gravierendsten Konsequenzen, da Fotos selten so charakteristisch sind wie Kunstwerke und deshalb größte Schwierigkeiten bestehen, sie zu identifizieren.
Erwogen wird deshalb, digitalisierte Fotos mit Hilfe eines Strichcodes kenntlich zu machen, um zumindest im Datensatz den Fotografen auffinden zu können; der vorsätzlichen Rechtsverletzung kann hierdurch jedoch nicht entgegengetreten werden, weil jeder derartige Code ohne Schwierigkeiten vom Verletzer entfernt werden kann.

III. *Konsequenzen*

1. *Wirtschaftliche Konsequenzen*

Insbesondere im Bereich der Fotografie sind die wirtschaftlichen Konsequenzen der neuen Techniken fast noch gravierender - d.h. fühlbarer für die Betroffenen - als die rechtlichen. Die Digitaltechnik macht die früher übliche Nachfrage beim Fotografen oder der Bildagentur nach der reproduktionsfähigen Bildvorlage überflüssig; das Einscannen einer bereits veröffentlichten Abbildung oder das Anzapfen eines Bildspeichers reicht aus, um die Druckvorlage - oder die Sendevorlage - zu beschaffen. Entfällt dann noch, wie oben beschrieben, die Namensnennung, so bleibt häufig der Rechtsinhaber ohne Information über die Nutzung und deshalb ohne Möglichkeit, seine Ansprüche geltend zu machen. Geht mit einer derartigen ungenehmigten Nutzung noch eine Bearbeitung einher, verschwindet das ursprüngliche Lichtbildwerk im gesammelten Endprodukt. Die neuen Techniken haben deshalb schwere und negative wirtschaftliche Auswirkungen auf einen ganzen Berufsstand.

Im Bereich der bildenden Kunst tangiert die neue Technik vor allem die Reproduktionsrechte, wobei allerdings, ist eine Nutzung erst einmal offenkundig geworden, die Identifizierung die geringsten Schwierigkeiten bereitet, solange die Bildsprachen derart vielfältig bleiben wie zur Zeit. Schwieriger ist auch hier die Feststellung der Nutzung selbst, sofern sie nicht zum gedruckten Medienprodukt oder zur Bildplatte führt.

Auch hier sind die Eingriffe durch Bearbeitungen gravierend, insbesondere in Fällen, in denen die Grenze zwischen Bearbeitung und freier Benutzung schwebend ist; die Auswirkungen sind, zumal es sich in aller Regel um kommerzielle Nutzungen handelt, sowohl von wirtschaftlicher als auch persönlichkeitsrechtlicher Bedeutung.

2. *Verlust der Authentizität der Bilder*

Der Einsatz der Digitaltechnik insbesondere im Bildbereich hat nicht nur rechtliche und wirtschaftliche Auswirkungen auf Werkschöpfer und Archivbetreiber bzw. Museen. Hinzu kommt, daß die Möglichkeit zur Manipulation der abgebildeten Realität durch Manipulation der Abbilder der Realität unsere Wahrnehmungsgewohnheiten verändert.

War zu Zeiten der klassischen Fotografie die Schere und der Stift des Retuscheurs das einzige Mittel, nach Machtwechseln unliebsame Personen aus Gruppenbildern zu entfernen, was meist mißlang und feststellbar war, so ermöglicht die heutige Technik mit allergrößter Perfektion jegliche Verfälschung der Wirklichkeit und propagandistische Aussagen aller Art. Daß dies nicht nur die schöne Welt der Werbung verändert hat, sondern auch die Übermittlung politischer Fakten, zeigt die Praxis der Titelabbildungen. Nehmen Sie auf der einen Seite die inzwischen häufigen, eher harmlosen Fälle, in denen die Regenbogenpresse im Wettstreit um das erste Foto des neugeborenen Fürstenkindes bis zu sechs verschiedene Säuglinge auf verschiedenen Illustrierten anbietet, und nehmen Sie dagegen den bekannt gewordenen Titel des »Spiegel« zum Asylthema, in dem aus einer Menschenmenge, die ins Fußballstadion strömt, ein Asylbewerberstrom aufs Ausländeramt wurde, garniert mit zwei markant vorauseilenden Orientalen und zwei standhaften Polizisten: Wer möchte die Suggestivkraft dieses Fotos bestreiten, und wem - Hand aufs Herz - ist beim ersten Betrachten schon klar gewesen, daß es sich hier um eine Bildmontage handelt?

IV. *Perspektiven*

Selbstverständlich soll die technische Entwicklung nicht aufgehalten werden; es geht aber darum, rechtliche und ökonomische Perspektiven zu entwickeln, die den Einsatz der Bilder in den Medien verträglich gestalten. Wichtig ist zunächst die Stärkung des Rechtsbewußtseins. Hierzu gehört nicht nur die Kenntnis des Eingriffs in fremde Reproduktions- und andere Urheberrechte beim Aufbau und der Nutzung von Bilddatenbanken, sondern auch die Stärkung des Bewußtseins für Persönlichkeitsrechte, nämlich insbesondere für Entstellungsverbot und Urhebernennung; die Integrität des Autors und des Werkes dürfen nicht zur Disposition der elektronischen Techniker gestellt werden. Ebenso selbstverständlich muß sein und bleiben, daß Bearbeitungen ohne Genehmigung der Urheber nicht zulässig sind.
Dies alles läßt sich nur erreichen, wenn das Urhebervertragsrecht gestärkt wird; die Fälle häufen sich, wie bereits erwähnt, in denen insbesondere Fotografen und Grafikdesigner von Verlegern und anderen Auftraggebern bereits mit Vertragsschluß verpflichtet werden sollen, der digitalen Speicherung mit allen Konsequenzen, auch mit Verzicht auf Bearbeitungsrechte, zuzustimmen und darüber hinaus auf alle Folgevergütungen zu verzichten.
Stellt man diese Forderung auf, so darf man andererseits nicht verkennen, daß Bildnutzer häufig auf große technische Schwierigkeiten stoßen, wenn sie sich rechtstreu verhalten wollen und die genannten Rechte beachten wollen.
Langfristig ist deshalb unausweichlich, daß die kollektive Rechtswahrnehmung über den bisherigen Umfang hinaus ausgedehnt wird, um Nutzungen durch digitale Technik zu lizensieren, abzurechnen und zu kontrollieren. Nur der Ausbau der Wahrnehmungstätigkeit von Verwertungsgesellschaften im Bildbereich kann langfristig die Gewähr dafür bieten, daß im Sinne des

klassischen Ausspruchs des Reichsgerichts auch zukünftig der Urheber wirtschaftlich teilnehmen kann, wenn aus seinem Geisteswerk Gewinn gezogen wird.

Der Ausbau der kollektiven Wahrnehmung in diese Richtung - im Zusammenhang mit den Nutzern - erfordert auch von den Urhebern radikales Umdenken und das Aufgeben liebgewonnener Vorstellungen von der Vermarktung ihrer Produkte, insbesondere im Bereich der Fotografie. Es werden deshalb derzeit intensive Diskussionen innerhalb der Branche über die zukünftige Wahrnehmung der Rechte geführt, in der der Begriff der »Bilder-Gema« eine große Rolle spielt.

Mathias Schwarz

Der urheberrechtliche Schutz audiovisueller Werke im Zeitalter der digitalen Medien

I. *Einleitung*

1. Ulmer hat sich schon Anfang der 70er Jahre mit Urheberrechtsfragen im Zusammenhang mit der digitalen Speicherung und der Wiedergabe derart gespeicherter urheberrechtlicher Werke befaßt (Ulmer, GRUR 1971, 297). Seit der ersten Hälfte der 80er Jahre ist die urheberrechliche Einordnung der digitalen Speicherung und Übermittlung von Sprachwerken in Form des Videotextes und des Bildschirmtextes ausführlicher diskutiert worden (Katzenberger, GRUR 83, 895; Schricker, FuR 84, 72, Hillig in Fuhr/Rudolf/Wasserburg, Recht der Neuen Medien, 1989, 424).
Vergleichbare Fragen sind hingegen im Bereich der audiovisuellen Medien noch wenig behandelt worden. Hier lag das Schwergewicht der Diskussion bis heute auf einer Untersuchung der Rechtsprobleme, die sich aus einem Einsatz digitaler Techniken etwa bei der Colorisierung von Filmen und dem Soundtrack-Sampling ergeben. Dieser Befund hat sich seit etwa zwölf Monaten dramatisch geändert. Seit der Propagierung des »Electronic Superhighway« durch den amerikanischen Präsidenten Bill Clinton und seinem Vizepräsidenten Al Gore findet sich kaum ein Tag, in dem die Zeitungen nicht von den Chancen und Gefahren der »Schönen Neuen Welt« der digitalen Medien berichten. Auch wir Juristen haben, wie der große Andrang zu der heutigen Veranstaltung zeigt, begonnen, uns mit den damit einhergehenden Fragestellungen zu befassen.

2. Obwohl in den USA angekündigte »Mega Merger«, etwa zwischen TCI und Bell Atlantic, schon wieder abgesagt wurden, sind Begriffe wie »Convergence«, »Multimedia«, »Interactive Television« und der schon genannte »Electronic Superhighway« zu den »Buzz Words« sowohl in Hollywood als auch in Silicon Valley geworden. (Sie haben den aus heutiger Sicht hölzern wirkenden Kunstbegriff der »Compunication«, vgl. Katzenberger, GRUR 83, 896, abgelöst.)
Diese Begriffe sind teilweise untereinander austauschbar. Sie lassen jedoch jeweils besondere Kennzeichen der durch die Digitalisierung erweiterten

Nutzung der audiovisuellen Medien deutlich werden. Einige dieser Nutzungsmöglichkeiten seien hier zunächst aufgezählt.:

2.1 Der Einsatz von Computern bei der Herstellung und der Bearbeitung audiovisueller Werke bietet neben den Möglichkeiten der Korrektur von Fehlern und der Wiederherstellung von Kopien heute schon Anwendungsmöglichkeiten, die vor kurzem noch als futuristisch erschienen; so etwa das sog. »Morphing«, mit dem nicht nur Dinosaurier, sondern auch verstorbene Personen oder z.B. wegen Unpässlichkeit nicht verfügbare Schauspieler computergestützt nachgebildet, sozusagen geklont werden können.

2.2 Neue Speichermedien wie CD-Rom und CD-I, aber auch das Digital Videotape, erweitern die Speicherkapazität und erhöhen gleichzeitig die Wiedergabequalität. Sie weisen schon auf ein Zusammenwachsen von Computer und Fernsehgerät hin.

2.3 Die digitalisierte Aufbereitung von Bild- und Toninformationen ermöglicht die Übertragung in deutlich verbesserter Qualität. HDTV-Sendungen werden in naher Zukunft auch in ihrem Bildteil digital erfolgen. Die zunächst als Zwischenschritt propagierte analoge Übermittlung der hochaufgelösten Bildinformationen wirkt schon heute hoffnungslos veraltet.

2.4 Digitale Übertragungstechniken erlauben aber auch eine Kompression der Bildinformationen, indem, vereinfacht gesagt, nur die für die Wahrnehmung relevanten Bildinformationen übertragen werden. Gepaart mit einem fortschreitenden Einsatz von Glasfaserkabeln führt dies zu einer Vervielfältigung der verfügbaren Kanäle, die Platz für neue Programmformen, wie Home Shopping Services, weitere Pay-TV-Kanäle und die Einführung von Pay-per-View bieten.

2.5 Gleichzeitig ermöglicht es die Datenkompression auch, zur Übertragung audiovisueller Werke auch das Telefonkabel zu verwenden, das noch vor wenigen Jahren als ausgereift und in seinem weiteren Entwicklungspotential begrenzt angesehen wurde.

2.6 Telefonkabel und andere Kabelnetze sind auch einer der Bereiche, in denen die Konvergenz der Medien stattfindet. Hier werden schon heute neben Sprachsignalen über Modem oder ISDN Daten von einem EDV-System zum anderen übermittelt und werden künftig komprimierte Radio- und Fernsehsignale verbreitet werden. Als Endgerät der Medienkommunikation kristallisiert sich immer deutlicher ein Multifunktionsgerät heraus, das die Aufgaben des PCs, des CD-Gerätes, des Fernsehgerätes und des Telefons übernimmt. Die Züchtung des medialen »Wolpertingers« als Arbeitstier der multimedialen Zukunft scheint damit schon heute beinahe gelungen. Sein Einzug in jeden Haushalt steht kurz bevor.

2.7 Die Möglichkeit der Nutzer zur Selektion der gewünschten Programme nimmt deutlich zu. Der Rückkanal, technisch über das Telefon oder über das Kabel zu bewerkstelligen, ermöglicht es, gezielt einzelne Programme abzurufen. Der Zuschauer der Vergangenheit soll, um mit einem geflügelten Wort zu sprechen, zu seinem eigenen Programmdirektor werden. So kann er sich nicht nur »Videos on Demand« ansehen, sondern auch Nachrichten zu bestimmten Ereignissen abfragen und Sendungen vom Vortag, die er verpaßt hat und die in einer Art »Fernsehbibliothek« aufgezeichnet werden, abfragen.

2.8 Von hier ist der Weg zum echten interaktiven Fernsehen, bei dem der Rezipient auch aktiv in den Ablauf des Programmes eingreift, nicht mehr weit. Für den Hausgebrauch bieten hier insbesondere CD-ROM und noch stärker ausgeprägt CD-I (d. h. CD-Interaktiv) die Möglichkeit zu interaktiver Kommunikation.

II. *Kernfragen des Schutzes audiovisueller Werke im digitalen Medienzeitalter*

1. Was sind nun die urheberrechtlichen Hauptfragen, die für audiovisuelle Werke durch den Siegeszug der digitalen Medien aufgeworfen werden? Ich glaube, diese lassen sich auf vier Kernbereiche zurückführen:

1.1 Erstens die Frage nach dem Werkcharakter von unter Einsatz von EDV geschaffenen Werken und ihrer Einordnung in die Werkkategorien des § 2 UrhG. Diese Frage spielt etwa bei der Beurteilung von Computerspielen eine Rolle. Sie ist aber auch für die Ergebnisse interaktiver Kommunikation, für die insbesondere die Annahme eines Bearbeitungsurheberrechts in Betracht kommt, zu beantworten.

1.2 Zweitens die Frage, ob bestimmte technische Möglichkeiten der digitalen Bearbeitung urheberrechtlicher Werke oder geschützter Leistungen von dem Bearbeitungsrecht des Nutzers gedeckt sind oder in Urheberpersönlichkeitsrechte der Urheber oder den Integritätsanspruch der ausübenden Künstler eingreifen.

1.3 Das ist drittens die Frage, welche Verwertungsrechte im Sinne der §§ 15 ff. UrhG betroffen sind, wenn einzelne Programme über Telefon oder Kabel individuell abgerufen werden. Diese Problematik wurde zu Beginn der 80er Jahre für die parallele Situation des Bildschirmtextes diskutiert. Welche Unsicherheit hier im Bereich der audiovisuellen Medien besteht, zeigt sich zum einen an der schwankenden Bezeichnung derartiger Dienste einmal als »Video on Demand« und ein andermal als »Abruffernsehen«. Diese Unsicherheit wird aber auch aus der allseits zu beobachtenden Ungewißheit, in welchem Zusammenhang diese neuen Formen der Kommunikation bei der Abfassung von Lizenzverträgen zu behandeln sind, deutlich. Dort werden etwa sog. »interaktive Rechte« teils dem Fernseh-, teils dem Video- und teils dem Merchandisingrecht zugeschlagen.
Dabei stehen zwei Fragen im Vordergrund: Einmal geht es um die Definition des Begriffs der »Öffentlichkeit« in § 15 Abs. 3 UrhG, zum anderen um die Einordnung von »Abruffernsehen« bzw. »Video on Demand« in die benannten Verwertungsrechte der §§ 16/17 UrhG (Vervielfältigungs- und Verbreitungsrecht), § 19 Abs. 4 (öffentliche Vorführung) bzw. § 20 (Senderecht) oder die alternative Annahme eines nichtbenannten Verwertungsrechts im Sinne der ja nicht abschließenden Bestimmung des § 15 Abs. 2 UrhG.
Zu klären ist in diesem Zusammenhang auch der Anwendungsbereich der §§ 53/54 UrhG, des Kopierens zu privaten Zwecken, im Umfeld der digitalen Medien.

1.4 Schließlich stellt sich die Frage, bei welchen der in der Folge der digitalen Revolution bereits heute angebotenen oder zumindest abzusehenden Techniken bzw. Programmformen es sich um neue Nutzungsarten im Sinne des § 31 Abs. 4 UrhG handelt.

2. Ich will im folgenden die einzelnen Einbruchstellen der digitalen Informationstechniken in den Prozeß der Herstellung, Bearbeitung und Verwertung audiovisueller Werke darstellen und jeweils versuchen, Anworten auf die vorstehend aufgeworfenen Fragen zu geben. In Anbetracht der Fülle der aufgeworfenen Fragen bleiben diese Antworten allerdings notwendig kursorisch und teilweise apodiktisch.

2.1 *Einsatz digitaler Technik bei der Herstellung von Filmwerken*

Der Einsatz digitaler Aufzeichnungsgeräte bei der Erstfixierung audiovisueller Werke (z.B. mit Hilfe einer HDTV-Kamera) wirft urheberrechtlich keine besonderen Probleme auf. Auf die Art der körperlichen Festlegung des Filmwerkes kommt es nach allgemeiner Meinung (vgl. Schricker/Loewenheim, Urheberrecht § 2, Rdn. 117) nicht an, so daß auch eine Aufzeichnung auf Magnetband oder Bildplatte die Voraussetzungen des § 2 Abs. 1 Nr. 6 UrhG erfüllt. Denkbar ist allerdings, daß die technische Entwicklung, insbesondere die Kompression der Daten dazu führen wird, daß von Bild- oder Bild-Ton*folgen,* die aus einer *Aneinanderreihung* fotografischer oder fotografieähnlicher *Einzelbilder* bestehen (vgl. Schricker/Loewenheim, ebenda, m.w.N.), nicht mehr gesprochen werden kann, da z.B. nur noch die gegenüber dem vorausgehenden Bild geänderten Bildinformationen erfaßt und gespeichert werden. Aus meiner Sicht bestehen jedoch keinerlei Bedenken, auch dann von Filmwerken zu sprechen, wenn einzelne, auch für sich stehende Bilder nicht mehr ausgemacht werden können. Problematisch erscheint die Definition von Filmwerken als fotografischer oder fotografieähnlicher Einzelbilder auch insoweit, als damit Bezug genommen wird auf die gängige Definition von Lichtbildwerken und in ähnlicher Weise wie Lichtbildwerke geschaffene Werke (vgl. Schricker/Loewenheim, § 2, Rdn. 117, 114). Im Hinblick auf die AKI-Entscheidung des BGH (GRUR 1962, 470) ist es nämlich bei der Generierung von Bildern durch den Computer selbst, wie sie heute in verschiedenen Verfahren der Post-Produktion etwa zur Erzeugung der sog. »Special Effects« immer häufiger angewandt wird, fraglich, ob insoweit noch Lichtbildwerke oder Werke, die ähnlich wie Lichtbildwerke geschaffen werden, vorliegen. Derartige computer-generierte Bilder werden nämlich weder durch Einwirkung von Licht, Infrarot- oder sonstiger hochfrequenter elektromagnetischer Strahlung auf fotochemische Schichten erzeugt, noch durch sonstige Verfahren, bei denen ein Bild unter Benutzung strahlender Energie erzeugt wird, geschaffen (so BGH GRUR 1962, 470 - AKI; BGH GRUR 90, 673 - Bibelreproduktion; in der Folge sehr restriktiv etwa Maaßen ZUM 1992, 340 f.; weiter Schulze CR 1988, 191). Wie die inzwischen allgemein anerkannte Einordnung der Videospiele unter die nach § 2 Abs. 1 Nr. 6 UrhG geschützten filmähnlichen Werke (vgl. Schricker/Loewenheim, § 2, Rdn. 117, m.w.N.; Nordemann, FuR 81, 894; Nordemann/Vinck § 2, Rdn 78 m.w.N.; OLG Hamburg GRUR 83, 436 - Puckman) zeigt, genießen aber auch computer-generierte Bilderfolgen den Filmwerks- oder Laufbilderschutz der §§ 2 Abs. 1 Nr. 6, 95 UrhG. Daß aber bei derartigen computergenerierten Filmwerken bei Zugrundelegung der heute noch gängigen Definition der Lichtbildwerke und in ähnlicher Weise wie Lichtbildwerke geschaffenen Werke noch Schutzdefizite bestünden, wird aus folgender Überlegung deutlich: Über den Computer generierte Einzelbilder eines Filmwerkes, die ja nicht nach § 2 Abs. 1 Nr. 6 UrhG, sondern nur als Lichtbildwerke gem. § 2 Abs. 1 Nr. 5 oder als Lichtbilder nach § 72 UrhG geschützt werden (vgl. Schricker/Loewenheim, § 2, Rdn. 117), fielen, da sie dann nicht unter Benutzung strahlender Energie (so BGH GRUR 1962, 470 -

AKI) erzeugt werden, bei einer derart engen Definition der technischen Vorgänge, die zur Fixierung eines Lichtbildwerkes führen, auch bei gegebener Schöpfungshöhe nicht unter § 2 Abs. 1 Nr. 5 UrhG (wie hier: Schulze, Deine Rechte als Urheber, 1991, S. 26).

Werden die Trick-Computer im sog. »Morphing-Verfahren« dazu eingesetzt, Bilder von Personen oder Schauspielern zu generieren, etwa weil diese für Aufnahmen nicht erreichbar waren, krank wurden oder mitten in den Dreharbeiten verstarben, so dürfte dies regelmäßig einen Eingriff in das Recht am eigenen Bild gem. § 22 KUG darstellen. Auch derart technisch erzeugte »Abbilder« unterliegen dem Schutzbereich des § 22 KUG (s. etwa Schricker/Gerstenberg, Anhang zu § 60/§ 22 KUG, Rdn 4). Daneben kann in diesen Fällen auch das Entstellungsverbot gem. §§ 83, 93 UrhG (siehe dazu Flechsig, Der Leistungsintegritätsanspruch des ausübenden Künstlers, Berlin 1977, 50 ff.) eingreifen. Bei nur kleineren Ergänzungen des Bildmaterials über Morphing-Verfahren wird allerdings eine gröbliche Entstellung der übrigen Leistung des Darstellers unter Berücksichtigung auch der Interessen des Filmherstellers nicht anzunehmen sein. Da lediglich das Abbild des Schauspielers durch den Computer generiert und nicht seine Darbietung aufgenommen, sondern über den Computer allenfalls nachgeahmt wird, dürfte schließlich das Vervielfältigungsrecht aus § 75 UrhG nicht betroffen sein.

Werden lediglich Sprechfehler oder sonstige Mängel bei der Sprachaufzeichnung über den Computer korrigiert, so wird es sich regelmäßig ebenfalls nicht um gröbliche Entstellungen im Sinne der §§ 83 und 93 UrhG handeln. Da dem Schauspieler auch keine fremde Stimme unterlegt wird, scheidet insoweit auch eine Verletzung seines allgemeinen Persönlichkeitsrechtes aus (anders die Ausgangslage in der Entscheidung OLG München, UFITA 60 /1971, S. 292, 299, bei der ein Schauspieler durch eine fremde Synchronstimme nachsynchronisiert wurde). Anderes mag gelten, wenn durch Einsatz des Computers die Stimme des Schauspielers merklich verändert würde.

2.2 *Digitale Speicherung von Filmwerken*

Allgemein anerkannt ist, daß die digitale Speicherung von Werken grundsätzlich eine Vervielfältigung im Sinne des § 16 Abs. 1 und 2 UrhG darstellt (siehe jeweils m.w.N. Katzenberger, GRUR 90, 94; Katzenberger, GRUR 83, 899; Schricker FuR 84, 71; Brutschke NJW 70, 889; Nordemann/Hertin, NJW 71, 858; Heker, ZUM 93, 402; Ulmer GRUR 71, 300).

Die Frage, ob es sich bei einer derartigen digitalen Speicherung um eine neue Nutzungsart im Sinne des § 31 Abs. 4 UrhG handelt, darf nicht isoliert betrachtet werden. Oft handelt es sich nämlich bei der Speicherung selbst nicht um einen eigenständigen, wirtschaftlich abgrenzbaren Vorgang im Sinne der Rechtsprechung des BGH (vgl. etwa BGH GRUR 90, 669 - Bibelreproduktion; BGH GRUR 92, 310 - Taschenbuchlizenz). Die wirtschaftliche Bedeutung einer digitalen Speicherung und deren Abgrenzbarkeit von anderen Nutzungen wird vielmehr regelmäßig erst durch den sich anschließenden Verbreitungs-, Vorführungs- oder Sendevorgang deutlich. Stellen aber diese auch vor dem Hintergrund des § 31 Abs. 4 UrhG durch den Urheber gestattete Nutzungen des Werkes dar, so stellt sich die vorgelagerte Speicherung, der insoweit nur eine Hilfsfunktion zukommt, nicht als eigenständige neue Nutzungsart dar. So ist etwa die Überspielung auf ein digitales Videoband zur Vorbereitung des sog. »Digitalschnitts« nur als eine unselbständige Vervielfältigung im Rahmen der Postproduktion eines Filmes anzusehen.

Im übrigen wird nach den Grundsätzen der BGH-Schmalfilmrechte-Entscheidung (BGH GRUR 1977, 42) angenommen werden können, daß dann, wenn das Recht zur nachfolgenden Verwertung eingeräumt wurde, die der entsprechenden Auswertung unmittelbar vorgelagerte Einspeicherung des Werkes entweder keine wirtschaftlich eigenständige Nutzung darstellt oder aber zumindest konkludent auch das Recht zur vorgelagerten Vervielfältigung in digitaler Form durch Einspeicherung des Werkes in ein Computer-System übertragen wurde. Teilweise (Hertin in Fromm/Nordemann, 8. Aufl. §§ 31/32, Rdn. 18) wird hingegen ganz allgemein angenommen, daß es sich bei der elektronischen Bildbearbeitung etwa bis einschließlich 1987 um eine unbekannte Nutzungsart gehandelt habe. Eingehendere Untersuchungen dürften allerdings zeigen, daß derartige Bearbeitungsmöglichkeiten schon deutlich früher bekannt waren und auch in Verträgen ausdrücklich benannt wurden. (Dazu, daß es sich bei einer entsprechenden Benennung im Vertrag nicht mehr generell um eine unbekannte Nutzungsart handeln kann vgl. OLG München GRUR 94, 42 - Audiovisuelle Verwertung). So dürfte die digitale Speicherung audiovisueller Werke zum Privatgebrauch, etwa auf CD-ROM und CD-I, die m.A. zusammengenommen eine eigenständige Nutzungsart darstellen, zumindest seit Anfang der 80er Jahre als nicht mehr generell unbekannt gelten können. Ob sie nach den Grundsätzen der Zweckübertragungstheorie (§ 31 Abs. 5 UrhG) auch vom Vertragswortlaut oder -zweck umfaßt sind, ist in jedem Einzelfall zu entscheiden.

Der Genehmigung der Urheber, Filmhersteller und Sendeunternehmen bedarf zweifelsfrei eine zentrale Aufzeichnung aller Fernsehsendungen, die mit dem Ziel erfolgt, bestimmte Programme über Kabel oder Telefonnetz auf Einzelabruf in Privathaushalte zu überspielen.

Das schon erwähnte Abruffernsehen, auf Englisch als »Video on Demand« bezeichnet, wirft eine Reihe von Zweifelsfragen im Hinblick auf § 53 UrhG

auf. Regelmäßig wird bei derartigen Abrufsystemen das betreffende audiovisuelle Werk nicht über die gesamte Dauer seiner Laufzeit übermittelt. Zur Einsparung von Übertragungskapazität werden die Filmwerke vielmehr nach Abruf in einen Zwischenspeicher, der dem privaten Fernseher vorgelagert ist, überspielt. Von diesem Zwischenspeicher erfolgt dann das Abspiel auf dem Fernsehgerät. Grundsätzlich ist anerkannt, daß auch das sog. »Down Loading«, mit dem Teile von Datenbanken auf externe Speicher übertragen werden, als Vervielfältigung im Sinne des § 16 UrhG anzusehen ist (Brutschke NJW 70, 889; Heker ZUM, 93, 402). § 53 Abs. 1 S. 1 UrhG läßt jedoch einzelne Vervielfältigungen, die zum privaten Gebrauch erfolgen, genehmigungsfrei zu.
Der im privaten Bereich stehende Zwischenspeicher kann dabei nicht als verlängerter Arm des Anbieters des »Video on Demand/Abruffernsehen«-Service betrachtet werden. Zum einen hat der Anbieter keinerlei Herrschaftsmacht über den im privaten Bereich stehenden Zwischenspeicher. Zum anderen verlangt der Anbieter seine Gebühren nicht erst bei tatsächlichem Abspiel des auf den Zwischenspeicher überspielten Werkes sondern schon allein für die Überspielung des Werkes auf diesen Zwischenspeicher. Dies macht deutlich, daß der wirtschaftlich relevante Akt in der Überspielung liegt und der Zwischenspeicher bereits dem privaten Bereich zuzurechnen ist. Diese Überlegung spricht auch dafür, anzunehmen, daß die Vervielfältigung, die in dem Zwischenspeicher stattfindet, durch den »zur Vervielfältigung Befugten« im Sinne des § 53 Abs. 1 Satz 2 UrhG selbst und nicht durch einen Dritten erfolgt, auch wenn die zur Vervielfältigung erforderlichen Signale über den Abrufdienst zugespielt werden. Somit kommt die in § 53 Abs. 1 Satz 2 UrhG enthaltene Beschränkung, daß eine Übertragung von Werken auf Bild- oder Tonträger und die Vervielfältigung von Werken der bildenden Künste durch Dritte zum privaten Gebrauch nur zulässig sind, wenn sie unentgeltlich erfolgen, nicht zur Anwendung. (Zu der anders gelagerten Problematik der Bestellung von Vervielfältigungsstücken vgl. etwa Schricker/Loewenheim § 53 Rdn. 11).
Da insoweit nach § 53 Abs. 1 Satz 1 UrhG die Vervielfältigung zum privaten Gebrauch generell für zulässig erklärt wird, stellt sich insoweit die Frage, ob die Speicherung von Signalen, die über derartige Abrufdienste bezogen werden, im privaten Bereich eine neue Nutzungsart nach § 31 Abs. 4 UrhG darstellt, nicht.

2.3 *Die Bearbeitung und Formwandlung bereits hergestellter Filmwerke*

Die Restaurierung von Filmwerken, die Beseitigung von Kratzern auf dem Negativ oder von durch Materialverschleiß aufgetretenen Ton- und Bildmängeln mit Einsatz digitaler Techniken ist zulässig. Wenn und soweit sie lediglich den Originalzustand wieder herstellt, handelt es sich hierbei nicht einmal um eine Bearbeitung im Sinne des § 23 UrhG. Eine solche liegt hingegen bei der Colorisierung von Schwarz-Weiß-Filmen vor. Auf die hierzu geführte Diskussion sei an dieser Stelle lediglich verwiesen (vgl. Hertin in Fromm/Nordemann a.a.O. § 14 Rdn. 8). Bearbeitungen liegen natürlich auch vor, wenn z.B. durch Einsatz der Morphing-Technik neue Teile in bestehende Filmwerke eingefügt oder diesen, etwa um einen besseren Übergang zu einem Folgefilm (Sequel) herzustellen, ein abweichender Schluß angehängt wird. Bei derart schwerwiegenden Eingriffen wird ungeachtet der einschränkenden Regelung des § 93 UrhG oft eine gröbliche Entstellung oder andere gröbliche Beeinträchtigung des Originalwerkes festzustellen sein.

Eine Überspielung von in 35 mm oder Super-16 mm aufgezeichneten Filmen auf das für HDTV- oder sonstige Breitwandfernsehen gebräuchliche 16 : 9-Format stellt hingegen keine unzulässige Bearbeitung dar. Vielmehr entspricht dieses Format weitgehend dem Kinoformat und ist damit dem Original näher als bei einer Fernsehausstrahlung im heute üblichen Format.

Werden Aufnahmen, die im klassischen 4 : 3-Fernsehformat aufgezeichnet wurden, künftig auf das Breitwandformat übertragen, so kommt es mit umgekehrten Vorzeichen zu ähnlichen Vorgängen wie bei Kinofilmen, die im traditionellen Fernsehen ausgestrahlt werden. Eine Anpassung an das geänderte Format kann nämlich auch insoweit entweder nur durch nunmehr seitliche Schwarzblenden, durch die Wahl von Bildausschnitten oder durch eine Dehnung des vorhandenen Bildmaterials erreicht werden. Zumindest die nur ausschnittsweise Übernahme und die Dehnung des Bildes stellen eine Bearbeitung des zugrundeliegenden Filmwerkes dar. Außer in den Fällen, in denen die Rechtsübertragung auf ein bestimmtes Format der Ausstrahlung beschränkt ist, ist aus meiner Sicht jedoch von einer konkludenten Zustimmung zu einer derartigen Bearbeitung und einer entsprechenden Branchenübung auszugehen. Die Vermutungsregel des § 88 I Nr. 6 UrhG, nach der im Zweifel die Verwertung auch von Bearbeitungen oder Umgestaltungen des Filmwerkes gestattet ist, wird demnach im Regelfall wohl nicht widerlegt werden können.

2.4. *Verbesserte Übertragungsqualität*

Die Ausstrahlung von analog hergestellten Filmwerken in digitaler Form stellt schließlich auch bei geändertem Format keine eigenständige und damit auch keine neue Nutzungsart im Sinne des § 31 Abs. 4 UrhG dar. Vielmehr handelt es sich insoweit lediglich um eine weitere Qualitätsverbesserung, wie es sie in der Geschichte des Fernsehens schon vielfach gegeben hat. (Die Situation ist insoweit vergleichbar mit der Einführung neuer Drucktechniken, die ebenfalls nicht zur Annahme einer neuen Nutzungsart etwa von im Offset-Druck hergestellten Bilder geführt hat.)

2.5 *Zusätzliche Übertragungswege*

Neben das klassische Kupferkoaxial-Kabel tritt zunehmend die Verbreitung von Nachrichten, Informationen und Werken über Lichtwellenleiter insbesondere in Form des Glasfaserkabels. Schon die heute bekannten Kompressionstechniken erlauben es zudem, audiovisuelle Werke auch über das Telefonnetz zu übertragen. Damit stellt sich erneut die Frage, ob insoweit neue Nutzungsarten i.S.d. § 31 Abs. 4 UrhG vorliegen. Ob Kabel- und Satellitenfernsehen gegenüber dem terrestrischen Fernsehen eigenständige Nutzungsarten innerhalb des Senderechts nach § 20 UrhG darstellen, ist bis heute erstaunlich selten Gegenstand gerichtlicher Entscheidungen gewesen. Die hierzu bekannt gewordenen Urteile (LG München ZUM 86, 484; OLG Hamburg GRUR 89, 590 - Kabelfernsehen) haben dies verneint. Sie sind dafür in der Literatur vielfach angegriffen worden (Hertin in Fromm/Nordemann a.a.O. §§ 31/32 Rdn. 16; Schricker/Katzenberg a.a.O., § 88). Wohl zu Unrecht. Die tatsächliche Entwicklung hat gezeigt, daß Kabel- und Satellitenfernsehen einerseits und terrestrischer Empfang andererseits nicht von vorneherein eigenständige, wirtschaftlich voneinander abzugrenzende Distributionswege darstellen. Heute kommen die gleichen Programme bei dem einen Empfänger über Antenne, bei seinem Nachbarn zur Rechten über Kabel und seinem Nachbarn zur Linken über die Satellitenschüssel ins Haus. Nicht selten ist den Empfängern nicht einmal bewußt, auf welchem Weg sie Radio- oder Fernsehprogramme empfangen. Die Programmanbieter nutzen, um möglichst viele Haushalte zu erreichen, die terrestrische Ausstrahlung parallel zu der über direktstrahlende Satelliten und der Verbreitung ihrer Programme über Verteilsatellit und Kabel (im Ergebnis wie hier etwa Platho ZUM 86, 577).

Genauso zufällig und allein von den technischen Gegebenheiten abhängig wird neben diese Formen der Sendung künftig auch die Verbreitung audiovisueller Werke über Telefon erfolgen. Dabei wird eine Übertragung über Glasfaser-, Kupferkoaxial-Kabel und/oder Telefonleitung häufig sogar hintereinander geschaltet erfolgen. Daß gerade die Verbreitung über Telefon als einer der typischen Fälle des Drahtfunkes im Sinne des § 20 UrhG schon zu Zeiten der Schaffung des UrhG 1965 angesehen wurde, zeigt schon die amtliche Begründung (Bundestagsdrucksache IV/270, S. 50, abgedruckt in UFITA 45 (1965), S. 265), nach der unter Drahtfunk ein Vorgang zu verstehen ist, bei dem das Werk von einer Sendestelle aus einer Mehrheit von Empfangsanlagen über Drahtleitungen, wie z.B. das *Telefon-*

netz, zugeleitet wird. Das Werk werde hier der Allgemeinheit in ähnlicher Weise zugänglich gemacht wie beim Rundfunk.
Stellen diese verschiedenen Übertragungswege aber keine eigenständigen Nutzungsarten dar, so erübrigt sich die Frage, ob es sich insoweit um neue Nutzungsarten im Sinne des § 31 Abs. 4 UrhG handelt.
(Folgt man diesen Überlegungen, so bedeutet dies nicht, daß durch entsprechende vertragliche Gestaltung nicht auch mit dinglicher Wirkung eine Beschränkung im Sinne des § 32 UrhG des so verstandenen, von der technischen Übertragungsform weitgehend unabhängigen Senderechtes erreicht werden kann. Die Nutzungsart im Sinne des § 31 Abs. 1 UrhG stellt nicht von vorneherein den kleinsten Nenner der gemäß § 32 UrhG möglichen inhaltlichen Beschränkung dar.)
In der Erprobungsphase befinden sich bereits Systeme, bei denen digitale Ton- und Bildträger von dem jeweiligen Vertriebsunternehmen zu den einzelnen Verkaufsstellen überspielt werden, wo sie, wenn ein Kunde einen entsprechenden Tonträger oder ein Video erwerben will, binnen Minuten vervielfältigt werden können. Auch die über Satellit oder Kabel erfolgende Übermittlung verschlüsselter digitaler Signale zur kopienlosen Vorführung in Filmtheatern befindet sich im Planungsstadium. Diese Formen der der nachfolgenden Verwertung in Form der Vervielfältigung oder Vorführung vorausgehenden digitalen Weiterübermittlung fallen, da auch nicht an eine erweiterte Öffentlichkeit (s. dazu unten 2.8) gerichtet, weder unter das Senderecht, noch stellen sie ein unbenanntes Verwertungsrecht im Sinne des § 15 Abs. 3 UrhG dar.

2.6 *Erhöhte Übertragungsdichte und -kapazität*

Die Einführung der Kompressionstechniken und des Glasfaserkabels werden zu einer Vervielfachung der Programmkapazitäten führen. Schon heute kündigt die DBP Telekom für das Jahr 1995 eine Verdoppelung, wenn nicht gar eine Verdreifachung der Kapazität einzelner Kabelnetze an. Durch die Nutzbarmachung des Telefonnetzes zur Übertragung auch audiovisueller Werke ist der Zahl der technisch möglichen Kanäle künftig faktisch nur noch eine wirtschaftliche Grenze gesetzt. Auch dieses Anwachsen der Kanalkapazität stellt für sich genommen keine neue Nutzungsart dar. Für die Beurteilung eines Programmangebotes nach den Kriterien des § 31 Abs. 4 UrhG erscheint es unerheblich, ob es das erste oder das fünfhundertste Programm im »audiovisuellen Kiosk« ist (so zum in Folge der erweiterten Zahl der Programmanbieter gesteigerten Wettbewerb auch LG München, ZUM 86, 484).

Die im Bereich der werbefinanzierten Fernsehprogramme offensichtlich eingetretene Marktsättigung und die Erweiterung der verfügbaren Übertragungskapazitäten wird zu einer weiteren Verbreitung neuartiger Formen der Finanzierung von Fernsehprogrammen führen.
Neben einer Zunahme von Pay-TV-Programmen wird es vermehrt auch zum Angebot von Pay-per-View kommen. Während bei Pay-TV-Programmen die Abonnementsgebühr für den Bezug des gesamten Programmes bezahlt wird, wird bei Pay-per-View eine Vergütung nur dann fällig, wenn das Programm tatsächlich eingeschaltet wird. Unter Pay-per-View sollen dabei hier zunächst nur solche Programme verstanden werden, in denen die einzelnen Werke, wenn auch in häufiger Wiederholung, nach einem vom Programmveranstalter festgelegten Rhythmus verschlüsselt ausgestrahlt werden. Damit handelt es sich bei dieser Programmform um ein sog. Zugriffssystem (vgl. Schricker FuR 84, 71), bei dem - wie beim Videotext - der Empfänger keinen Einfluß auf den Programmablauf nimmt. Zur Ausstrahlung eines Filmwerkes in einem derartigen Programm bedarf es unzweifelhaft des Erwerbs des Senderechts gemäß § 20 UrhG.
Die Frage, ob Pay-TV oder Pay-per-View eigenständige Nutzungsarten darstellen, die in älteren Verträgen u.U. als unbekannte Nutzungsart nicht übertragen werden konnten, ist bis heute kaum streitig geworden. Dies mag sich daraus erklären, daß die bisherigen in Deutschland verbreiteten Pay-TV-Programme überwiegend Werke der jüngsten Zeit ausstrahlten und die entsprechenden Lizenzverträge Pay-TV-Rechte ausdrücklich umfaßten. Mit einer Vervielfachung von Pay-TV- und Pay-per-View-Kanälen kann allerdings davon ausgegangen werden, daß in Zukunft auch Programme gegen Abonnement-Gebühr oder Einzelabrechnung angeboten werden, bei denen z.B. alte Spielfilme oder Fernsehproduktionen im Mittelpunkt stehen. Spätestens dann wird sich die Frage nach Eigenständigkeit und Neuheit dieser Nutzungsart stellen. Meiner Ansicht nach liegt eine derartige eigenständige Nutzungsart im Sinne des § 31 Abs. 4 UrhG zumindest bei einer Pay-TV-Verwertung nicht vor. Vielmehr handelt es sich insoweit um eine lediglich abgewandelte Form der Finanzierung von Fernsehveranstaltungen. Die monatliche Abonnements-Gebühr ist dabei nicht wesensverschieden zu der monatlichen Gebühr, die für die Möglichkeit des Empfangs des öffentlich-rechtlichen Fernsehens in Deutschland zu bezahlen ist. Die Verschlüsselung des Signals zur Sicherung der Zahlungsbereitschaft stellt einen Ersatz für die den privaten Programmanbietern fehlenden Zwangsmittel dar, mit denen die öffentlich-rechtlichen Programmveranstalter die Gebühren für ihre Programme, für die für die Endabnehmer Kontrahierungszwang besteht, eintreiben können (so auch Platho, ZUM 86, 578; a.A. Schricker/

Katzenberger a.a.O. § 88 Rdn. 48; dazu, daß öffentlich-rechtliches Fernsehen einerseits und privates Fernsehen andererseits keine eigenständigen Nutzungsarten darstellen, vgl. LG München ZUM 86, 486).
Zweifelhaft mag diese Beurteilung allerdings für Pay-per-View-Programme sein, da die Einzelabrechnung der Vergütung je nach Nutzung sei es über einen entsprechenden Rückkanal, sei es über ein Gebührenaufzeichnungsgerät, dem traditionellen Fernsehen fremd ist. Nimmt man hierfür eine eigenständige Nutzungsart an, so dürfte diese etwa seit Beginn der 80er Jahre als nicht mehr generell unbekannt anzusehen sein, da schon in dieser Zeit Verträge abgeschlossen wurden, die sich ausdrücklich auf Pay-per-View bezogen. Daß Pay-per-View damals noch nicht als Massengeschäft umgesetzt war, ist dabei unschädlich (vgl. zu Video OLG München, GRUR 94, 115 f. - Audiovisuelle Verfahren).

2.8. *Möglichkeiten der Programmselektion*

Die Einführung eines Rückkanales über Telefon oder im Kabel ermöglicht es, eine gezielte Auswahl der gewünschten Programme vorzunehmen. Diese werden dann dem Interessenten über Telefon oder Kabel individuell übermittelt. Bei derartigen Abrufsystemen (zur Terminologie vgl. etwa Schrikker FuR 84, 71) stellt sich, wie schon beim Bildschirmtext, die Frage, ob die dabei stattfindenden Übermittlungsvorgänge überhaupt urheberrechtlich relevant sind. Wird dies bejaht, so ist weiter zu beantworten, ob sie einem der benannten Verwertungsrechte der §§ 16 ff. UrhG zugeordnet werden können. Wie gezeigt (sie dazu oben 2.2) ist eine im Privatbereich im Anschluß an die Übermittlung des Programmes stattfindende Vervielfältigung des audiovisuellen Werkes in einem Zwischenspeicher über § 53 Abs. 1 Satz 1 UrhG vom Verbotsanspruch des § 16 UrhG freigestellt. Auch die Annahme einer öffentlichen Vorführung im Sinne des § 19 Abs. 4 UrhG scheidet ungeachtet der nachfolgenden Diskussion des Öffentlichkeitsbegriffs des § 15 Abs. 3 UrhG aus, da die Werke bei derartigen Abrufdiensten ausschließlich im Privatbereich wahrnehmbar gemacht werden. Im übrigen wäre über § 20 Abs. 4 UrhG nur ein Schutz gegen Vorführungen von Bildwerken und nicht etwa von Schriftwerken zu erreichen (vg. Schricker FuR 84, 72; Brutschke NJW 70, 890).
Es bleiben somit nur drei Alternativen. Die Übertragungsvorgänge in Abrufsystemen können urheberrechtlich für frei erklärt und ein Schutz allein im Rahmen der vorgelagerten Speicherung der Programme versucht werden. Bei einem erweiterten Verständnis von §§ 20, 15 Abs. 3 UrhG kann aber auch ein urheberrechtlich geschützter Sendevorgang angenommen oder schließlich von einem unbenannten Verwertungsrecht im Sinne des § 15 Abs. 2 UrhG ausgegangen werden. Trotz der vielfach genannten Be-

zeichnung als »Video on Demand«-System scheidet ein Schutz über §§ 16, 17 UrhG de lege lata hingegen schon deshalb aus, weil körperliche Vervielfältigungsstücke durch den Programmanbieter nicht hergestellt werden, die Vervielfältigung im Privatbereich ihm aber nicht zugerechnet werden kann (s. oben Ziffer 2.2) und weder das Original noch Vervielfältigungsstücke des Werkes von ihm der Öffentlichkeit angeboten oder von ihm in Verkehr gebracht werden.

2.8.1 Ein bloßer an der vorausgehenden Speicherung des Werkes ansetzender Schutz (so Hillig a.a.O., S. 426 f, m.w.N.) greift zu kurz. Er verkennt insbesondere die Gefahr, die sich im Hinblick auf die im wahrsten Sinne zu konstatierende Grenzenlosigkeit der neuen Informationstechnologien sowohl für Urheber- und Leistungsberechtigte wie auch für Inhaber von Exklusivrechten ergäben. Erfolgt die Speicherung des Werkes aber in einem nur geringen urheberrechtlichen Schutz gewährenden Land, so könnte, wenn der Übermittlungsvorgang kein eigenes Verwertungsrecht beträfe, auf das dort abgespeicherte Werk über Telefon oder Satellit im Einzelabruf unter weitgehender Umgehung der Urheber und sonstigen Berechtigten zugegriffen werden.

2.8.2 Die Verneinung einer Öffentlichkeit der Wiedergabe von Film- und sonstigen Werken in Abrufdiensten erscheint aber auch gekünstelt. Schon für das klassische Senderecht ist anerkannt, daß allein die Möglichkeit des Empfangs ausreicht und nicht erforderlich ist, daß das Programm von einer Mehrzahl von Personen tatsächlich wahrgenommen wird. Es ist dann aber auch nicht einsichtig, wenn die Beantwortung der Frage nach der Öffentlichkeit der Wiedergabe in Abrufdiensten danach zu treffen wäre, ob zufällig zwei, fünf, sieben oder mehr Personen gleichzeitig oder aber im Abstand von wenigen Minuten ein bestimmtes Programm abrufen (vgl. auch LG Berlin Schulze, LGZ 98 - Schallplatten-Espresso).
Richtig ist, daß der Gesetzgeber mit der Legaldefinition des § 15 Abs. 3 UrhG beabsichtigte, die Definition der Öffentlichkeit nicht mehr der Rechtsprechung zu überlassen (vgl. Hillig a.a.O., 427). Die in § 15 Abs. 3 UrhG enthaltenen Negativkriterien der bestimmten Abgrenzung des Personenkreises und deren persönlicher Verbundenheit durch gegenseitige Beziehungen oder durch Beziehung zum Veranstalter treffen aber auch für eine zeitlich aufeinanderfolgende Wiedergabe des Werkes zu (so im Ergebnis auch Katzenberger GRUR 83, 905; ders. GRUR 90, 96; Schricker FuR 84, 72 skeptisch noch etwa Ulmer GRUR 71, 301).

2.8.3 Folgt man mit der inzwischen wohl herrschenden Meinung diesem erweiterten Verständnis der öffentlichen Wiedergabe, so erscheint es aber

auch konsequent, hierin einen Sendevorgang im Sinne des § 20 UrhG zu sehen (so Flechsig UFITA 1985, 296; wohl auch Nordemann/Hertin NJW 71, 859 vor 3.; Brutschke NJW 70, 890; Heker ZUM 93, 406; Katzenberger GRUR 90, 96; a.A. Schricker FuR 84, 72; Katzenberger GRUR 83, 895, 906; Schricker/v. Ungern-Sternberg § 20 Rdn. 20; zu der Situation in Österreich s. etwa Hadik FuR 84, 560 m.w.N.; eine entsprechende wertende Betrachtung von Übertragungsvorgängen hat der BGH im Bereich des Senderechts schon häufiger vorgenommen, vgl. etwa BGH, GRUR 94, 45 - Verteileranlagen m.Anm. Poll, GRUR 94, 209). Wenn es richtig ist, daß der Begriff der Öffentlichkeit in § 20 UrhG in gleicher Weise wie in § 15 Abs. 3 UrhG definiert zu verstehen ist (vgl. etwa Schricker/v. Ungern-Sternberg a.a.O.), so ist es naheliegend, bei Bejahung der Möglichkeit einer kumulativen Öffentlichkeit, wie sie im Falle der zeitlich gestaffelten Übermittlung individuell abgerufener Programme stattfindet, eine Sendung im Sinne des § 20 UrhG anzunehmen. Auch phänomenologisch erscheint die Nähe zum traditionellen Fernsehen so stark, daß sich eine Einordnung unter das Senderecht meiner Auffassung nach anbietet. Der urheberrechtliche Rundfunk- und Fernsehbegriff muß dabei nicht mit dem medienrechtlichen übereinstimmen.
Derartige Abrufdienste stellen jedoch gegenüber dem an eine gleichzeitige Öffentlichkeit gerichteten traditionellen Fernsehen meiner Ansicht nach eine eigenständige, wirtschaftlich abgrenzbare Nutzungsart im Sinne des § 31 Abs. 1 UrhG dar. Die auch wirtschaftliche Möglichkeit einer derartigen Nutzung ist allerdings schon einige Zeit bekannt.

2.9 *Interaktive Kommunikationsformen*

Sowohl CD-Rom und CD-I als auch der Rückkanal über Telefon oder Kabel lassen über die Selektion der gewünschten Programme hinaus auch eine echte Interaktion, d.h. einen Eingriff in Ablauf und Gestaltung des Programmes zu. Werden derartige Möglichkeiten zur interaktiven Kommunikation in bestehende Filmwerke eingearbeitet (z.B. Angebote, weiteres Programmaterial einzuspielen oder den weiteren Programmverlauf zu beeinflussen), so stellt dies regelmäig eine Bearbeitung des ursprünglichen Werkes im Sinne von § 23 UrhG dar, so daß die Zustimmung der Urheber einzuholen ist. Eine eigenständige oder neue Nutzungsart bedeutet interaktives Fernsehen jedoch nicht in jedem Fall. Insbesondere dürfte es im Hinblick auf § 31 Abs. 4 UrhG ohne Bedeutung sein, wenn ein Filmwerk in einem Kanal, der bei *anderen* Programmen auch interaktive Möglichkeiten bietet, weiterhin in traditioneller Form zur Ausstrahlung kommt.
Bei fortgeschrittenen Formen der interaktiven Kommunikation kann sich die Frage stellen, ob das Ergebnis dieses interaktiven Kommunikationspro-

zesses selbst in Form eines Bearbeitungsurheberrecht gemäß § 3 UrhG als selbständiges Werk geschützt ist. Dies ist zu verneinen, soweit der Teilnehmer an der interaktiven Kommunikation lediglich eine Auswahl unter einer Vielzahl von vorgegebenen Möglichkeiten trifft. Er ist damit einem Teilnehmer an einem Videospiel vergleichbar. In Einzelfällen einer freien Interaktion, in der der Teilnehmer auch kreativ in die Entstehung des interaktiv entstehenden Werkes eingreift, kann jedoch auch die Annahme eines Bearbeitungsurheberrechtes gerechtfertigt sein.

2.10 *Veränderungen im privaten Bereich*

Wohl schon am weitesten verbreitet sind die Ausläufer der digitalen Informationswelt im privaten Bereich. Fernseher der jüngeren Generation erlauben es, Videotexttafeln parallel zu laufenden Programmen aufzublättern, andere Programme über Fenster einzuspielen und den Fernseher als Informationsterminal zu verwenden. Moderne Videogeräte ermöglichen u.a. den Umschnitt oder die Neuvertonung aufgezeichneter Programme. Mit der Einführung digitaler Recorder werden die verfügbaren Funktionen weiter zunehmen. Alle dabei stattfindenden Bearbeitungen und Umgestaltungen der Werke sind jedoch vom Schutzbereich des Urhebergesetzes solange ausgenommen, wie die bearbeiteten oder umgestalteten Werke nicht veröffentlicht oder verwertet werden. Da insoweit auch kein vorbestehendes Werk neu verfilmt wird, greift auch nicht der vorgelagerte Schutz des § 23, Satz 2 UrhG.

2.11 *Vergütungsfragen*

Digitale Aufzeichnungsgeräte, wie der oben geschilderte Zwischenspeicher bei Abrufdiensten, aber auch CD-I Systeme werden regelmäßig der Vergütungspflicht des § 54 UrhG unterliegen. Inwieweit die Vergütungspflicht sich auch für Leer-Disketten durchsetzen lassen wird, bleibt abzuwarten (hierzu s. auch Katzenberger GRUR 90, 97)

2.12 *Vermietrecht*

Dem in Umsetzung der EG-Richtlinie 92/100/EWG zum Vermiet- und Verleihrecht in das Deutsche Urheberrechtsgesetz einzuführenden Vermietrecht, wird gerade im Hinblick auf digitale Vervielfältigungsstücke, die sich wegen ihrer hohen Ton- und Bildqualität deutlich besser noch als analoge Bild- und Tonträger dazu eignen, massenhaft vervielfältigt zu werden, eine besondere Bedeutung zukommen. Hierauf wird in der Begründung zum Referentenentwurf des Vierten Gesetzes zur Änderung des Urheberrechtsgesetzes vom Januar 1994 ausdrücklich hingewiesen. Inwieweit sich in der Folge der Umsetzung der EG-Richtlinie zur Koordinierung bestimmter urheberrechtlicher und leistungsschutzrechtlicher Vorschriften betreffend Satelliten-, Rundfunk- und Kabelweiterverbreitung Auswirkungen auf den Sendebegriff bei Abrufdiensten ergeben werden, bleibt abzuwarten.

III. *Ausblick*

Dieser Überblick über die Einbruchstellen der digitalen Informations- und Kommunikationswelt in das Schutzsystem, das das deutsche Urhebergesetz für Filmwerke zur Verfügung stellt, hat gezeigt, daß das UrhG auch knapp 30 Jahre nach seinem Inkrafttreten durchaus in der Lage ist, sich den neuen Herausforderungen zu stellen. Eine Rechtsfortbildung erscheint allerdings im Bereich des Öffentlichkeitsbegriffes der §§ 20, 15 Abs. 3 UrhG und der Definition von Film- und Lichtbildwerken (hierzu s. auch Dreier GRUR 93, 744) erforderlich zu sein. Zu erwarten steht, daß die Frage, welche der mit den digitalen Techniken einhergehenden Nutzungmöglichkeiten als neue Nutzungart im Sinne des § 31 Abs. 4 UrhG anzusehen sind, noch Gegenstand ausführlicher Diskussionen werden wird. Dies erscheint schon deshalb wahrscheinlich, da die audiovisuellen Medien der Bereich sein dürfte, dem voraussichtlich die größte wirtschaftliche Bedeutung innerhalb der digitalen Medien zukommen wird. So soll schon heute der Umsatz, der mit Videospielen in den USA erzielt wird, größer sein als die Umsätze der herkömmlichen Filmindustrie.

Thomas Dreier

Perspektiven einer Entwicklung des Urheberrechts

»Confronted with new technological developments, we always tend to overestimate its short-term effects and to underestimate its long-term effects.«

J. Lanier

Jede Veränderung der objektiv vorgestellten Welt verlangt nach einer Überprüfung der begrifflichen Modelle, die wir uns von dem Zustand ausgehend, den wir vor der Veränderung wahrgenommen haben, von ihr gemacht haben. Das gilt auch hinsichtlich der Auswirkungen, die von neuen technologischen Entwicklungen auf zuvor geformte rechtliche Normen ausgehen. Daß wir bei einer solchen in die Zukunft blickenden Vorhersage häufig dazu neigen, kurzfristige Entwicklungen zu überschätzen und zugleich die langfristigen strukturellen Veränderungen zu unterschätzen - wie es einer der Erfinder des Cyberspace einmal treffend formuliert hat - kann kaum verwundern, bleibt uns im Zeitpunkt der ersten Wahrnehmung der technologischen Veränderung doch kaum eine andere Möglichkeit, als deren künftiges Ausmaß anhand der uns im gegenwärtigen Zeitpunkt bekannten Parameter zu extrapolieren. Diese Art der Vorhersage der künftigen Entwicklung ist jedoch deshalb nicht besonders genau, weil Veränderungen im Zuge ihrer fortschreitenden Auswirkung sehr häufig gerade diese Parameter selbst verändern. Nur Weisen und Hellsichtigen wird es gelingen, das Wechselspiel zwischen fortschreitender Veränderung und der damit verbundenen Rückwirkung auf die Ausgangssituation und damit wiederum auf Charakter und Ausmaß der Veränderung im Vorhinein annähernd genau zu beschreiben und deren Ergebnis vorherzusehen. Welche der zahlreichen solcher Beschreibungen aber von den wahren und welche von den falschen Propheten stammen, das läßt sich ohnehin erst im Nachhinein feststellen, wenn wir alle wissender geworden sind.

So hat es denn in der Tat nicht an Hochrechnungen in beiderlei Richtungen gefehlt. Stellt man auf die ungeheuren Möglichkeiten des Zugriffs ab, den digitale Technologie und Vernetzung auf geschützte Werke und Leistungen ermöglichen, so gelangt man nahezu zwangsläufig zu dem Schluß, im Zeitalter digitaler Technologie sei die traditionelle Steuerung der Werkverwer-

tung durch das Instrument des klassischen Ausschließlichkeitsrechts gefährdet und das Urheberpersönlichkeitsrecht dem Untergang geweiht. Richtet man den Blick dagegen auf die angesichts dieser Bedrohung schon jetzt erfolgende Ausdehnung des urheberrechtlichen Schutzes auf bislang urheberrechtsfreie Akte der bloßen Werknutzung und des reinen Werkgenusses sowie auf bislang ungeschütztes Material, so mag es scheinen, die Grundannahmen des Urheberrechts seien zu Lasten der Interessen der Allgemeinheit in Frage gestellt, und man gelangt ganz im Gegenteil zu einem unerträglichen Übermaß an Schutz.
Digitalisierung, Vernetzung, Multimedia und interaktive Kommunikation, welche Auswirkungen werden sie nun tatsächlich auf das System des traditionellen Urheberrechts haben? Die vorstehenden Beiträge sollten immerhin deutlich gemacht haben, daß es nicht allein die rechtspolitische Kraft des Faktischen ist, die angesichts digitaler Technologie - und der mit ihr einhergehenden Auwirkungen auf die Verwertung von Werken und Leistungen - am bestehenden System des rechtlichen Schutzes festhalten läßt. Vielmehr haben die Herausforderungen der digitalen Technologie und der Vernetzung an das Urheberrecht inzwischen bereits soweit Kontur gewonnen, daß sich auf der sicheren Basis des Urheberrechts schon jetzt erkennbar Antworten abzeichnen, mögen im Einzelnen freilich noch viele Fragen einer praktisch befriedigenden Beantwortung harren.

I. *Digitalisierung, Vernetzung, Multimedia und interaktive Kommunikation*

1. *Grundbegriffe*

Lassen wir uns von den griffigen, in den Medien schlagwortartig verwandten und nicht selten unscharfen Begriffen der »Digitalisierung«, »Vernetzung«, »Multimedia« und »interaktiven Kommunikation« nicht erschrecken. *Digitalisierung* bedeutet nichts anderes als die Darstellung eines Objektes in Form eines binären, aus Nullen und Einsen bestehenden Codes. Bekannt ist uns das längst durch die Computerprogramme und die auf einer Compact Disk (CD) in digitaler Form gespeicherte Musik. Auch für die *Vernetzung* miteinander kommunizierender Teilnehmer gibt es mit der drahtlosen Funkübermittlung und dem drahtgebundenen Telephon sowie später dem Kabel längst bekannte Beispiele. Bezeichnet *Multimedia* auf wenig präzise Weise die Kombination unterschiedlicher Werkarten in einem neuen Gesamtwerk, das dann als einheitliches verwertet wird, so ist auch das nichts Neues. Erinnert sei nur an die Vertonung von Gedichten, an die Zusammenführung von Text und Musik in der Oper oder, neueren Datums, die von Text, Musik und Bild im Film. Nicht neu ist auch, daß bei der Kombination unterschiedlicher Werkarten entweder auf vorbestehende Werke zurückgegriffen wird oder daß hierzu neue Werke eigens geschaffen werden. Das entscheidend Neue der digitalen Technologie liegt schließlich auch nicht so sehr darin, daß alle Bestandteile derart kombinierter Werke jetzt nicht mehr in jeweils unterschiedlichen Medien sondern fortan in ein und dem selben Medium verkörpert sind (insofern ist der Begriff »Multimedia« ohnehin irreführend, meint er doch genau das Gegenteil); denn das war auch schon bei der Schallplatte und beim Film hinsichtlich der darin enthaltenen einzelnen Werkarten der Fall.

Das entscheidend *Neue* der digitalen Technologie besteht vielmehr darin, daß Text, Klang und - unbewegte sowie bewegte - Bilder alle gleichermaßen in digitaler Form dargestellt und gespeichert sind. Damit haben sowohl der früher in einem Buch enthaltene gedruckte Text, als auch der auf der Schallplatte fixierte Klang, Grafiken, Photographien und die im Film festgehaltenen Bilder grundsätzlich das selbe technische Format.

Es wäre in diesem Zusammenhang ein weiteres Beispiel für eine allzu voreilige »Überschätzung« der Auswirkungen dieser Technologie, wollte man aus dem einheitlichen Format der Fixierung schließen, alle bestehenden Werkarten könnten dadurch »beliebig miteinander vermischt« werden. Das mag zwar theoretisch richtig sein; welchen Sinn aber machte die Kombination von Bits, die textuelle Information repräsentieren, mit Bits, die bildliche Information repräsentieren, angesichts der getrennten menschlichen Wahrnehmungsorgane? Abgesehen davon werden Text-, Klang- und Bilddaten auch technisch in unterschiedlicher Weise abgespeichert. Aus urheberrechtlicher Sicht stellt sich freilich gleichwohl das Problem, daß die bislang rein nach dem äußeren Erscheinungsbild vorgenommene Zuordnung einzelner Werke zu einer bestimmten Werkart bei digitaler Abspeicherung in einigen Fällen durchaus problematisch sein mag.[1]

Entscheidendes *Charakteristikum der Digitalisierung* ist mithin, daß alle Arten von Werken - mögen sie zunächst in analoger Form bestanden haben und erst später digitalisiert oder mögen sie bereits direkt in digitaler Form geschaffen worden sein - auf ein und dem selben materiellen Träger gespeichert und über ein und dieselbe Verteilerstruktur verbreitet werden können. Zugleich können sie von ein und derselben »Plattform« bearbeitet werden. Damit ist zugleich die technische Grundausstattung des digitalen Zeitalters beschrieben: verbreitet werden die in digitaler Form gespeicherten geschützten Werke und Leistungen - ebenso wie ungeschütztes Material - entweder auf einem materiellen Datenträger (Datenband, vor allem aber CD-ROM und in Zukunft der wiederbespielbaren CD; sog. *off-line*

1 S. dazu näher unter II.1.1 a.E.

Medien) oder über ein materielles *(on-line)* oder immaterielles (Satellit) Verteilernetz; bearbeitet werden sie von einem mit einem CD-ROM-Laufwerk und einem Audio-System ausgestatteten Computer, der mit dem Telefonnetz und/oder einem anderen Netzwerk verbunden ist und der Satellitensignale empfangen - und, in letzter Konsequenz, auch senden - kann. Aus urheberrechtlicher Sicht sind drei weitere Eigenheiten der Abspeicherung von Werken und Leistungen in digitaler Form von Bedeutung. Zum einen führt die Anfertigung der Kopie eines digitalen Originaldatensatzes - von wenigen, technisch nicht beabsichtigten Ausnahmen abgesehen - anders als bei Ausgangsmaterial in analoger Form zu *keinerlei Qualitätsverlust.* Aus diesem Grund kann jede Kopie nachfolgenden Kopien zum Zweck der Informationsübermittlung ihrerseits wiederum als Vorlage in Originalqualität dienen. Mehr noch, die Möglichkeit bis zu bitgenauer Nachbearbeitung läßt es sogar zu, daß die Kopie »besser« als die Originalvorlage erscheint.[2] Zum anderen vermag der Nutzer das digital gespeicherte Werk im Idealfall damit zugleich auf jede beliebige Weise zu verkürzen, zu ergänzen und ganz allgemein auf jede nur erdenkliche Weise zu *verändern.* Schließlich ermöglicht die digitale Speicherung - je nach der Architektur der gespeicherten Daten und der Art der Zugriffssoftware - ein Aufbrechen der bislang weitgehend sequentiellen Struktur des Werkes;[3] idealiter ist jeder Punkt des Werkes von jedem anderen Punkt des Werke auf kürzestem Wege zu erreichen. Mittels einer entsprechenden Benutzerführung wird das digitale Werk auf diese Weise *»interaktiv«* in dem Sinne, daß der Nutzer seinen Weg - wie etwa bei der von Philips implementierten interaktiven CD (CD-I) - durch das Werk selbst bestimmen kann und fortan nicht mehr einem bestimmten vorgegebenen Pfad folgen muß. »Interaktivität« im eigentlichen Sinne, d.h. der gegenseitige Dialog mit Dritten hingegen bedarf einer Verbindung der Kommunizierenden untereinander durch ein - drahtgebundenes oder drahtloses - Netz, das die Übermittlungen digitaler Daten nicht nur in einer sondern in jeder der beiden Richtungen erlaubt.

2 Das gilt insbesondere etwa für Photographien. Hier gelingt es sowohl selbst zerstörte Negativvorlagen zu restaurieren (so die von Marilyn Monroe nicht für die Veröffentlichung freigegebenen Aufnahmen des »Last Sitting« mit Bert Stern) als auch durch Einscannen eine bessere Druckqualität zu erzielen als in der überwiegenden Mehrzahl der Originalabzüge vom Negativ.

3 Diese ist etwa bei einem Buch besonders augenfällig (Buchstabe folgt auf Buchstabe, Satz auf Satz und Seite auf Seite) und wirkt sich praktisch in ganz besonderem Maß bei einem auf einem Band gespeicherten Film aus (es muß von einer zur anderen Stelle desselben Werkes vor- bzw. zurückgespult werden). Selbst die Zugriffsmöglichkeiten bei einer gängigen Musik-CD sind gegenwärtig noch erheblich beschränkt (anwählbar sind z.Zt. meist allein die Anfänge der einzelnen Stücke bzw. musikalische Sätze; überdies erlauben die handelsüblichen CD-Spieler keinen direkten Zugriff auf die digitalen Daten der abgespeicherten Musik).

2. *Entwicklungsstand*

Der gegenwärtige Entwicklungsstand digitaler Technologie und ihrer praktischen Nutzanwendung läßt sich unter zweierlei Aspekten beschreiben.[4] Zum einen haben wir es zur Zeit noch mit einem Nebeneinander von analoger und von digitaler Werkverwertung zu tun, ebenso wie mit einem Nebeneinander der Verbreitung im Wege materieller Träger und mittels Netzwerkstrukturen. Welche Kombination für die Verwertung im Einzelfall eingesetzt wird, hängt von Art und Umfang der angestrebten Verbreitung ebenso ab wie von Wirtschaftlichkeitserwägungen, von Marktstrategien und nicht zuletzt von der Akzeptanz der jeweils benötigten Hardware (Abspielgeräte; Peripheriegeräte; Kommunikationsverbindungen) und Software (Art und Inhalt der angebotenen Werke, Leistungen und Dienste) durch Nutzer und Verbraucher.
Das folgende Schaubild mag das gegenwärtige Nebeneinander analoger und digitaler Speicherung wie das von materiellem Träger und der Verbreitung in einem Netzwerk verdeutlichen:

	Analog	*Digital*
Materieller Träger (off-line)	- Videoband - Bildplatte	- CD (Musik) - Photo CD (Bild) - CD-ROM (Text; Multimedia)
Netzwerk (Kabel[on-line]/Rundfunk)	- Telefax - Analoge Bildübertragung - Analoger Rundfunk	- On-line Datenbank - Digitale Bildübertragung - Digitaler Rundfunk

4 Vgl. dazu auch die umfassende von *Lange/Lucas/Vivant* verfaßte und vom Institut de l'audiovisuel et des télécommunications en Europe (IDATE) herausgegebene Studie »L'impact des nouvelles technologies de communication sur la propriété littéraire et artistique«, Montpellier 1993.

Bereits an dieser Stelle sei vermerkt, daß jede Anpassung des urheberrechtlichen Regelungsinstrumentariums an die Verwertung in digitaler Form gespeicherter Werke und Leistungen dieses Nebeneinander wird berücksichtigen müssen. Handelt es sich um Werkverwertungen, die trotz unterschiedlicher hierzu verwandter Technologie aus der Sicht des Rechtsinhabers als gleichwertig erscheinen, so macht es kaum Sinn, urheberrechtlich allein aufgrund der andersartigen Technologie zu differenzieren. Zugleich ist der Unterschiedlichkeit der verwandten Technologie immer dann Rechnung zu tragen, wenn sie zu einer quantitativ oder qualitativ im wesentlichen andersartigen Art der Werknutzung führt. Das gilt für etwaige Änderungen des Gesetzestextes ebenso wie für die Anpassung und Gestaltung vertraglicher Regelungen. In jedem Fall bedarf es für die Vornahme wie für das Unterbleiben einer rechtlichen Differenzierung einer stichhaltigen Begründung.
Zum anderen ist der Stand der gegenwärtigen technischen Entwicklung gekennzeichnet durch eine rapide Zunahme der Kapazitäten der Speichermedien und einen gleichzeitigen Preisverfall für die einzelne Speichereinheit; durch die Entwicklung von Standards und Techniken der Kompression großer Datenmengen zu Zwecken sowohl der Speicherung als auch der Übermittlung; und schließlich durch die zunehmende Nutzung bestehender Netze für die Datenübermittlung und die beginnende flächendeckende Installation leistungsfähiger Datenübertragungsnetze.
Es seien an dieser Stelle nur einige Zahlen genannt:
Vermag eine 3,5"-Diskette 1,44 MByte (MB) zu speichern, so beträgt die *Speicherkapazität* einer CD-ROM rund 650 MB. Inzwischen nähern sich auch die Speicherkapazitäten der Festplatten von PCs, die noch vor wenigen Jahren kaum mehr als 20 oder 40 MB betrugen, mit 200, 300 und gar 500 MB Speicherplatz der Speicherkapazität einer CD-ROM an. In nicht allzu ferner Zukunft ist hier auch im PC-Bereich wohl mit Speicherkapazitäten jenseits der GB-Grenze zu rechnen. Bietet 1 MB Platz für rund 500 Seiten Manuskripttext in unkomprimierter Form, so lassen sich auf einer CD-ROM rund 325.000 Seiten Manuskripttext speichern.
Werden mehrere CD-ROMs in einem Server (sog. »Juke-Box«) zusammengefaßt, so läßt sich die verfügbare Speicherkapazität um den Faktor 50, 100 oder mehr erweitern; angesichts der erheblichen Zugriffszeiten, die der dabei erforderliche Plattenwechsel erfordert, kann es sich hierbei jedoch allenfalls um eine zwischenzeitliche Hilfskonstruktion für bestimmte Anwendungen (Kataloge, Enzyklopädien etc.) handeln. In hoher Auflösung gespeicherte Kleinbilddias benötigen in unkomprimierter Form jeweils rund 18 MB Speicherplatz; hier bedarf es dann – wie bei der Kodak-Photo-CD – immerhin bereits einer *Kompressionsrate* von 4:1, um neben der Zugriffssoftware ca. 100 Bilder auf einer CD-ROM unterzubringen. Um einen Spielfilm auf einer CD unterzubringen bedarf es dagegen einer weit höheren Daten-

kompression. Da Datenkompressionen, die sich nicht darauf beschränken, bloße Informationswiederhohlungen (Redundanzen) herauszufiltern, in der Regel zu Qualitätsverlusten führen,[5] gilt es für die Normierungsausschüsse der *International Standards Organisation (ISO)*, hier jedesmal einen Kompromiß zwischen dem beschränkten Speicherplatz bzw. der beschränkten Datenübertragungskapazität und dem noch hinnehmbar erscheinenden Qualitätsverlust zu finden. Im Bildbereich kümmern sich hierum die *Joint Photographics Expert Group (JPEG)* für Stand- und die *Motion Picture Expert Group (MPEG)* für Bewegtbilder. So beträgt die von der *MPEG* für Digitalvideo festgelegte, bislang höchste angestrebte Kompressionsrate 192:1; trotzdem ist die Übertragung von Bewegtbildern selbst im Telefonnetz nicht gänzlich ausgeschlossen, allerdings erfolgt sie dann eben zu schlechterer Qualität.

Entscheidend für die Realisierung digitaler Anwendungen sind im weiteren sowohl die *Zugriffszeiten* als insbesondere auch die *Transferrate*, mit der die riesigen Datenmengen übertragen werden können. Das gilt insbesondere für die interaktive Bewegtbildkommunikation, die - wie etwa *Video-on-Demand* oder ärztliche Fernoperationen - häufig eine Datenübertragung in Echt-Zeit erfordert. Liegen die gegenwärtigen Zugriffszeiten bei einer CD-ROM zwischen 400 und 800 ms, so betragen sie bei einer Diskette immerhin nur ein Viertel hiervon und bei einer Festplatte z.T. gar weniger als 20 ms. Dagegen weist die CD-ROM mit 150 kbit/s immerhin die rund 5-fache Transferrate einer normalen Diskette auf, vermag in der selben Zeit aber nur rund 1/5 der Daten einer Festplatte zu übertragen. Ein Nadelöhr für die Implemetierung stellen vor allem die eher begrenzten *Übertragungsgeschwindigkeiten* bestehender On-line-Netze dar. Erlauben gängige Modems zur Datenübertragung von einem PC aus gegenwärtig bis zu 9,2 kbit/s über das analoge Telefonnetz, so stehen beim gegenwärtig aufgebauten digitalen Telefonnetz des *N-ISDN (Narrowband Integrated Digital Services Network)* 2 Kanäle zu je 64 kbit/s zur Verfügung. Mehrere und unterschiedliche Informationen gleichzeitig können dagegen erst bei Breitbandnetzen (z.B. B-ISDN oder breitbandigen *Local Area Networks [LAN]*) übertragen bzw. erreicht werden. Sollen dann Übertragungsleistungen von mehr als rund 10 Mbits/s erreicht werden (anvisiert ist eine Größenordnung von gegenwärtig

5 Eine Ausnahme dürfte hier der Audiobereich darstellen, da das menschliche Gehör selbst nach Ausfilterung der Redundanzen einen Großteil der bei einer Musikaufnahme in CD-Qualität vorhandenen Klanginformationen nicht zu hören im Stande ist. So vermag der durchschnittliche Höhrer bei der Reduktion der rd. 1,5 Mbit/s einer CD auf 64 kbit/s, der als Standard ins Auge gefaßten Obergrenze für die Satellitenübertragung eines mobilen, durch Satelliten ausgestrahlten *Digital Audio Broadcasting (DAB)*, kaum einen Unterschied wahrzunehmen.

wohl bis zu 140 Mbit/s oder gar mehr), so bedarf es zur technischen Realisierung allerdings wohl der teueren Glasfaserverkabelung.[6]
Schließlich werden Art, Ausmaß und Geschwindigkeit sowohl des Zugriffs auf das angebotene Material als auch dessen Verwertung entscheidend von den Möglichkeiten der hierzu angebotenen *Software* - und sei sie auch in die Hardware der Nutzergeräte integriert - bestimmt. Das gilt für die Navigationssysteme, die es dem Nutzer ermöglichen, sich in den über ein bestimmtes Netz angebotenen Diensten zurecht zu finden,[7] ebenso wie etwa für die Autorensysteme, mit denen der Nutzer vorbestehendes Material unterschiedlichen Formats auch ohne Programmierkenntnisse in eine selbst erstellte Multimedia-Anwendung einzubinden vermag.[8] Die fortschreitende Standardisierung der Benutzeroberflächen[9] sowie der Formate[10] trägt hier wesentlich dazu bei, die Möglichkeiten der technischen Realisierung von Angebot und Nachfrage unterschiedlichster Dienste zu beschleunigen.

3. *Entwicklungsplanung*

Zeitgleich mit dieser Entwicklung hin zur leistungsfähigen privaten Multimedia-Plattform, deren erste marktgängige Modelle seit einiger Zeit zu erschwinglichen Preisen auf dem Markt sind, erfährt der Aus- und Aufbau eines flächendeckenden, möglichst alle Haushalte verbindenden Netzwerkes vor allem in den U.S.A. zur Zeit starke politische Unterstützung. Die dort von Vizepräsident *Gore* initiierte Schaffung einer *National Information Infrastructure (NII)* dürfte weitgehend wirtschaftspolitischen Überlegungen entsprungen sein, geht es in der ausgehenden Rezession doch vor allem um die Schaffung neuer Arbeitskräfte sowie darum, die technologische Vormachtstellung der U.S.A. auch nach Ende des kalten Krieges insbesondere gegenüber Japan zu bewahren.[11] Die Europäische Union (EU) hat dem bislang im wesentlichen den Entwurf einer auf *Transeuropäischen Informationsnetzen (Transeuropean Networks [TEN])* basierenden *Europäischen Informationsgesellschaft (European Information Society)* entgegenzusetzen gesucht; auch hier sind die Überlegungen wiederum Teil einer übergeordne-

6 Zahlen weitgehend nach *Klingberg* (Hrsg.), ABC der Multimedia-Technologie, Bergheim 1993.
7 Z.B. *World Wide Web* zur Navigation in Internet.
8 Z.B. *Authorware Professional; Icon Author.*
9 Insbesondere durch *Windows.*
10 Genannt sei hier vor allem das zunächst für den *Apple Macintosh* entwickelte *QuickTime,* das inzwischen als plattform-übergreifender Multimedia-Standard unter *Windows* läuft.
11 Vgl. *Information Infrastructure Task Force* (Hrsg.), The Information Infrastructure, Agenda for Action, 15. September 1993, S. 5 ff., und den nachfolgenden Gesetzesentwurf H.R. 3636.

ten Wachstums-, Wettbewerbs- und Arbeitsmarktstrategie.[12] Zugleich wird im Rahmen des ESPRIT II-Programms eine Reihe technologischer Projekte gefördert, deren Ergebnisse für die digitale Informationsverbreitung nutzbringend sein sollen. Darüberhinaus gibt es derzeit auf nationaler europäischer Ebene nach der weitgehenden Auflösung oder doch zumindest erheblichen Lockerung des Netzträgermonopols der nationalen Post- und Fernmeldebehörden eine Reihe von Projekten grenzüberschreitender Zusammenarbeit.

Allerdings scheint der anfängliche Optimismus, der insbesondere in den U.S.A. zu einer Reihe spektakulärer Übernahmekäufe und Fusionen unter den Großen der Telephon- und Kabelgesellschaften, der Computerindustrie und des Film- und Verlagswesens geführt hat, augenblicklich eher gedämpft, erfordert die Errichtung eines überregionalen Netzwerkes doch erhebliche Anfangsinvestitionen. Überdies befindet man sich insbesondere im Bereich der Datenkompression weitgehend wohl noch in der Phase der Definition und der versuchsweisen Implementierung entsprechender Standards, so daß die Einführung etwa eines digitalen *Video-on-Demand*-Systems und selbst die des digitalen Rundfunks *(Digital Audio Broadcasting [DAB])*[13] noch einige Jahre auf sich warten lassen wird. Im übrigen begnügt man sich hier augenblicklich mit räumlich begrenzten Pilotversuchen, die - nicht unähnlich der seinerzeitigen Kabelpilotprojekte in der Bundesrepublik - die technischen und wirtschaftlichen Möglichkeiten ausloten sollen. An der fortschreitenden Digitalisierung zunächst der verbreiteten Daten und Informationen und schließlich der Verteilsysteme dürfte das auf längere Sicht gesehen freilich kaum etwas ändern.

Für eine Weile wird die Verbreitung von urheberrechtlich geschützten Werken und Leistungen in digitalisierter Form daher vor allem über die CD-ROM und über das bestehende - analoge oder bereits digitale - Telefonnetz erfolgen. Immerhin ermöglicht die generelle Öffnung zunächst nur spezialisierten Nutzern offenstehender Netzwerke[14] der Allgemeinheit in zunehmendem Maß schon jetzt den Zugang zu einer rapide zunehmenden Zahl von on-line-Datenbanken und anderen Informationsdiensten. Dagegen werden echte interaktive Dienste wohl noch einige Zeit benötigen, ehe sie das Stadium medienwirksamer Prototypen und örtlich begrenzter Versuche hinter sich gelassen haben werden.

12 Weißbuch der EG-Kommission »Wachstum, Wettbewerbsfähigkeit, Beschäftigung - Herausforderungen der Gegenwart und Wege ins 21. Jahrhundert«, Dok. Kom(93) 700 endg. vom 5.12.1993, S. 21 ff., 88 ff., 105 ff. - Zu den Auswirkungen der neuen Technologie auf den audiovisuellen Bereich aus der Sicht der EU vgl. das Grünbuch über die audioviduelle Politik vom April 1994, S. 15 ff.

13 Als Datum der in Deutschland ursprünglich für 1995 geplanten Markteinführung von DAB wird jetzt 1997 genannt.

14 Herausragendes Beispiel ist *Internet*.

Immerhin zeichnen sich schon jetzt die Konturen künftiger digitaler Dienstleistungen ab. Neben den traditionellen Datenbanken, die einen wachsenden Bestand immer unterschiedlicher Informationen bereit halten, und den elektronischen Verlagserzeugnissen (zumeist häufig interaktive CD-ROM-Produktionen, neuerdings jedoch auch on-line Zeitungen) haben sich für Multimedia-Anwendungen mittlerweile die Bereiche der Schulung, Aus- und Weiterbildung, des Marketing, des Vertriebs und der Öffentlichkeitsarbeit sowie die Büro- und Unternehmenskommunikation herauskristallisiert. Schwerpunkte interaktiver Kommunikation werden von den Marketingstrategen vor allem im Bereich des *Tele-Shopping* und des *Audio-* und insbesondere des *Video-on-Demand* ausgemacht. Erprobt werden schon jetzt auch digitale Dokumentenübermittlungssysteme,[15] etwas futuristischer werden etwa personalisierte Nachrichtendienste konzipiert. Diese Aufzählung ließe sich beliebig detailliert fortsetzen.
Der Vertrieb digitaler Produkte soll dann nach bisherigen Vorstellungen weitgehend in kodierter oder zumindest in verschlüsselter Form erfolgen. Bei off-line-Angeboten wird dies so geschehen, daß der Käufer einer CD-ROM nur auf diejenigen der darauf gespeicherten Teile Zugriff nehmen kann, für die er nach Zahlung einer entsprechenden Gebühr den Code zur Entschlüsselung erhalten hat. Bei on-line-Diensten hingegen dürften sog. »elektronische Zollhäuschen« installiert werden, die - den Mautstellen gebührenpflichtiger Autobahnen durchaus vergleichbar - jede Nutzung nach Art und Umfang gegen entsprechende Zahlung seitens des Nutzers ermöglichen, protokollieren und abrechnen. Idealiter ist dem Nutzer die Vielzahl der Unternehmen, die ihre Dienste über das Netz anbieten, dabei gar nicht mehr erkennbar. Vielmehr kommuniziert er nur noch über eine einheitliche Benutzeroberfläche, die Abrechnung der einzelnen Anbieter untereinander erfolgt lediglich netzintern (sog. *Relationales Datenbank-Managementsystem [RDBMS]* nach dem Vorbild der Client-Server-Architektur, wie sie schon jetzt in vielen LAN installiert ist).
Zwei Dinge verdienen aus der Sicht des Urheberrechts schon jetzt festgehalten zu werden.
Zum einen beschränken sich die multimedialen Anwendungen digitaler Technologie nicht allein auf die Nutzung urheberrechtlich geschützter Werke und Leistungen; auch ungeschütztes Material, reine Daten und Informationen sind Gegenstand der angebotenen Dienste.
Zum anderen beginnen die bislang recht eindeutigen Abgrenzungen zwischen den einzelnen Anbietern zu verschwimmen. Bislang verlegte ein Ver-

15 Hier dürfte man inzwischen am weitesten fortgeschritten sein; vgl. *EG-Kommission (DG XIII)/Institute for Information Law, University of Amsterdam,* Copyright and Electronic Delivery Services, Background Paper, Luxemburg, 29 November 1993.

leger Verlagserzeugnisse, ein Sendeunternehmen sendete Rundfunkprogramme, eine Bücherei verkaufte oder verlieh Bücher. Wird künftig ein Text jedoch on-line mit interaktiver Zugriffsmöglichkeit angeboten, ist der Anbieter dann noch ein Verleger oder ist er nicht zugleich ein Kabelrundfunkveranstalter oder ähnelt er seinem äußeren Erscheinungsbild nach doch eher einem Datenbankanbieter? Hat er nicht auch die Aktivität einer Buchhandlung oder die einer Leihbücherei übernommen? Oder noch anders gefragt, handelt es sich überhaupt noch um Rundfunk, wenn der »Rundfunk«-Teilnehmer nicht mehr an die vom Sendeunternehmen vorgegebene Abfolge der einzelnen Programmbestandteile gebunden ist? Wir haben es jedoch nicht nur mit einer *Konvergenz* der Tätigkeiten bislang unterschiedlicher Werkvermittler zu tun, sondern auch diejenigen, die bislang - wie Softwareunternehmen, Hardwarehersteller, Kabelunternehmen, Telephon- und Fernmeldegesellschaften - nur Dienstleistungen zur Bearbeitung und zur Verbreitung des geschützten Materials geleistet haben, drängen in den Markt der digitalen Werkverwertung. Selbst bislang passive Nutzer können über ihren Netzanschluß nun ihrerseits zu aktiven Anbietern werden. Es verwundert kaum, daß ängstliche Marktteilnehmer angesichts dieser Herausforderungen und Wandlungen um ihren Marktanteil bangen, während zuversichtliche schon jetzt über die Grenzen traditioneller Tätigkeitsfelder hinaus agieren, um sich in der künftigen Landschaft einen möglichst großen Marktanteil zu sichern. Insbesondere in den U.S.A. hat man in jüngster Zeit die Übernahme von Verlagen und Filmbibliotheken durch Unternehmen der Telekommunikation beobachten können.[16] Eine Strategie geht hier ganz sicherlich dahin, die Verwertung geschützter Werke und Leistungen konzernintern zu gestalten. Aus der Sicht der Anbieter hat das den Vorteil, daß nicht nur bei den *works made for hire* alle Rechte gegen eine einmalige Zahlung erworben werden können und einer Verwertung urheber- oder verlagsrechtliche Fragen nicht mehr entgegenstehen. Aber auch in Deutschland hat man die Veränderungen erkannt, die demjenigen, der das Netzwerk zur Verfügung stellt und/oder der die darin angebotenen Dienste organisiert, in Zukunft eine erheblich größere Bedeutung zukommen lassen als sie ihm bislang unter denjenigen zukommt, die mit der Verbreitung des - urheberrechtlich geschützten oder ungeschützten - Materials befaßt sind.[17]

16 So hat AT&T mit McCaw Cellular Communications Inc. die größte Mobiltelephongesellschaft erworben; MCI Communications Inc. hat sich bei Nextel Communications eingekauft, um an dessen Installierung eines drahtlosen Netzes beteiligt zu sein; British Telecom wiederum ist bei MCI mit eingestiegen; US West hat in Kabelgesellschaften und Tochtergesellschaften von Time Warner Inc. investiert, und schließlich hat Viacom Inc. die Paramount Communications Corp. erworben; vgl. IHT, 17.3.1994, S. 18.

17 So beabsichtigt die Deutsche Telekom gemeinsam mit Bertelsmann, Kirch und dem ZDF die Gründung einer Servicefirma für Anbieter von Pay-TV-Programmen und andere interaktive TV-Dienste wie Video-on-Demand, Home-Shopping und Lernprogramme; SZ v. 27.12.1993, S. 15.

II. *Perspektiven einer Entwicklung des Urheberrechts*

Die Probleme, welche die digitale Technologie für das Urheberrecht aufwirft, sind freilich nicht gänzlich neu. Erinnert sei nur an die schon lange Jahre währende Diskussion um den urheberrechtlichen Schutz von Computerprogrammen und seinen angemessenen Umfang; genannt sei auch die zunehmend schwierige Bestimmung der Urheberschaft, wenn ein Computer zur Realisierung eines Werkes nicht nur eingesetzt wird *(computer-aided work),* sondern wenn er dessen Inhalt und weitgehend auch dessen Form mit bestimmt *(computer-produced work)* oder sogar selbst entscheidend beeinflußt hat, ohne daß der daraus resultierende *Output* - aus der Sicht des Urheberrechts - noch sinnvollerweise auf irgendeinen menschlichen *Input* zurückgeführt werden könnte *(computer-generated work).* Schließlich ist der Gesetzgeber bereits seit geraumer Zeit aufgerufen, sich um die Beeinträchtigung der berechtigten Verwertungsinteressen der Rechteinhaber zu kümmern, die diesen durch die Schnelligkeit und die gegenüber dem Original qualitätsgleiche digitale Kopie geschützter Musikwerke, Tonträger und Leistungen ausübender Künstler entstehen.[18]

Gleichwohl bringt die digitale Technologie und die Verbreitung geschützter Werke und Leistungen in Netzwerken für das Urheberrecht eine Reihe neuer Probleme mit sich. Dabei geht es im wesentlichen um drei Problemkreise.

Zum ersten bedarf es der Klärung, welche der angesichts traditioneller Medien geformten urheberrechtlichen Begriffe einschließlich der an sie anknüpfenden rechtlichen Regelungen auch im Hinblick auf die Digitalisierung ihren Sinn behalten und welche - sei es im Wege der Rechtsprechung, sei es im Wege der Gesetzgebung auf nationaler, europäischer oder internationaler Ebene - der Modifizierung oder gar der Ersetzung bedürfen (1.). Zum zweiten geht es darum, die Probleme der alltäglichen Lizensierungspraxis zu lösen. Das schließt die Beantwortung rechtlicher Fragen ebenso ein wie diejenige wirtschaftlicher Fragen. Hierauf lag der eindeutige Schwerpunkt der heutigen Veranstaltung (2.). Zum dritten schließlich bedarf es der Überlegung, inwieweit die Wahrung der berechtigten Interessen der Rechteinhaber hinsichtlich der Kontrolle über Art und Umfang sowie der angemessenen Beteiligung an der Verwertung ihrer geschützten Werke

18 Vgl. die gesetzlich zwingend vorgeschriebene Ausstattung digitaler Aufzeichnungsgeräte mit einer Kopiersperre, die zwar das Anfertigen einer ersten digitalen Kopie erlauben, aufgrund eines während des Kopiervorganges zusätzlich angebrachten Codes jedoch keine weitere digitale Kopie dieser ersten Kopie zulassen (sog. *Serial Copy Management System [SCMS]*) in 17 U.S.C. Sec. 1002 (a) (1) der U.S.A. (eingefügt duch den Audio Home Recording Act, P.L. 102-563 v. 28.10.1992). - Vgl. zum Ganzen auch J. *Maus,* Die digitale Kopie von Audio- und Videoprodukten, Baden-Baden 1991.

und Leistungen einen flankierenden Schutz durch technologische Schutzmechanismen erfordert (3.).

1. *Vom »druck«-gerechten zum »digital«-gerechten Urheberrecht*

Hier stellen sich begriffliche ebenso wie Probleme grundsätzlicher Art, die die »Philosophie« des Urheberrechts berühren.[19]

1.1 *Begriffliche Probleme*

Hierbei geht es darum, inwieweit die ursprünglich weitgehend anhand des Buchdrucks gewonnenen, in späterer Zeit angesichts des Aufkommens von Rundfunk, Tonträger und Film erweiterten Begriffe des Urheberrechts auch im digitalen Kontext ohne weiteres in ihrer bisherigen Bedeutung übernommen werden können, oder ob eine richterliche oder vielleicht gar gesetzgeberische Anpassung angezeigt erscheint. Erläuterungen hierzu seien auf die folgende kleine Auswahl beschränkt.
Was bedeutet zunächst *»Vervielfältigung«* im digitalen Kontext? Ist, wie Art. 4 (a) der EG-Richtlinie zum Rechtsschutz für Computerprogramme[20] - und dem folgend die entsprechende Regelung des Vorschlages einer Datenbankrichtlinie - nahezulegen scheint,[21] mit der auch nur teilweisen und vorübergehenden Vervielfältigung tatsächlich bereits jede technische Vervielfältigung zwingend eine Vervielfältigung im Sinne des Urheberrechts? M.E. verbleibt hier außerhalb dieser sondergesetzlichen Regelungen durchaus die Möglichkeit, nicht schon jede technische Vervielfältigung als urheberrechtliche Vervielfältigung i.S.d. §§ 15 Abs. 1, Nr. 1, 16 UrhG anzusehen, sondern nur diejenige, die aus wertender Sicht eine neue Möglichkeit der Werknutzung eröffnet, ganz so wie dies der BGH vor Umsetzung der Programmrichtlinie nach damaligem deutschen Recht ja auch für Computerprogramme angenommen hat.[22] Wann durch einen Akt der technischen Vervielfältigung dann eine solche neue Möglichkeit der Werknutzung eröffnet wird, bedarf freilich der Abwägung in jedem Einzelfall, für die die vorstehenden Beiträge jedoch bereits erste Anhaltspunkte geben.

19 Vgl. zum Ganzen insbesondere die Beiträge in *WIPO* (Hrsg.), WIPO Worldwide Symposium on the Impact of Digital Technology on Copyright and Neighboring Rights, Genf 1993; *Ministère de la Culture et de la Francophonie* (Hrsg.), Actif et interactif, Imprimerie nationale, Paris 1993; und neuerdings *Cohen/Finnish Copyright Institute*, Digital Copying, Introduction to Copyright and its Management in an Era of Digital Technology, Helsinki 1994.
20 ABl. EG Nr. L. 122 vom 17.5.1991, S. 42 ff.
21 Das ist freilich nicht ganz unbestritten; vgl. jedoch statt vieler *Czarnota/Hart*, Legal Protection of Computer Programs in Europe, London 1991, S. 56.
22 BGH, GRUR 1991, 449 - Betriebssystem.

Wie steht es sodann mit dem *»Anzeigen«* geschützten Materials auf dem Computerbildschirm? Zum einen ließe sich argumentieren, es handele sich bei der on-line-Abfrage bereits um einen Teil der öffentlichen Mitteilung selbst und bei der Konsultation eines off-line Mediums - wie der CD-ROM - um eine dem Urheberrecht nicht unterworfene Endnutzung; zum anderen mag der Aufruf am Bildschirm nicht selten jedoch als Ersatz der Anfertigung einer - nach gegenwärtigem Recht zumindest vergütungspflichtigen - Paperkopie erscheinen. Die Computerprogrammrichtlinie der EG und ihr folgend der Vorschlag einer Datenbankrichtlinie sehen das Anzeigen grundsätzlich als Vervielfältigung an, freilich mit der ebenso sybillinischen wie zirkulären Einschränkung, »soweit« es sich dabei denn tatsächlich um eine Vervielfältigung handele. Entscheidend sein kann hier letztlich jedoch allein das Kontroll- und Partizipationsinteresse des Rechteinhabers.

Ähnlich schwierig erscheint die Anwendung einiger Schrankenbestimmungen. Zwar dürfte eine interaktive CD-ROM, die *»für den Kirchen-, Schul- oder Unterrichtsgebrauch«* bestimmt ist, § 46 UrhG angesichts dessen rein auf den Zweck des Gebrauchs abstellender Formulierung unterfallen. Doch ist ein auf CD-ROM gespeicherter Pressespiegel noch ein »Informations*blatt*« i.S.d. § 49 UrhG, oder ist ein multimediales Werk ein »selbständiges Sprachwerk« oder ein »selbständiges Musikwerk« i.S.d. des *Zitatrechts* nach § 51 Nr. 2 und 3 UrhG? Hier erscheint eine am Nutzungsumfang und an der Nutzungsintensität orientierte analoge Anwendung dieser Vorschriften angebracht, die jedoch behutsam vorgehen muß, will man die Kontroll- und Partizipationsinteressen der Rechteinhaber hier trotz deren prinzipieller Gefährdung durch die neuen Technologien gleichwohl wahren. Anders als beim Umfang der Verwertungsrechte sind dabei zugleich jedoch die in den §§ 45 ff. UrhG aufgehobenen Interessen der Allgemeinheit in besonderem Maß zu berücksichtigen.[23] Letztlich wird es einer beherzten Interpretation durch die Gerichte bedürfen, will man hier ohne gesetzgeberische Klarstellung auskommen.

Hinsichtlich der *»öffentlichen Mitteilung«* sollte inzwischen Einverständnis darüber herrschen, daß der Begriff der Öffentlichkeit nach § 15 Abs. 3 UrhG im digitalen Kontext auch nach deutschem Recht nicht mehr zur Voraussetzung hat, daß die Nutzung ein- und desselben Werkes von mehreren, miteinander nicht verbundenen Personen an ein- und demselben Ort und zur gleichen Zeit erfolgt.[24] Hinsichtlich des Ortes ist dies unproblematisch

23 Eine detaillierte, die betroffenen Interessen nach Möglichkeit zum Ausgleich bringende Lösungsmöglichkeit enthält insbesondere der vom Internationalen Büro der WIPO ausgearbeitete Vorschlag für ein Protokoll zur RBÜ, Copyright 1992, 66, Ziff. 71 ff.

24 So früher bereits LG Berlin, Schulze LGZ 98, 5 - Schallplatten-Espresso (zu § 11 Abs. 2 LUG); *Schricker*, FuR 1984, 43, 72; vgl. auch *Katzenberger*, GRUR Int. 1983, 895, 905 f.

und von der Rechtsprechung auch geklärt.[25] Schon für die traditionelle Sendung läßt es § 20 UrhG ausreichend sein, daß die Signale einer Vielzahl unverbundener Nutzer zugänglich gemacht werden; ob diese sich zum Empfang an einem Ort versammeln oder sich in separaten, ggf. privaten Räumen aufhalten, ist dabei unbeachtlich. Das macht auch Sinn, ist es doch gerade das Charakteristikum einer vernetzten Werkverbreitung, daß sie die öffentliche Sphäre - anders als bei traditionellen Werknutzungen, die in der Öffentlichkeit stattfinden (§ 19 Abs. 4 UrhG)[26] - gleichsam überspringt und die private Sphäre des Schöpfers direkt mit der privaten Sphäre des Nutzers verbindet.[27] Zwar sagt die Rechtsprechung zu Hotelvideo, Videokabinen und Verteilanlagen im weiteren noch nichts darüber aus, ob auch die Gleichzeitigkeit des Genusses ein und desselben geschützten Werkes entfallen und durch den sukzessiven Genuß durch eine Mehrzahl miteinander nicht verbundener Nutzer ersetzt werden kann. Der Wortlaut des § 15 Abs. 3 UrhG steht dem jedoch nicht entgegen; zwar knüpft er an das einzelne, konkrete geschützte Werk an, doch kommt es allein darauf an, daß dieses eine Werk für eine Vielzahl von Personen »bestimmt« ist. Zumindest jedoch nach wertenden Gesichtspunkten sollte die unterschiedliche technische Ausgestaltung, die im Fall möglicher Interaktivität Nutzungen in weit größerem Umfang durch eine weit größere Zahl untereinander nicht persönlich verbundener Nutzer zuläßt als beim traditionellen - nicht interaktiven - Rundfunk, nicht zu einer unterschiedlichen rechtlichen Beurteilung führen.[28]

Das führt zu der weiteren Frage, ob denn die Tätigkeit der Sendeanstalten und Rundfunkunternehmen tatsächlich auch dann noch *»Sendung«* bzw. *»Rundfunk«* ist, wenn das angebotene Programm nicht mehr zwingend einem sequentiellen Ablauf folgt, sondern wenn jeder einzelne Programmteil dem interaktiven Zugriff eines jeden Nutzers zu jeder Zeit offensteht. In der Tat scheint damit ein wesentliches Charakteristikum bisheriger Rundfunktätigkeit aufgegeben. Ob es sich stattdessen nicht schlicht um eine öffentliche Wiedergabe handelt, erscheint zunächst aus der Sicht des internationalen Urheberrechts von Bedeutung, enthält die RBU für die Tätigkeit des Sendens doch eine andere Regelung als für die - überdies nur lückenhaft geregelte - Mitteilung an die Öffentlichkeit ganz allgemein. Aber auch nach

25 So zuletzt BGH, GRUR 1994, 45 - Verteileranlagen, m. Anm. *Poll,* GRUR 1994, 209.

26 Im Gegensatz zu § 20 UrhG, wo von »der Öffentlichkeit zugänglich machen« die Rede ist, heißt es in § 19 Abs. 4 UrhG »öffentlich wahrnehmbar machen«.

27 Daher bedarf es eines Schutzes während des Durchgangs durch die öffentliche Sphäre im wesentlichen auch nur gegen das unerlaubte Anzapfen der die öffentliche Sphäre durchlaufenden Übermittlungsleitungen.

28 Für eine solche Analogie - und keine direkte Anwendung von § 15 Abs. 3 UrhG - auch Schricker/*v. Ungern-Sternberg,* § 15 UrhG, Rdnr. 22, 30.

deutschem Recht ist die Frage nicht gänzlich ohne Bedeutung. Zwar ist interaktive Rundfunktätigkeit dem Urheber grundsätzlich vorbehalten, mag man sie nun als »Sendung« gem. § 20 UrhG verstehen oder als unbenannte unkörperliche Wiedergabe gem. § 15 Abs. 2 UrhG;[29] doch knüpfen etwa die Schrankenregelungen der §§ 55 (Vervielfältigung durch Sendeunternehmen) und 56 UrhG (Vervielfältigung und öffentliche Wiedergabe durch Geschäftsbetriebe) nur an die Sendung, nicht jedoch an eine öffentliche Wiedergabe an. Auch im Rahmen des § 52 Abs. 3 UrhG wird die Funksendung gesondert behandelt. Vor allem aber gewährte die insoweit bewußt lückenhaftere Regelung der Leistungsschutzrechte, die gerade kein umfassendes Recht der unkörperlichen Wiedergabe i.S.v. § 15 Abs. 2 UrhG vorsieht, ausübenden Künstlern und Tonträgerherstellern außerhalb der »Sendung« nicht einmal den Vergütungsanspruch der §§ 76 Abs. 2, 86 UrhG. Da hier auch die §§ 74 und 77 UrhG - ebensowenig wie §§ 19 Abs. 3 und 4, 21 UrhG für die Urheber[30] - weiterhelfen, erscheint es bereits *de lege lata* angezeigt, interaktive Dienste, in denen geschützte Werke und Leistungen genutzt werden, dem Begriff der Sendung zu subsumieren und sie nicht als unbenannte Nutzungsart nach § 15 Abs. 2 UrhG anzusehen. Das stimmt auch mit dem Anknüpfen von § 20 UrhG an den technischen Vorgang der Signalübermittlung durch Hertz'sche Wellen oder per Kabel (sog. »funktechnische Mittel«[31]) überein. Freilich gelingt die Subsumierung interaktiver Werkverbreitung unter § 20 UrhG nur unter der weiteren Voraussetzung, daß - wie zuvor befürwortet - »Öffentlichkeit« keine zeitgleiche Nutzung jeweils ein- und desselben Werkes seitens der einzelnen Nutzer voraussetzt.[32] *De lege ferenda* wäre freilich an eine ergänzende Klarstellung auch außerhalb des Begriffs der Sendung zu denken. Weniger naheliegend erscheint m.E. dagegen die Parallele zum Verbreitungsrecht der §§ 17 Abs. 1 Nr. 2, 17 UrhG, handelt es sich dabei doch um ein Verwertungsrecht aus dem Bereich der körperlichen Werkverwertung, das mit der Erschöpfungsregelung in § 17 Abs. 2 UrhG überdies dem Konflikt zwischen immaterieller Berechtigung und sachenrechtlichem Eigentum am materiellen Werkexemplar Rechnung trägt, einem Konflikt, der im Bereich der digitalen Übermittlung nur beim Vertrieb materieller CD-ROM, nicht jedoch bei der - drahtgebundenen oder drahtlosen - online-Nutzung in Rede steht.

Lassen sich diese Fragen noch vergleichsweise einfach im Wege begrifflicher Gesetzesauslegung beantworten, so wirft die digitale Technologie dar-

29 So etwa *ders.*, a.a.O.

30 Zur Unterscheidung von § 20 UrhG einer- und §§ 19 und 21 UrhG andererseits vgl. BGH, GRUR 1994, 45, 46 - Verteileranlagen.

31 BGH, a.a.O.

32 Das müßte auch bei der Annahme einer unbenannten Nutzungsart nach § 15 Abs. 2 UrhG angenommen werden, so daß sich hieraus für die Einordnung in eine der beiden Kategorien nichts gewinnen läßt.

überhinaus eine Reihe subtilerer Fragen auf, die meistenteils letztlich mit der sich auflösenden Einheit des geschützten Werkes zusammenhängen. Sie seien hier nur kurz angedeutet.

Wenn nämlich ein bislang als Einheit erscheinendes Werk, sei es ein Roman oder ein Bild, in eine Vielzahl einzelner Informationseinheiten zerlegt ist, so ist nicht mehr in jedem Fall eindeutig klar, was nun eigentlich das geschützte Werk ist. Das gilt umso mehr, als es der Computer dem Nutzer ermöglicht, Werkteile abzurufen, die vom Schöpfer nie als solche konzipiert worden sind. Ist aber bereits zweifelhaft, wo die Grenzen des geschützten Werkes verlaufen, so erfaßt die gleiche Unsicherheit zwangsläufig die Originalität des Werkes und letztlich dessen Urheberschaft. Zugegeben, die traditionelle Urheberrechtsdogmatik kennt hier die Figur der teilweisen Rechtsverletzung, die nach deutschem Verständnis voraussetzt, daß der übernommene Teil noch als solcher schutzfähig ist. Doch bleiben damit, wie das Sound- und das Picturesampling zeigen, angesichts der durch die digitale Technologie erweiterten neuen Zugriffsmöglichkeiten urheberrechtliche Schutzlücken, die sich *de lege lata* allenfalls - doch auch das ist nicht unbestritten - im Wege der Leistungsschutzrechte etwa der §§ 72, 85 und 87 Abs. 1 Nr. 2 UrhG schließen lassen.[33] Schließt man sie - und eine andere Lösung dürfte im Hinblick auf die wirtschaftlichen Schutzbedürfnisse kaum zu rechtfertigen sein, will man den Schutz in Teilbereichen der Praxis nicht weitgehend aushöhlen und leerlaufen lassen -, so muß man zugleich wohl oder übel akzeptieren, daß bei der teilweisen Übernahme leistungsschutzrechtlich mehr geschützt wird als nach der traditionellen urheberrechtlichen Grenzziehung zwischen Geschütztem und Ungeschütztem.

Es verschwimmen jedoch nicht nur die Grenzen des geschützten Werkes sondern auch die Abgrenzungen der einzelnen Werkarten untereinander. Das ist angesichts des nicht abschließenden, ohnehin nur beispielhaften Katalogs geschützter Werke in § 2 Abs. 1 UrhG aus urheberrechtlicher Sicht zwar solange ohne Bedeutung, wie an die Zuordnung eines bestimmten Werkes zu einer Werkart keine unterschiedlichen Rechtsfolgen geknüpft werden. Sobald jedoch etwa die Anforderungen an die Originalität je nach Werkart unterschiedlich hoch angesetzt werden (z.B. § 2 Abs. 1 Nr. 1 ei-

33 Als Beispiel *de lege ferenda* zu nennen wäre der EG-Vorschlag eines neuen *sui generis*-Rechts auf Schutz vor unlauteren Auszügen aus Datenbanken u.a. gegen die Übernahme nicht-originaler Bestandteile einer Datenbank, die darüberhinaus als solche Originalität weder in ihrer Auswahl noch in ihrer Anordnung erkennen lassen. Schutz gewähren soll dieses neue Recht in Abwägung der in Rede stehenden Interessen jedoch nur gegen die Übernahme »wesentlicher« Teile des Inhalts einer Datenbank (Art. 10 ff. des geänderten Vorschlages einer Richtlinie zum Rechtsschutz von Datenbanken). Die äußerst vage Bezugnahme auf »im Verhältnis zu der Datenbank« »quantitativ und qualitativ« wesentliche Teile macht dabei nur einmal mehr die Abgrenzungsschwierigkeiten deutlich, die sich angesichts der fehlenden Werkeinheit und der den wirtschaftlichen Schutzbedürfnissen nicht mehr entsprechenden traditionellen urheberrechtlichen Grenzziehung ergeben.

ner- und Nr. 7 andererseits), sobald unterschiedliche Regelungen hinsichtlich in Arbeitsverhältnissen geschaffener Werke bestehen (z.B. §§ 43 einer- und § 69 b UrhG andererseits) oder für bestimmte Werkarten gesonderte urhebervertragsrechtliche Vorschriften gelten (so die gesetzlichen Auslegungsregeln der §§ 88, 89 UrhG bei Filmwerken), besteht zumindest die Gefahr einander widersprechender Regelungen. Verdeutlicht sei diese bereits eingangs erwähnte Schwierigkeit, in digitaler Form gespeicherte Werke einer bestimmten Werkart zuzuordnen, am Beispiel einer digital abgespeicherten Photographie: Handelt es sich bei der Ansammlung der in binärer Form umschriebenen einzelnen Bildpunkte (Pixel) um eine Vervielfältigung des ursprünglichen Photos, um eine Datenbank, oder - angesichts der Steuerungsbefehle, die für die korrekte Anordnung der einzelnen Bildpunkte bei der Bildausgabe durch den Computer sorgen - gar um ein Computerprogramm?

1.2. *Grundsätzliche Fragen*

Berührt sind mit digitaler Technologie und Vernetzung jedoch auch Fragen grundsätzlicher Natur. Das gilt insbesondere für die gegenseitige Gewichtung der zumeist gegenläufigen Interessen des Urhebers und der Allgemeinheit. Mag die Berücksichtigung der Allgemeininteressen im deutschen Urheberrecht auch nicht in gleicher Weise im Vordergrund stehen wie etwa in den U.S.A., wo sie als entscheidende Rechtfertigung des *Copyright*-Schutzes verfassungsrechtlich festgeschrieben ist, so gewährt doch auch das deutsche UrhG dem Urheber Ausschließlichkeitsrechte nicht allein zur Sicherung seines wirtschaftlichen Partizipationsinteresses, sondern auch zum Zweck des Anreizes zur Schöpfung neuer Werke, die wiederum im Interesse der Allgemeinheit erfolgt. Gerade die Schrankenbestimmungen belegen, daß das deutsche UrhG Allgemeininteressen nicht nur berücksichtigt, sondern sie bisweilen sogar höher bewertet als die materiellen Interessen des Urhebers.[34]

Das durch digitale Technologie und Vernetzung diesbezüglich verursachte Dilemma besteht nun darin, daß sie die Piraterie geschützter Werke und Leistungen ebenso erleichtern wie deren Neuschöpfung. Umgekehrt drohen Maßnahmen, welche die rechtswidrige Piraterie eindämmen, zugleich die rechtmäßigen Neuschöpfungen zu behindern. Das gilt für die Ausdehnung der dem Urheber vorbehaltenen Ausschließlichkeitsrechte und die Einschränkung diesbezüglicher Ausnahme- und Schrankenbestimmungen ebenso wie für technische Kopiersperren. Die Diskussion um die Ausgestaltung

34 Vgl. dazu rechtsvergleichend neuerdings *Davies*, Copyright and the Public Interest, Weinheim 1994.

eines möglichst effektiven Schutzes für Computerprogramme und die damit verbundene Interoperabiltätsdebatte haben zum ersten Mal in voller Schärfe deutlich werden lassen, daß die Gewährung eines weitreichenden Ausschließlichkeitsrechts im digitalen Kontext den Zugang zu den zugrundliegenden und an sich ungeschützten Ideen eines geschützten Werkes faktisch versperren kann. Damit aber wäre die dem Urheberrecht zugrundliegende Interessenabwägung empfindlich gestört.
Eine Lösung dieses Dilemmas, welche die unerwünschte Piraterie zu unterbinden vermag, ohne zugleich die erwünschten Neuschöpfungen zu behindern, wäre hier der Königsweg. Es steht jedoch zu befürchten, daß es einen solchen Königsweg nicht gibt. Deshalb sei als Antwort auf die Frage, ob man sich eher auf die Seite der Bekämpfung der Piraterie oder der Förderung von Neuschöpfungen schlagen soll, folgendes vorgeschlagen: Da der Zugang zu geschützten Werken und Leistungen in Zukunft ohnehin weitgehend durch die eingangs erwähnten elektronischen Zollhäuschen an den Ausgängen der elektronischen Datenautobahnen kontrolliert werden wird,[35] mithin die den geschützten Werken und Leistungen zugrundeliegenden freien Ideen und selbst ungeschütztes Material ohnehin nur noch gegen Zahlung »zu haben« sind, kann m.E. auch eine zum Zweck der Pirateriebekämpfung vorgenommene Ausdehnung des urheberrechtlichen Schutzes und die damit verbundene Beeinträchtigung der Möglichkeiten mediengerechter Neuschöpfungen im Ergebnis hingenommen werden. Zumindest erscheint dies angesichts der Bedrohung, welche die neue Technologie für die berechtigten Interessen der Urheber darstellen, das geringere der beiden Übel.

2. *Lizenzierungsprobleme im Bereich digitaler Technologie*

Die vorangegangenen Vorträge haben gezeigt, daß es bei der Lizenzierung von Urheber- und Leistungsschutzrechten im Bereich digitaler Verwertung zwar Probleme gibt, daß diese Probleme jedoch nicht unüberwindbar erscheinen. Schon jetzt sind bereits erste Lizenzierungserfahrungen gesammelt worden. Keinesfalls besteht Anlaß, sich vom Phänomen der Digitalisierung und der Vernetzung schrecken zu lassen. Als Strategie einer möglichen Strukturierung sei vielmehr ein Vorgehen vorgeschlagen, das sich bildlich als »Apfel«-Theorie umschreiben ließe: anstatt die ganze Frucht mit Stiel und Kernen auf einmal hinunterwürgen zu wollen, sollte man versuchen, Stück für Stück abzubeißen, wo immer die Zähne hinreichenden Halt finden.

35 Das gilt für die online-Verbreitung ebenso wie für offline-Medien, deren Inhalt technisch gleichfalls einzeln verschlüsselt werden kann; vgl. oben I.3 a.E.

Dabei kann zum einen auf die umfangreiche Erfahrung zurückgegriffen werden, welche die Softwareindustrie und die Anbieter von Datenbanken im Zuge der Lizenzierung ihrer Produkte bereits erworben haben. Zum anderen ist dann den Besonderheiten der Verwertung Rechnung zu tragen, die sich für jede einzelne der in digitaler Form verwerteten Schutzgegenstände stellen. Dabei kommt es vor allem entscheidend darauf an, ob ein bestimmter Schutzgegenstand im digitalen Kontext typischerweise ganz oder nur in Teilen genutzt wird; ob die genutzten Schutzgegenstände untereinander substituierbar sind oder ob es dem Nutzer gerade auf ihre Individualität ankommt; und schließlich insbesondere darauf, wie groß die Gefahr einer - privaten und/oder kommerziellen - Weiternutzung durch den Erstnutzer oder durch Dritte ist. Zu unterscheiden wäre bei diesem letzten der drei Unterscheidungkriterien also danach, ob eine CD-ROM oder auch eine online-Nutzung lizenziert werden soll, bei der die Gefahr des direkten Zugriffs auf das digitale Datenmaterial durch den Nutzer angesichts der Ausgestaltung der Hardware nicht gegeben bzw. in der Praxis umfangmäßig aller Wahrscheinlichkeit nach eher als gering oder zumindest als vernachlässigenswert anzusehen ist - als Bespiele genannt seien hier etwa Bücher in CD-ROM Form,[36] interaktive Spiele auf CD-ROM oder reine Informationsdatenbanken[37] -, oder ob mit dem Zugriff und der nachfolgenden Weiternutzung des kopierten Materials in größerem Umfang zu rechnen ist.
Versucht man dann die Probleme zu umschreiben, die bei der Lizenzierung geschützten Materials auftauchen, wenn es um die Herstellung eines digitalen off-line-Produkts oder eines online-Dienstes einerseits und um die Kontrolle der dieser Herstellung nachfolgenden Nutzungen andererseits geht, so läßt sich folgendes festhalten.

2.1 *Lizenzierung geschützter Werke und Leistungen zur Herstellung digitaler Produkte*

Entgegen weitverbreiteter Ansicht handelt es sich bei der Herstellung eines digitalen Produktes um eine Tätigkeit, die derjenigen eines traditionellen Verlegers oder eines Sendeunternehmens im Kern durchaus vergleichbar ist. Schon bisher galt es hier, die Rechte an den jeweiligen Bestandteilen des Verlagserzeugnisses bzw. der Sendung einzeln von der Vielzahl jeweiliger Rechteinhaber zu erwerben.

36 Insbesondere Nachschlagewerke mit Bild-, Text- und Klanginformation, bei denen kaum damit zu rechnen ist, daß der durchschnittliche Nutzer sie in größerem Umfang oder überhaupt kopieren wird.

37 So z.B. der elektronische Wegweiser durch die National Gallery in London, der dem Nutzer die Bildschirmanzeige der ausgestellten Werke nebst einigen Zeilen Begleittext nach eigenen Suchkriterien ermöglicht und ihm im übrigen nur erlaubt, die jeweilige Bildschirmseite gegen Gebühr auszudrucken.

Freilich mag es aus der Sicht der Produzenten digitaler Erzeugnisse - die nun in weit größerem Umfang als vielleicht bisher auf vorbestehendes Material in weiterverarbeitungsfähiger Form zugreifen können - mitunter recht umständlich und zeitraubend erscheinen, sämtliche Rechte an jedem einzelnen der Bestandteile, deren Übernahme in das geplante digitale Produkt geplant ist, von den individuellen Rechtsinhabern zu erwerben. Das Problem hat zwei Facetten: zum einen ist das Aufspüren einzelner Rechtsinhaber nicht selten mit erheblichem Aufwand verbunden; zum anderen mag die Summe aller in Einzelverträgen ausgehandelten Lizenzgebühren rasch zu Gesamtaufwendungen führen, die auf die Herstellung der Anwendung eine prohibitive Wirkung ausüben. So wird von praktischer Seite nicht selten der Rat erteilt, der Produzent eines digitalen Produktes solle das dazu benötigte Material besser gleich neu schaffen lassen.
Folglich hat es denn auch nicht an Vorschlägen gefehlt, den Erwerb der zur Herstellung und zur Verbreitung digitaler Produkte erforderlichen Rechte zu vereinfachen.[38] Im wesentlichen handelt es sich dabei um Projekte einer riesigen Datenbank, die zunächst Informationen über möglichst alle in Frage kommenden Werke und Leistungen sowie über die daran bestehenden Rechte, ihre Inhaber und die Bedingungen enthalten soll, zu denen die Rechteinhaber zur Lizenzierung bereit sind. Idealiter sollen in einer weiteren Stufe auch die Werke selbst in bereits digitalisierter Form dem unmittelbaren Abruf durch den Hersteller eines digitalen Erzeugnisses zur Verfügung stehen. Vergleichbar also dem *Copyright Clearence Center (CCC)* in den U.S.A. und dem *Rapid Clearance Service* der britischen *Copyright Licensing Agency (CLARCS)* - die in ihrer Tätigkeit allerdings auf die Erteilung von Photokopiererlaubnissen beschränkt sind - soll eine solche Organisation als Zentralstelle für das Rechteclearing dienen. Diese würde Lizenzanfragen dann entweder an den individuellen Rechteinhaber weiterleiten oder aber gleich in dessen Namen mit dem Nutzer einen entsprechenden Lizenzvertrag zu den vom Rechtsinhaber zuvor genannten Bedingungen schließen (sog. *»one-stop shop«*).
Abgesehen von den damit verbundenen Problemen technischer, organisatorischer und nicht zuletzt wettbewerbsrechtlicher Art und vor allem der Frage, ob die durch eine solche Clearing-Stelle eingenommenen Gelder die mit ihr verbundenen Kosten überhaupt aufzuwiegen vermögen, scheint m.E. die Schaffung zumindest einer derartigen Stelle zentraler Rechteverwaltung

38 S. insbesondere *Kitagawa,* Copymart: A New Concept - an Application of Digital Technology to the Collective Management of Copyright, in: WIPO (Hrsg.), WIPO Worldwide Symposium on the Impact of Digital Technology on Copyright and Neighbouring Rights, Genf 1993, S. 139 ff.; sowie den Vorschlag des japanischen *Institute of Intellectual Property (IIP),* Exposure '94 - A proposal of the new rule on intellectual property for Multimedia, Tokyo, Februar 1994, S. 32 ff.

für alle Bereiche auch gar nicht erforderlich. Denn soweit im digitalen, vernetzten Kontext ein Abgehen vom individuellen Rechtserwerb angezeigt erscheint, könnte diese Aufgabe - zumindest in der Bundesrepublik - weitgehend von den Verwertungsgesellschaften wahrgenommen werden. Soweit diese die zur Herstellung eines digitalen Produkts oder dem Anbieten eines digitalen Dienstes nicht ohnehin - wie etwa im Fall des Vervielfältigungsrechts selbst ganzer musikalischer Werke durch die GEMA - schon jetzt lizenzieren, könnten sie überall dort mit der Wahrnehmung sog. *»kleiner digitaler Rechte«* betraut werden, wo eine individuelle Rechtewahrnehmung im Rahmen der Erstverwertung entweder nicht zu besorgen ist oder aber aus praktischen Gründen nicht möglich erscheint.

Freilich verbleiben Restbereiche, die für eine kollektive Verwertung weniger oder gar ungeeignet erscheinen. Dies trifft auf alle diejenigen Rechte zu, die am Markt individuell, also mit der Möglichkeit der Gewährung einer ausschließlichen Nutzungsbefugnis und zu individuell ausgehandelten Lizenzbedingungen und -gebühren gehandelt werden, die in diesem Sinne also als Erstverwertung anzusehen sind. Als Beispiele genannt seien hier etwa nur die Bühnenrechte musikalisch-dramatischer Werke, die Lizenzierung von Filmen oder die Vervielfältigungsrechte an ganzen Werke der Literatur[39] und an Photographien, bei denen auch der erneute Abdruck als weitere Erst- und eben nicht als bloße Zweitverwertung erscheint. Freilich kommt man angesichts der gewandelten technischen Verwertungsmöglichkeiten nicht umhin, die - ohnehin unscharfe - Grenze zwischen Erst- und Zweitverwertungen im digitalen Kontext neu zu ziehen und für jede einzelne Werkart die gängige Hierarchie der Verwertungsmöglichkeiten neu zu definieren.[40]

Im Ergebnis also sollte für die Vergabe von Rechten zur Verwertung in digitaler Form keine der Möglichkeiten, von der individuellen über die zentralisierte bis hin zur kollektiven Rechtewahrnehmung von vorneherein ausgeschlossen werden. Auch Kombinationen sind hinsichtlich einzelner Werkarten durchaus denkbar, und nicht zuletzt erscheint der Vorschlag, kollek-

39 So bietet die Frankfurter Buchmesse unter dem Titel »Rights-on Rom« in diesem Jahr zum ersten Mal ein internationales Verzeichnis der in Frankfurt gehandelten Rechte und Lizenzen auf CD-ROM an.

40 Vgl. für den Verlagsbereich die Broschüre des *International Publishers Copyright Council (IPCC),* The Publisher in the Electronic World, S. 30 f., die als *»prime rights«* allein das Recht der Veröffentlichung des Werkes in elektronischer Form sowie das Recht benennt, ein geschütztes Werk auf elektronischem Wege zu speichern. Den *»subsidiary rights«* zugerechnet werden dagegen die Rechte der Aufnahme eines bereits veröffentlichten Werkes in einem elektronischen Produkt eines Wettbewerbers, der Bildschirmanzeige, der öffentlichen Wiedergabe, des Downloading, des Networking, des Ausdrucks von Papierkopien, der Veränderung und Bearbeitung und schließlich der Vermietung. - Vgl. zur elektronischen Übermittlung von Dokumenten auch *EG-Kommission (DG XIII)/Institut for Information Law, University of Amsterdam,* a.a.O., sowie *Heker,* ZUM 1993, 400 ff.

tive Rechtswahrnehmung und zentralisierte Rechteverwertung als zwei voneinander getrennte Bereiche unter einem Dach - sinnvollerweise wohl dem einer bereits bestehenden Verwertungsgesellschaft - zu organisieren, ja vielleicht sogar als richtungweisend.
Damit verbunden sind natürlich eine Reihe weiterer Rechtsfragen, die insbesondere den Umfang der in der Vergangenheit übertragenen Rechte betreffen. Neben der Auslegung einzelner Verträge im Lichte von § 31 Abs. 5 UrhG stellt sich vor allem die in den vorangegangenen Vorträgen immer wieder angesprochene Frage, inwieweit die Berechtigung zur Nutzung geschützter Werke und Leistungen in digitaler Form und über Netzwerke nach § 31 Abs. 4 UrhG bei Altverträgen einer Nachlizenzierung bedarf. Ohne hier eine genaue Untersuchung vornehmen zu können, läßt sich m.E. doch kaum leugnen, daß es sich bei der Verwertung geschützten Materials in digitaler Form um eine *technisch* selbständig abgrenzbare Art und Weise der Auswertung handelt. Ob sie zugleich auch *wirtschaftlich* als selbständig und abgrenzbar erscheint, kann m.E. hingegen nur von Fall zu Fall beurteilt werden. Hier stellt sich die Lage bei der Umstellung analoger auf digitale Sendesignale bei ansonsten unverändertem Sendebetrieb sicherlich anders dar als bei der Nutzung von Archivmaterial seitens der Sendeunternehmen in einem der in Aussicht genommenen interaktiven Programmdienste; bei der Neuauflage zurückliegender Zeitschriftenjahrgänge auf CD-ROM wiederum anders als bei der Ausgabe von Büchern allein auf CD-ROM und beim on-line-Vertrieb geschützten Materials.[41] Hinsichtlich des Zeitpunktes, ab dem die digitalen Nutzungsmöglichkeiten i.S.d. § 31 Abs. 4 UrhG als bekannt gelten können, sei schließlich auf die Beschreibung der Entwicklungsmöglichkeiten verwiesen, die bereits Mitte der 70er Jahre im Rahmen der seinerzeitigen Kabelpilotprojekte gegeben wurde.[42] Eines jedenfalls scheint festzustehen: Fiele die Rechtsfolge der Nichtigkeit, die das Gesetz hier zum Schutz der Urheber androht, nicht ganz so drastisch aus - bestünde etwa nur eine Nachvergütungspflicht -, so täte man sich mit der Anwendung der Vorschrift vermutlich weit leichter als die insoweit insbesonders hinsichtlich der sog. Kabel- und Satellitenrechte äußerst zurückhaltenden Instanzgerichte;[43] dem Urheber wäre dadurch letztlich sogar besser gedient als bisher. Sollen schließlich die bislang noch individuell wahrgenommenen, hier vorstehend »kleine digitale Rechte« genannten Rechte auf Verwertungsgesellschaften übertragen werden, so ist zu berücksichtigen, daß diese Rechte - sofern nicht § 31 Abs. 4 UrhG dies verhindert -

41 Eine bis 1988 i.S.d. § 31 Abs. 4 UrhG nicht bekannte neue Nutzungsart sieht *Maaßen*, ZUM 1992, 338, 349, in der digitalen Bildverarbeitung von Photographien.
42 Vgl. den Telekommunikationsbericht der Kommission für den Ausbau des technischen Kommunikationssystems (KtK), Bonn 1976, S. 76 ff., und Anlageband 4.
43 Vgl. LG München I, ZUM 1986, 484, und OLG Hamburg, GRUR 1989, 590.

bei bereits bestehenden Werken und Leistungen doch sehr häufig bei den jeweiligen Arbeit- oder Auftraggebern liegen, daß also auch sie diese Rechte einbringen müßten, soll die kollektive Wahrnehmung in der Praxis erfolgreich sein.
Nicht zuletzt sei hier auch das Urheberpersönlichkeitsrecht erwähnt, dessen Untergang im digitalen Zeitalter vielerorten beschworen wird. Allerdings besteht zumindest ein schmaler Hoffnungsschimmer, der die Lage möglicherweise nicht ganz so düster erscheinen läßt wie oft befürchtet. Zum einen nämlich dürfte das Namensnennungsrecht selbst bei komplexen digitalen Produkten kaum mehr Probleme bereiten als schon jetzt insbesondere beim Film als dem Paradebeispiel eines Gesamtkunstwerkes. Überdies verursacht die digitale Speicherung der Urhebernamen technisch einen weit geringeren Aufwand als die Namensanbringung in analoger Form. Zum anderen erscheint auch die Wahrung des Rechts auf Werkintegrität zumindest auf der Stufe der Herstellung eines digitalen Produkts nicht übermäßig problematisch. Der Hersteller, der das Recht zur Verwendung eines geschützten Werkes vertraglich erworben hat, ist einerseits zu allen vertraglich ausgehandelten Bearbeitungen gem. § 23 UrhG und im übrigen nach § 39 Abs. 2 UrhG zu all denjenigen Änderungen berechtigt, zu denen der Urheber seine Einwilligung nach Treu und Glauben nicht verweigern kann. Gedeckt sind damit insbesondere alle medienspezifischen Veränderungen; ein weitergehendes Bedürfnis des Herstellers eines digitalen Produkts, darüber hinausgehende Änderungen vorzunehmen, die i.S.v. § 14 UrhG die berechtigten geistigen oder persönlichen Interessen des Urhebers gefährden würden - die also nach Abwägung aller Umstände der Ehre oder dem Ruf des Urhebers so abträglich wären, daß sie zu unterlassen sind - ist andererseits jedoch nicht zu erkennen. Nicht zuletzt könnte es sogar zu einer Stärkung des Urheberpersönlichkeitsrechts überall dort kommen, wo die Wahrnehmung der Rechte statt in den Händen einzelner, in der Praxis zumeist marktschwacher Urheber in denen der Verwertungsgesellschaften liegen.
Aus praktischer Sicht besteht das Hauptproblem der Lizenzierung geschützter Werke und Leistungen zur Herstellung digitaler Produkte freilich darin, die Nutzungsbedingungen zu umschreiben und insbesondere den für sie geforderten Preis festzusetzen. Das ist überall dort besonders schwierig, wo sich die Strukturen einer künftigen Werkverwertung in digitaler Form am Markt bislang noch nicht oder allenfalls in Ansätzen herausgebildet haben. In der Übergangszeit gilt es dabei überdies, auf die noch weitgehend parallelen Werkverwertungen in analoger Form Rücksicht zu nehmen. Doch sind auch hier schon jetzt erste erfolgversprechende Ansätze zu beobachten.[44]

44 Vgl. etwa die detaillierte »Handreichung zum Abschluß von Lizenzverträgen über die Nutzung von Verlagswerken durch Online-Datenbanken« des Börsenvereins des Deutschen

2.2 *Lizenzierung nachfolgender Nutzungen*

Sowohl die Lizenzbedingungen als auch die Lizenzsätze lassen sich freilich nicht immer unabhängig davon festlegen, wie mit den nachfolgenden Nutzungen der einmal lizenzierten digitalen, off- oder online Nutzung umgegangen werden soll. Inwieweit die nachfolgenden Nutzungen bereits in den Vertrag der zunächst lizenzierten Nutzung mit einbezogen werden kann, hängt ganz entscheidend von dem Kreis der nachfolgenden Nutzer und der Art der durch sie vorgenommenen Nutzungen ab. Zu rechnen ist hier mit rein privaten Nutzern, die angesichts der eingangs beschriebenen Konvergenz der Rollen - anders als bislang - über den Zugang zu Netzen jedoch ihrerseits leicht selbst zu Anbietern werden;[45] mit Nutzern, die vornehmlich kommerziell tätig werden - und die ein mehr oder minder ausgeprägtes Rechtsbewußtsein haben mögen - und schließlich mit reinen Piraten.
Zumindest rechtstreuen kommerziellen Anbietern gegenüber mögen diese nachfolgenden Nutzungen im Zuge der Lizenzierung der Herstellung eines digitalen Produkts vertraglich regelbar sein. Zu denken ist etwa an eine ausdrückliche Regelung der Weitergabe- und Zugriffsbedingungen unter Einschluß eines Verbotes der Weitergabe und des Zugänglichmachens, an die Auferlegung einer Pflicht zur Kodierung oder Verschlüsselung, oder schlicht an eine entsprechende Ausgestaltung der Lizenzgebühren im Sinne einer Beteiligung an den Erlösen weiterer Nutzungen. Angesichts der Schwierigkeiten, Art und Umfang der nachfolgenden Nutzungen abzuschätzen, äußert sich in der Praxis freilich immer häufiger der Wunsch der Hersteller von Multimedia-Anwendungen nach einem einmaligen Erwerb aller Rechte gegen Zahlung einer einmaligen Pauschalgebühr.[46]

In welchem Umfang die gesetzliche Lage diesem Wunsch - vorbehaltlich anderweitiger Vereinbarung - schon jetzt entspricht, hängt davon ab, wie das einzelne digitale Produkt rechtlich denn tatsächlich zu qualifizieren ist. Handelt es sich um eine Datenbank oder um eine andere, einzelne geschützte und ungeschützte Bestandteile in originaler Weise kombinierende Werkschöpfung? Steht es der Sendeaktivität näher oder letztlich gar einem

Buchhandels; die Vertragsgrundlagen, welche die europäische Dachgesellschaft der Bild-Verwertungsgesellschaften (CIAGP) entworfen hat; die Honorarempfehlungen 1994 der Mittelstandsgemeinschaft Foto-Marketing (MFM), S. 13, 15 f., 26, die jedoch noch weitgehend an die Abdrucksätze traditioneller Verlagserzeugnisse angelehnt sind; oder etwa nur die Vertragsbedingungen zur Nutzung von CD-ROM des C.H.Beck-Verlages in Netzwerken.

45 Wie denn überhaupt die Kategorien des privaten Werkgenusses, der Information, der Erziehung und der kommerziellen Weiterverwendung mehr und mehr in Fluß geraten; zum Ausdruck gebracht wird dies in Begriffen wie *»Infotainment«* und *»Edutainment«*, in denen die klassischen »Information«, »Education« und »Entertainment« längst eine unlösbare Verbindung eingegangen sind.

46 Vgl. dazu die Entwicklung im Bereich der Medienkonzentration, oben I.3.

filmischen Werk? Zumindest bei Videospielen hat die Rechtsprechung - letztlich freilich wohl nur, um sich seinerzeit nicht auf die Diskussion um die Schöpfungshöhe des zugrundeliegenden Computerprogramms einlassen zu müssen - nicht gezögert, Laufbildschutz zu gewähren. Bei digitalen Produkten, die ähnlich qualifiziert werden können (also sicherlich bei Computerspielen auf CD-ROM), käme der Hersteller dann in den Genuß der Übertragungsvermutung des § 88 UrhG und bei Originalität des von ihm geschaffenen Werkes darüberhinaus auch des § 89 UrhG.
Je nach Qualifikation entscheidet sich auch, ob der Hersteller eines digitalen Produkts schon jetzt selbst einen rechtlichen Schutz etwa gem. § 4 UrhG oder gem. §§ 85, 87 oder 94 UrhG genießt, oder ob es insoweit eines ergänzenden Schutzes bedarf, wie in jüngst der Entwurf einer EG-Richtlinie zum rechtlichen Schutz von Datenbanken mit dem *sui-generis*-Recht gegen unlautere Auszüge zu schaffen sucht. Die Unsicherheit in der Klassifizierung der auf der Grundlage digitaler Technologie geschaffenen Produkte schlägt sich also im Hinblick auf das ihnen zukommende Schutzstatut in ganz besonderer Weise nieder.
Auf dieser Stufe nachfolgender Werknutzungen, die in einer geringeren Kontrollnähe des Urhebers stattfinden als die Nutzung bei Herstellung eines digitalen Produkts ist denn auch das Urheberpersönlichkeitsrecht in besonderem Maße gefährdet. Zwar mag es die idellen Interessen des Urhebers nicht weiter beeinträchtigen, solange mit seinem geschützten Material unter Ausnutzung aller Möglichkeiten, die der Computer zur Veränderung bietet, lediglich im privaten Kreis »herumgespielt« wird; bedenklich ist jedoch schon in diesem Zusammenhang, daß selbst private Nutzer das so veränderte Material über ihren Anschluß an ein Netzwerk ohne großen Aufwand wiederum ins Netz einspeisen und damit weiterverbreiten und öffentlich mitteilen können. Hier wird Abhilfe kaum möglich sein; allenfalls mag kommerziellen Weiterverwendern des Materials auf vertraglichem Wege das - zumindest grundsätzliche - Versprechen abgrungen werden können, sich an die Beachtung der ideellen Urheberinteressen zu halten. Einer langfristigen Mentalitätsänderung aller Nutzer zugunsten der Urheberbelange, auf die aus der Sicht der sich schöpferisch verstehenden Urheber nach Kräften hingewirkt werden müßte, stehen freilich die ungeheuer vielfältigen und gerade deshalb ja auch so faszinierenden Möglichkeiten der digitalen Werkveränderung ebenso entgegen wie das zunehmend sich wandelnde Verständnis des schöpferischen Werkes als wirtschaftlicher Ware.
Wann immer eine Kontrolle nachfolgender Nutzungen nach alledem weder auf inidividual- noch auf kollektivvertraglichem Wege möglich erscheint, gilt es, die Übertragbarkeit der Lösungsansätze zu überprüfen, die der Gesetzgeber bislang im Hinblick auf unkontrollierbare Massennutzungen entwickelt hat.

Im wesentlichen ist dies die Frage, inwieweit die §§ 53, 54 UrhG schon jetzt im digitalen Kontext anwendbar sind, oder inwieweit sie doch auch dort nutzbar gemacht werden sollten. Hier haben sich mit der eingangs erwähnten Kopiermöglichkeit ohne jeglichen Qualitätsverlust - und mitunter sogar bei Qualitätsverbesserung - gegenüber dem Original im digitalen Kontext zunächst einmal die Voraussetzungen geändert, die den Ansätzen zur Lösung der urheberrechtlichen Probleme der privaten Vervielfältigung und der Reprographie zugrunde liegen. Muß sich das Urheberrecht auch nicht mit den dadurch zwangsläufig aufgeworfenen ästhetischen und ethischen Fragen befassen, so hat doch der Rückgriff des Gesetzgebers auf eine technische Sperre für nachfolgende Kopien in Form des SCMS beim DAT in den USA gezeigt, daß es angesichts der digitalen Vervielfältigungsmöglichkeiten mit einer bloßen Abgabe nicht mehr getan ist; sie allein mag den Verlust, der dem Kaufmarkt infolge der Kopiertätigkeit entsteht, auch nicht annähernd mehr auszugleichen. Es ist eine Frage, wie ein SCMS außerhalb des Musikbereichs technisch zu implementieren wäre; eine andere ist es, worauf eine Abgabe im digitalen Umfeld überhaupt erhoben werden sollte. Die Frage ist deshalb nicht so einfach zu beantworten, da der Computer als multimediale Plattform in Zukunft alle Arten geschützter Werke und Leistungen abspielen, vervielfältigen und bearbeiten kann. Er ist Tonbandgerät, Videorecorder und Kopiergerät in einem. Überdies gibt es mit Scanner, Festplatte, Diskette und Drucker gleich eine ganze Reihe von Hardwarekomponenten, die jeweils für eine Vervielfältigung sorgen, ohne daß dabei doch jedesmal eine tatsächlich genutzte Kopie entstünde. Selbst wenn man hier alle Komponenten mit einer Abgabe belegen wollte, so erschiene doch äußerst fraglich, ob sich ihre Höhe - angesichts des enormen Kopierpotentials und des großen Wertes des kopierfähigen Materials - überhaupt so festsetzen ließe, daß sie den auf dem Kauf- und dem Mietmarkt entstandenen Verlust auch nur annähernd ausgleichen könnte. Nicht zuletzt sei darauf verwiesen, daß die Pflicht zur Abgabe i.S.d. § 54 UrhG zugleich wohl bedeutet, daß die damit abgegoltenen Akte der Vervielfältigung nach § 53 UrhG dann zwingend auch zustimmungsfrei sind. Eine solche Ausweitung des gesetzlichen Vergütungsanspruches zu Lasten des Ausschließlichkeitsrechts steht jedoch in Widerspruch zu den bisherigen Versuchen, den urheberrechtlichen Schutz im digitalen Kontext zu stärken; ganz im Gegenteil hat man dabei bisher auf eine Stärkung des Ausschließlichkeitsrechts im Wege einer Einengung des Kreises zustimmungsfreier Nutzungshandlungen selbst zum privaten und sonstigen eigenen Gebrauch gesetzt.[47] Wie dieser

47 Vgl. insbesondere das Totalverbot der Kopie eines Computerprogramms in § 54 Abs. 4 S. 2 UrhG a.F., in Umsetzung der EG-Richtlinie zum Schutz von Computerprogrammen jetzt geringfügig gelockert in § 69 d Abs. 2 UrhG. Vgl. ebenfalls die Stärkung des Ausschließlichkeitsrechts auf internationaler Ebene im Vorschlag der WIPO für ein Protokoll zur RBÜ, Copyright 1992, 66, Ziff. 71 ff.

Widerspruch zu lösen sein wird, inwieweit also die faktisch vielleicht ohnehin längst verlorene Kontrollmöglichkeit auch rechtlich verloren gegeben werden soll, ist bislang noch ungeklärt. Die Entscheidung wird hier vor allem davon abhängen, inwieweit es gelingt, dem rechtlichen Schutz durch technische Lösungen flankierende Schützenhilfe zu leisten.

3. *Flankierender Schutz durch technische Kontroll- und Buchführungsvorrichtungen*

Der Schlüssel zur Lösung der von der Technik aufgeworfenen Probleme könnte in der Tat weitgehend in der Technik selbst zu finden sein. Zu denken ist neben den bereits erwähnten Kopiersperren und Kodierungen insbesondere an Kontroll- und Buchführungsmechanismen, die den Zugang zu geschütztem Material entweder im Wege entschlüsselbarer Sperren gegen eine Einmalzahlung ermöglichen oder jede einzelne Nutzung registrieren und entsprechend abrechnen. Geschehen könnte letzteres im Wege sog. *smart cards*, an deren Vorläufer wir uns beim bargeldlosen öffentlichen Telefon längst gewöhnt haben, oder idealiter bei direkter elektronischer Belastung des Bankkontos des Nutzers.
Entsprechende Systeme sind schon jetzt vielerorts in der Entwicklung.[48] Erwähnt sei hier nur das Copyright in Transmitted Electronic Documents (CITED), das im Rahmen des Esprit-II Programms der EU für einen breiten Einsatz zur Kontrolle der Nutzung geschützten Materials auf Musik-CDs, bei Satellitenübertragungen, Datenbankabfragen, elektronischem Kopieren und Dokumentenübermittlung konzipiert ist und im Zusammenhang mit dem ADONIS-System - das wissenschaftliche und medizinische Werke enthält - erstmals praktisch erprobt wurde. Gearbeitet wird in der Praxis insbesondere im Softwarebereich schon jetzt auch mit der Verschlüsselung auf CD-ROM enthaltener Informationen, die dann je nach Bedürfnis des Nutzers und Höhe der gezahlten Nutzungsgebühr über ein Paßwort portionsweise entschlüsselt werden (sog. *»Pay-CD«*). Allerdings scheint die Sicherheit gerade solcher Verschlüsselungen gegenüber Crack-Codes professioneller Hacker gegenwärtig noch nicht immer gewährleistet zu sein.[49]
Kodierungs- und Verschlüsselungssysteme können zum Schutz geschützter Werke und Leistungen gegen unbefugte Nutzung also nur dann wirksam eingesetzt werden, wenn sie ihrerseits gegen unberechtigte Dekodierung und Entschlüsselung geschützt sind. *De lege ferenda* bedarf es mithin zwin-

48 Vgl. den Überblick von *Clark*, in: IPCC (Hrsg.), The Publisher in the Electronic World, S. 25 ff.
49 Vgl. die Probleme mit der verschlüsselten Standardsoftware der CD-ROMs von Yellow Point, NJW-CoR 1994, 144.

gend eines Schutzes gegen die unerlaubte Umgehung solcher Schutz- und Sperrvorrichtungen etwa nach dem Vorbild des § 69 f Abs. 2 UrhG. Berechtigte eines solchen Schutzes sollten dann sowohl die Inhaber der Rechte an den einzelnen verschlüsselten bzw. durch eine Sperre geschützten Bestandteilen als auch der Anbieter der digitalen Dienstleistung selbst sein. Überdies mag in der Tat zwar einiges dafür sprechen, daß technische Sperren häufig wiederum durch technische Mittel umgangen werden können. Der zur Umgehung erforderliche Aufwand ist wirtschaftlich jedoch immer nur dann sinnvoll, wenn er den Wert der Nutzung, die durch Umgehung der Sperre eröffnet wird, nicht übersteigt. Je kleiner also die einzeln verschlüsselten oder gesperrten Bestandteile sind und je häufiger die Paßwörter wechseln, desto geringer ist mithin auch die Gefährdung eines Schutzsystems gegenüber unerlaubten Einsteigern.
In jedem Fall aber setzt ein derartiger Schutz durch technische Vorrichtungen voraus, daß die geschützten Bestandteile einzeln identifizierbar sind. Zu diesem Zweck hat vor allem die WIPO mit ersten Arbeiten einer Zusammenführung und Vereinheitlichung bereits bestehender Numerierungssysteme[50] begonnen.[51] Ziel ist es, einzelne Branchen auf freiwilliger Basis zur gemeinsamen Nutzung harmonisierter digitaler Erkennungszeichen zu verpflichten. Da diese neben Angaben zum Rechteinhaber grundsätzlich auch Informationen über Lizenzbedingungen enthalten könnten, lassen sie sich nicht nur zur Identifizierung geschützter Werke und Leistungen verwenden und dazu, die jeweilige Nutzungsintensität einzelner geschützter Werke festzustellen, sondern sie helfen auf lange Sicht auch den Rechteerwerb zu erleichtern. Selbst eine Verbesserung der urheberpersönlichkeitsrechtlichen Namensnennung steht zu hoffen, kann sich in Zukunft dann doch kein Nutzer mehr darauf hinausreden, er habe die Quelle des genutzten Werkes nicht ermitteln können. Freilich gilt es noch viele technische Einzelheiten zu klären, will man sicherstellen, daß geschützte Werke und Leistungen nicht nur in ihrer Gesamheit sondern auch in Teilen gegen unerlaubte Übernahme geschützt sind. Ein schwerwiegendes, bislang auch nicht ansatzweise gelöstes Problem stellt sich dabei allerdings überall dort, wo die Nutzung eines mit einer Kennung versehenen, kodierten digitalisierten Datensatzes - wie vor allem wohl im Bildbereich - typischerweise in analoger Form erfolgt, die sich im Wege des Einscannens ohne Mühe wiederum in

50 Insbesondere International Standard Book Number (ISBN), International Standard Serial Number (ISSN); International Standard Recording Code (ISRC), Source Identification Code (SID).

51 Vgl. Questions concerning the establishment of a voluntary international numbering system for certain categories of literary and artistic works and for phonograms, WIPO Dok. INS/CM/94/1 v. 10.1.1994, sowie den Bericht der ersten Beratenden Sitzung vom 14./15.2.1994, Copyright 1994, 108 ff.

einen wirtschaftlich verwertbaren digitalisierten Datensatz zurückverwandeln läßt, der die ursprüngliche Kennung oder Kodierung nicht mehr enthält.
Mag aus urheberrechtlicher schließlich auch bedenklich erscheinen, daß diese technischen Zugangssperren zugleich den Zugang zu ungeschütztem Material kontrollieren, und bedürfen in einer derartigen, jede individuelle Nutzung kontrollierenden und protokollierenden Umgebung vor allem die drängenden Fragen nach dem Schutz der Privatsphäre der Lösung, so liegt die Chance eines durch die Technik unterstützten Urheberrechts doch darin, daß sich, je genauer individuelle Nutzungshandlungen erfaßt werden, auch die dafür gezahlten Vergütungen an die individuellen Rechteinhaber desto besser verteilen und ausschütten lassen. Im Ergebnis käme man mit weniger Pauschalierungen aus als bisher, und der Aufwand zur Feststellung individueller Nutzungen, die bislang von den Verwertungsgesellschaften noch weitgehend im Wege manueller Auswertung vorgenommen wird, könnte erheblich verringert werden und letztlich sogar entfallen.

III. *Ausblick*

Schon jetzt also sind die kurzfristigen Hochrechnungen in beide Richtungen widerlegt: digitale Technologie und Vernetzung haben weder dazu geführt, daß das Urheberrecht aufgrund ohnehin nicht mehr zu kontrollierender Zugriffsmöglichkeiten gänzlich versagt, noch hat ein selbst verstärktes Urheberrecht in der Praxis bislang zu dem so oft beschworenen Überschutz geführt.
Begonnen hat stattdessen schon jetzt der langfristige Wandlungsprozeß des Urheberrechts. Manche der künftigen Herausforderungen sind, obwohl ihre Implementierung auf breiter Basis sicherlich noch einige Jahre in Anspruch nehmen wird - wie etwa DAB oder Video-on-demand - ihrem Inhalt nach bereits zum gegenwärtigen Zeitpunkt in ihren Umrissen so deutlich erkennbar, daß die rechtlichen und flankierenden technischen Lösungen der technischen Entwicklung hier ausnahmsweise einmal nicht wesentlich hinterherhinken könnten. In anderen Bereichen - so etwa in der Frage der privaten Vervielfältigung oder der Festsetzung angemessener Lizenzbedingungen und Gebühren für die Verwertung geschützter Werke und Leistungen im digitalen vernetzten Kontext - bleibt dagegen freilich weit weniger Zeit. Hier gilt es, möglichst rasch alle Möglichkeiten einer kollektiven, zentralisierten und individuellen Rechtewahrnehmung unter Einschluß der bislang zur Bewältigung des Problems nur schwer kontrollierbarer massenhafter Nutzungshandlungen entwickelten gesetzlichen Lösungsansätze nutzbar zu machen und auszuschöpfen. Zugleich sind Konzeption und Entwicklung

technischer Schutz-, Kontroll- und Registriervorrichtungen nach Kräften voranzutreiben.
Es ist eine Frage, ob die versprochene und von den Anbietern in so prächtigen Farben gepriesene Zukunftsvision der allgegenwärtigen und permanenten Informationsmöglichkeit uns tatsächlich alle zu glücklichen Konsumenten machen wird. Ich selbst habe da meine großen Zweifel. Der Markt wird erweisen, wie repräsentativ in diesem Punkt meine Zurückhaltung und Skepsis sind. Mehr als der Markt hergibt, wird jedenfalls auch für die Nutzung geschützter Werke und Leistungen nicht zur Verteilung stehen, und der Markt wird letztlich auch darüber entscheiden, in welchem Umfang sich Marketingmethoden des Pay-per-view und ganz allgemein eines Pay-per-unit tatsächlich durchsetzen werden. Daß das traditionelle Buch oder auch nur die CD-ROM angesichts der Superdatenautobahnen alsbald verschwinden werden, steht vorerst wirklich nicht zu befürchten.
Es ist ein Anderes, daß wir selbst auf die Kriterien einwirken können, welche die langfristige Entwicklung von Urheberrecht und digitaler Technologie beeinflussen. So vermögen wir auch im Zeitalter digitaler Technologie und Vernetzung das Ausschließlichkeitsrecht durchaus als Grundlage der Kontrolle über Art und Umfang der Verwertung geschützter Werke und Leistungen beizubehalten. Es ist nach wie vor das Hauptinstrument zur Sicherung der angemessenen Beteiligung des Urhebers und der Leistungsschutzberechtigten am Erlös der Verwertung ihrer Werke und ihrer Leistungen. Auch das Urheberpersönlichkeitsrecht hat sich im digitalen Kontext nicht grundsätzlich überlebt. Freilich wird es innerhalb des Systems zu weiteren Differenzierungen kommen. Dennoch: Trotz der sicherlich nachhaltigen Auswirkungen, die digitale Technologie und Vernetzung auf die am Markt Beteiligten und ihre traditionellen Rollen haben werden, scheinen Schöpfer und Rechteinhaber ebenso wie Werkvermittler und Nutzer im System des Urheberrechts doch auch in Zukunft weiterhin gut aufgehoben.

Johannes Kreile und *Dietrich Westphal*

Ist der Weg frei für den Start ins neue Medienzeitalter?

Die Rolle des Rundfunkstaatsvertrags in der interaktiven Fernsehzukunft*

I. *Einführung*

Der audiovisuelle Kiosk, wie ihn die digitale Kompression ermöglichen wird, kann nur dann die Vielzahl von »special interest«-Programmen und »Fernsehprogrammen für den elektronischen Vertrieb zahlreicher Warengruppen« bringen, wenn der Rundfunkstaatsvertrag hinsichtlich der Konzentrationsregelung des §21 neu gefaßt wird oder der traditionelle Rundfunkbegriff völlig verändert wird. Ohne eine Liberalisierung des Rundfunkrechts ist die Vielzahl von spezialisierten Pay-TV- oder on-demand-Diensten nicht möglich und damit auch nicht das Ziel: »mehr Markt bei weniger Regulierung«.

II. *Der gültige Rundfunkbegriff und seine Entwicklung*

1. Der Rundfunkbegriff

Nach der bisherigen grundlegenden Definition des Rundfunkbegriffes in § 2 Abs. 1 S. 1 RfStV ist

> *»Rundfunk die für die Allgemeinheit bestimmte Veranstaltung und Verbreitung von Darbietungen aller Art in Wort, Ton und Bild unter Benutzung elektrischer Schwingungen ohne Verbindungsleiter oder längs oder mittels eines Leiters«.*

* Der Aufsatz von Johannes Kreile und Dietrich Westphal, der kein Tagungsvortrag ist, wurde wegen seines engen Bezuges zum Beitrag von Bernhard Schnappinger, von dem sich die Autoren haben inspirieren lassen, zusätzlich in diesen Sammelband aufgenommen.

Von diesem Begriff werden gem. § 2 Abs. 2 Satz 2 RfStV Darbietungen eingeschlossen, die verschlüsselt verbreitet werden oder gegen besonderes Entgelt empfangbar sind[1], sowie Fernsehtext.

2. *Entstehungsgeschichte*

Die Vorschrift des § 2 Abs. 1 S. 1 RfStV knüpft an die grundlegende Definition des Rundfunkbegriffes in Art. 11 des Staatsvertrages zur Regelung des Rundfunkgebührenwesens vom 5.12.1974[2] an, den sie vollständig inkorporiert hat.
Die Auslegung des Rundfunkbegriffes war und ist sehr umstritten[3].
In dieser Auseinandersetzung wird den Stellungnahmen der Rundfunkreferenten der Länder stets hohes Gewicht zugemessen, was insbesondere damit zusammenhängt, daß nach einhelliger Auffassung[4] die (Gesetzgebungs-) Kompetenzen im Rundfunkbereich den Ländern gem. Art 30 und Art. 70 Grundgesetz zustehen.
Eine derartige Stellungnahme von herausragender Bedeutung stellt das sog. »Schliersee-Papier« vom 29.4.1975 dar[5], in dem die Rundfunkreferenten den Rundfunkbegriff für neue technische Entwicklungen als *flexibel und offen* erachteten und nur Darbietungen wie z.B. ein Telefongespräch zwischen zwei Personen als offensichtlich nicht unter den Rundfunkbegriff fallend ausschlossen.
Auf europäischer Ebene enthält die EG-Fernsehrichtlinie eine für den Rundfunkbegriff wichtige Definition der Fernsehsendung in Art. 1 lit. a. Hiernach ist eine Fernsehsendung die

> *»drahtlose oder drahtgebundene, erdgebundene oder durch Satelliten vermittelte, unverschlüsselte oder verschlüsselte Erstsendung von Fernsehprogrammen, die zum Empfang durch die Allgemeinheit bestimmt ist«.*

Ebenfalls an das Merkmal der Allgemeinheit knüpft die schon angeführte Europaratskonvention in Art. 2 lit. a bei der Definition des Begriffs Verbreitung an[6].

1 Hier ist insb. an Pay-TV gedacht.
2 Abgedruckt bei Hartstein/Ring/Kreile, RfStV, C-0.1, zuletzt geändert durch den Staatsvertrag vom 1./3.4.1987; vgl. auch § 3 LMG Bremen, § 2 LRGNRW § 4 I NDR-StVg, § 3 Hess. RdfkG.
3 Vgl. zur umfangreichen Literatur die Angaben bei Hartstein/Ring/Kreile zu § 2.
4 Seit dem 1. Rundfunkurteil, BVerfGE 12, 205ff.; vgl. näher Zehner (Hrsg.): Der Fernsehstr., Bd. I und II, 1965.
5 Abgedruckt in Hartstein/Ring/Kreile, RfStV, D III; vgl. auch BVerfGE 74, 297ff., 305f.
6 S. FN 3.

Insgesamt gesehen erscheint demnach § 2 Abs. 1 RfStV als eine rundfunkrechtlich konkretisierende und klarstellende, die europarechtlichen Vorgaben berücksichtigende Begriffsbestimmung.

III. *Video-on-demand, pay-per-view: Rundfunk oder Individualkommunikation*

Nach obiger Definition des Rundfunkbegriffs würden Video-on-demand-Dienste unter den Rundfunkbegriff fallen. Damit könnte nach den Konzentrationsbestimmungen des §21 ein Unternehmen jeweils nur ein entsprechendes Programm als Voll- sowie als Spartenprogramm veranstalten. Allerdings hat das Bundesverfassungsgericht bereits frühzeitig darauf hingewiesen, daß der auch in Art. 5 Abs. 1 Satz 2 Grundgesetz verwendete Begriff »Rundfunk« sich nicht in einer für immer gültigen Definition erfassen lasse. Auch für den Rundfunkbegriff gelte - wie das Bundesverfassungsgericht im 5. Rundfunkurteil ausgeführt hat -, daß Inhalt und Tragweite verfassungsrechtlicher Begriffe und Bestimmungen auch von ihrem Normbereich abhängen und sich ihre Bedeutung bei Veränderungen in diesem Bereich wandeln könne.
Ausgehend von der bisherigen Definition des Rundfunkbegriffes ist insbesondere die »Allgemeinheit« neu zu überdenken. Nach bisheriger Auffassung ist eine Sendung nur dann nicht im rundfunkrechtlichen Sinne an die Allgemeinheit gerichtet - und damit Rundfunk -, wenn sich der Adressatenkreis vorher in der Weise bestimmen läßt, daß es sich hierbei ausschließlich um Personen handelt, die durch gegenseitige Beziehungen oder durch Beziehungen zum Veranstalter persönlich untereinander verbunden sind. Während beispielsweise ein Telefongespräch nicht an die Allgemeinheit gerichtet war und auch das Hotelfernsehen nicht unter den Rundfunkbegriff fiel, muß für die neuen digitalen Dienste der Begriff »Allgemeinheit« neu überdacht werden.

1. *video-on-demand*

Ähnlich wie beim Telefon stellen auch die neuen interaktiven Kommunikationsdienste, insbesondere pay-per-view, letztlich eine Kommunikation zwischen zwei Personen dar: dem anbietenden Unternehmen und dem nachfragenden Fernsehzuschauer, der sich individuell sein Programm abrufen darf.

Das Bundesverfassungsgericht hat bereits im 1. Fernsehurteil dargelegt, daß Rundfunk dann nicht gegeben ist, wenn keine für die öffentliche Meinungsbildung relevante Darbietung vorliegt. So fielen bereits in der Vergangenheit Mitteilungen der aktuellen Börsenkurse durch Fernsehapparate der Banken, aber auch im Zusammenhang mit der Ausübung eines Berufes oder dem Betrieb eines Unternehmens stehende Mitteilungen nicht unter den Rundfunkbegriff.
Soweit dem Kunden zeitunabhängig Zugriff zu ganzen Film-, Sport- oder Musikbibliotheken angeboten wird, die nur er selbst - gegen entsprechende Bezahlung - abrufen kann, also die Videothek quasi zu ihm nach Hause kommt, so handelt es sich dabei um einen Abrufdienst, der ebenso wie künftige Abrufdienste für Lottoscheine, Kreuzworträtsel oder Computersoftware funktioniert. Es geht um eine elektronische Vertriebsebene von Produkten und Dienstleistungen, von denen mehr als fraglich ist, ob sie noch eine Darbietung im rundfunkrechtlichen Sinne sind, d.h. ob sie überhaupt noch zur öffentlichen Meinungsbildung bestimmt sind. Da hier der Individualbegriff rechtlich entscheidend ist, fallen video-on-demand-Dienste nicht unter den Rundfunkbegriff.

2. *Pay TV*

Der Rundfunkstaatsvertragsgesetzgeber des Jahres 1991 war noch der Auffassung, daß auch Darbietungen, die verschlüsselt verbreitet werden oder gegen besonderes Entgelt empfangbar sind, sowie der Fernsehtext dem Rundfunkbegriff unterfallen. Er ging dabei allerdings nur von ein bis zwei Pay-TV-Programmen aus, die ebenso zur öffentlichen Meinungsbildung beitragen wie Free-TV-Programme. Durch die Vielzahl der Programme wird dies allerdings relativiert. Gleichwohl gilt es zu beachten, daß ein Nachrichtenkanal, der als Pay-TV-Kanal oder auch als Video-on-demand-Kanal angeboten wird, durchaus meinungsbildend wirken kann. Ebenso wie FAZ, SZ, TAZ oder Der Spiegel das Meinungsbild ihrer Leser beeinflussen, so wird auch später ein jederzeit auf Abruf zugänglicher Nachrichtenkanal meinungsbildend wirken.
Die Veränderung der Rundfunklandschaft kann nur vor dem Hintergrund der Pluralität gesehen werden. Solange eine Vielzahl von unabhängigen meinungsbildenden Tages- und Wochenzeitungen die Presselandschaft in der Bundesrepublik Deutschland prägt, sind die Gefahren für die Meinungsvielfalt und Pluralität als gering bzw. nicht vorhanden angesehen worden. Das Bundesverfassungsgericht hat aber bereits im ersten Fernsehurteil aufgrund der Frequenzknappheit die Forderung postuliert, daß die Veranstalter von Rundfunkdarbietungen so organisiert werden müssen, daß alle

in Betracht kommenden Kräfte in ihren Organen Einfluß haben und im Gesamtprogramm zu Wort kommen können. Dabei sind für die Programme ein Mindestmaß von inhaltlicher Ausgewogenheit, Sachlichkeit und gegenseitiger Achtung zu gewährleisten.
Aufgrund der im Jahr 1961 gegebenen Sondersituation im Rundfunk war aus technischen Gründen und auch mit Rücksicht auf den außergewöhnlich großen finanziellen Aufwand für die Veranstaltung von Rundfunk nur das öffentlich-rechtliche Rundfunksystem möglich. Bereits im Jahr 1981 hat im 3. Rundfunkurteil das Bundesverfassungsgericht die Öffnung für den privaten Rundfunk in Deutschland ermöglicht, wobei es gesetzliche Vorkehrungen zur Gewährleistung der Freiheit des Rundfunks verlangt hat.
Infolge der modernen Entwicklung hat das Bundesverfassungsgericht im Jahr 1981 konstatiert, daß für den Ausschluß privater Veranstalter kein Raum mehr sei, allerdings der Gesetzgeber die Grundlinien der Rundfunkordnung zu regeln habe. Dabei wird es auch im Jahr 2000 bleiben. Die Rundfunkordnung muß aber dennoch vor dem sich verändernden technischen Hintergrund gesehen werden. All diejenigen Programme, die nicht meinungsbildend und nicht meinungsrelevant sind oder die lediglich eine neue elektronische Vertriebsebene von Produkten und Dienstleistungen darstellen, sind aus dem Rundfunkbegriff auszunehmen und ohne gesonderte Zulassung zu veranstalten. Solche Programme müssen allerdings auch die allgemeinen Gesetze und die besonderen Bestimmungen zum Schutze der Jugend einhalten. Die neuen Programmformen werden daher an kartellrechtlichen Bestimmungen sowie wettbewerbsrechtlichen Bestimmungen in weit größerem Umfang als bisher zu messen sein bzw. sich an diese Bestimmungen halten müssen.

IV. *Teleshopping: Werbung, Rundfunk oder eigene Sendeform?*

Nach dem bisherigen Rundfunkbegriff unterfällt auch das Tele-Shopping dem Rundfunkbegriff. Seit dem 01.10.1993 ist in Europa bereits der erste Home-Shopping-Kanal via Satellit auf Sendung, der sein Programm so versteht, daß er anstelle eines gedruckten Versandkataloges einen audiovisuellen Katalog anbietet. Der Sender dient hier nur als individuelles Schaufenster und Verkaufstheke in einem. Die Frage ist, wo der Unterschied zwischen einem gedruckten Versandhauskatalog und dem durch elektronische Bilder übermittelten Katalog liegt.
Bevor auf die deutschen Regelungen eingegangen wird, ein kurzer Blick ins Ausland:

1. *Italien*

Italien kann man ohne Übertreibung als europäisches Pionierland in Sachen Teleshopping bezeichnen. Bereits 1979 sendete der TV-Regionalsender »Antenna 3 Lombardia« Verkaufs-Shows. Dem schloß sich bald insbesondere der Mailänder Sender »Rete A« an, der Ende der achtziger Jahre bis zu 56 Stunden wöchentlich Teleshopping sendete und maßgeblich zum Jahresumsatz i.H. von ca. 500 Millionen DM der gesamten Branche beitrug[7].
Ermöglicht wurde diese wildwüchsige Rundfunkentwicklung durch das Fehlen einer effektiven Rundfunkaufsicht[8].
Im Mittelpunkt steht die »Show per se«, und die von Juwelen bis zu Immobilien nahezu alles präsentierenden Televerkäufer werden häufig selbst Fernsehstars. Teleshopping in dieser ungezügelten Form ist aus der italienischen Rundfunklandschaft nicht mehr wegzudenken.
Dies hat sich - wohl unter dem Einfluß der europarechtlichen Regelungen - mit Art. 8 § 7 bzw. dem durch die Verordnung Nr. 408/1992 eingefügten § 9 des Gesetzes Nr. 223 vom 6. August 1990 geändert. Danach dürfen private Rundfunkveranstalter nicht mehr als eine Stunde und 12 Minuten täglich Teleshopping senden.
Der Grund für dieses im Vergleich zur deutschen Regelung des §27 Abs. 3 RfStV größere Sendevolumen der italienischen Privatsender erklärt sich daraus, daß der italienische Gesetzgeber mit dem Gesetz Nr. 223/1990 von der Regelung des Art. 10 der EG-Fernsehrichtlinie Gebrauch gemacht hat, die folgenden Wortlaut hat:

> *»Unbeschadet des Art. 3 können die Mitgliedstaaten für Sendungen, die ausschließlich für ihr eigenes Hoheitsgebiet bestimmt sind und weder unmittelbar noch mittelbar in einem oder mehreren anderen Mitgliedstaaten empfangen werden können, unter Einhaltung des Gemeinschaftsrechts andere als die in Art. 11 Absätze 2 bis 5 sowie in Art. 18 festgelegten Bedingungen vorsehen.«*

Daraus folgt allerdings auch, daß jegliche italienische Teleshopping-Sendungen, die außerhalb Italiens zu empfangen sind und mehr als eine Stunde der täglichen Sendezeit ausmachen, einen Verstoß gegen Art. 18 Abs. 1 der EG-Fernsehrichtlinie darstellen.
Mittlerweile werden Teleshopping-Sendungen auch als »Auktionen« aufgemacht, d.h. die Fernsehzuschauer müssen, um das erstrebte Produkt zu erwerben, mitbieten. Obwohl diese Sendungen unlizenziert und daher illegal sind, werden sie derzeit geduldet[9].

7 Vgl. eingehend Voigt, epd, Kirche und Rundfunk, Nr. 84 1987, S. 14f.
8 Hoffmann-Riem, epd Kirche und Rundfunk, Nr. 45 1988, S. 20.
9 Variety vom 28.6.1993, S. 38.

2. *USA*

In den USA, neben Italien das zweite, allerdings besonders einflußreiche Pionierland in Sachen Teleshopping, hat die 1984 erfolgte Deregulierung des Rundfunkwesens[10] der dort meist Home-Shopping genannten Sendeform den Weg geebnet, denn es wurden sowohl Werbezeitbegrenzungen als auch Unterbrechungsverbote abgeschafft[11].
Dies war für die Entwicklung des Teleshopping deshalb von besonderer Bedeutung, weil es in den USA als Werbung eingeordnet wird und daher »nur« der sog. »sponsorship identification regulation« der FCC[12] genügen mußte. Nach § 73.1212 dieser Regelung muß jeder als Werbung einzustufende Sendebeitrag mit Zusätzen versehen werden, die genaue Rückschlüsse auf den sog. »sponsor« zulassen.
Desweiteren ergeben sich aus der gesetzlichen Regelung des »advertising«, daß die Werbung z.B. nicht irreführend (»deceptive«) sein darf.
Da das Home-Shopping in den USA demzufolge zeitlich unbegrenzt ist, ist es zu einer vielbenutzten Programmform und daher elementarem Bestandteil der amerikanischen Rundfunklandschaft geworden.
Der Markt wird im wesentlichen von zwei »TV-Giganten« beherrscht:

- Das Home Shopping Network HSN begann bereits 1985 mit den entsprechenden Sendungen und macht mit seinen drei Shoppingkanälen mittlerweile einen Jahresumsatz von ca. 1 Mrd Dollar. Dabei werden etwa 120.000 Bestellungen täglich abgewickelt. Geplant ist nun die Einführung einer sog. Television Shopping Mall (TSM), die eine Kombination von audiovisuellem Einkauf und Benutzung eines elektronischen Katalogs per Fernbedienung ermöglichen soll[13].
- Der Marktführer QVC[14] erreicht mit seinen zwei Kanälen ca. 42 Millionen Fernsehhaushalte und macht einen Jahresumsatz von etwa 1,2 Mrd Dollar. Bemerkenswert ist, daß 43 % seines Umsatzes im Juwelenverkauf erfolgen. Nach Aussage seines Chefs B. Diller gehört dem Teleshopping die Fernsehzukunft.

Tatsächlich werden dieser Branche, die derzeit einen ›Warenumsatz von ca. 3 Mrd Dollar jährlich bewirkt, auch von unabhängiger Beobachterseite ein Anstieg auf 25 Mrd Dollar im Jahre 2000 prognostiziert[15]. Der Eintritt dieser Prognosen ist angesichts des Zusammenschlusses von QVC und der

10 Hierzu eingehend Wichert, epd Kirche und Rundfunk, Nr. 51 1984, S. 3ff.
11 Hoffmann-Riem, a.a.O., FN 17.
12 Federal Communications Commission.
13 Pressemeldungen vom 13.1.1994; Florida Trend, Ausg. Jan. 1994, S. 30.
14 »Quality, Value, Convenience«, ein an der Börse notiertes Unternehmen, vgl. zum folgenden Funk-Korrespondenz Nr. 2 1993, S. 11f.
15 Wall Street Journal Europe, 1/1994, S. 8.

mexikanischen Televisa zur Errichtung eines den lateinamerikanischen Markt abdeckenden internationalen Shopping Networks und der Aktivitäten von QVC in Europa sogar wahrscheinlich[16].
In technischer Hinsicht werden die USA auf absehbare Zeit Schrittmacher der weltweiten Entwicklung des Teleshopping sein, da hier die interaktive Fernsehzukunft mit einem das Teleshopping umfassenden interaktiven »full service network« durch den Start eines entsprechenden Großversuches in Florida bereits begonnen hat.

3. *Frankreich*

In Frankreich ist der sog. »Tele-Achat« zunächst durch eine Verordnung der CNCL[17] vom 04.02.1988 geregelt worden, nachdem Präsident Mitterand schon 1985 »grünes Licht für das Privatfernsehen« gegeben hatte.[18]
Nach dieser Verordnung muß es sich bei Teleshopping um zusammenhängende Dienste von mindestens 15 Minuten handeln, deren Ausstrahlung nur zwischen 8.30 und 11.30 Uhr oder nach Sendeschluß in der Nacht und nicht an Sonntagen erfolgen darf.[19]
Dabei darf das wöchentliche Sendevolumen nicht mehr als 90 Minuten pro Privatsender/-kanal betragen. Daneben besteht die Pflicht, das Teleshopping als solches anzukündigen und jede Unterbrechung durch andere, die herkömmliche Fernsehwerbung einschließende Inhalte zu unterlassen. Desweiteren dürfen weder Markennamen genannt, noch die Sendungen in erkennbaren Verkaufsräumen aufgezeichnet werden. Schließlich gelten besondere wettbewerbsrechtliche Regelungen für alle die Warenpräsentation und Nennung von Preisen und Verkaufsbedingungen betreffenden Fragen.
Die Verordnung vom 04.02.1988 ist zuerst durch die Entscheidung Nr. 90-922 des conseil superieur de l'audiovisuell (CSLA) vom 11.12.1990[20] und schließlich - die jetzige Rechtslage herstellend - durch die »décision n° 92-972 des CSLA vom 20.10.1992 geändert worden.
Danach müssen Teleshopping-Sendungen eine Mindestdauer von 10 Minuten aufweisen und ihr wöchentlicher Umfang darf nunmehr maximal 120 Minuten betragen, wobei täglich höchstens 1 Stunde erlaubt ist. Dies stellt im Vergleich zur deutschen Regelung, die gem. §27 Abs. 3 RfStV maximal wöchentlich 7 Stunden Teleshopping gestattet, noch immer eine höchst restriktive Regelung dar.

16 Funk-Korrespondenz Nr. 18 1993, S. 27.
17 Commission nationale de la communication et des libertes; 1989 durch den Conceil superieur de l'audiovisuelle (CSA) ersetzt.
18 Vgl. epd Kirche und Rundfunk, Nr. 7 u. 35, 1985, S. 14 bzw. 11.
19 Vgl. vertiefend Ory, AfP 1988, S. 121.
20 Die auf die EG-Fernsehrichtlinie Bezug nahm.

Die zulässigen Sendezeiten für den Tele-Achat wurden auf 0.00 bis 11.00 Uhr und 14.00 bis 16.00 Uhr festgelegt. Allerdings ist Teleshopping am Mittwoch- und Samstagnachmittag sowie am Sonntag verboten.
Interessant ist, daß der Tele-Achat nur auf dafür vorgesehenen (»réservés«) Kanälen laufen darf. Daneben wurde das Ankündigungs- und Unterbrechungsverbot wie auch das Kennzeichnungsgebot beibehalten.
Ein Unterschied zur deutschen Gesetzeslage besteht auch hinsichtlich der Erscheinungsform des Teleshoppings. Denn neben der Bestellung per Telefon beim Sender oder einer kooperierenden Vertriebsfirma kann der französische Fernsehzuschauer die gewünschte Ware auch über Btx bestellen und ggf. die Nummer seiner Kreditkarte zwecks Forderungseinzug angeben.
Die französischen Teleshoppingsendungen, die von den - im Besitz des schwedischen TV-Unternehmens Kinnevik stehenden - Privatfernsehkanälen TF-1 und M6 veranstaltet und von Moderatoren geleitet werden, sollen nach neueren Meldungen trotz der sehr restriktiven Mediengesetzgebung mittlerweile zu Umsätzen i.H. von ca. 50 Millionen DM jährlich führen[21].

4. *Großbritannien*

Ausgestattet mit einer Lizenz der britischen Aufsichtsbehörde ITC[22] auf der Grundlage des englischen Rundfunkgesetzes von 1990[23] ist seit dem 1.10.1993 Quantum Channel - Homeshopping World in ganz Europa auf Sendung.
In Deutschland ist dieser Home-Shopping-Kanal derzeit über 3 Kanäle empfangbar[24]:
- Aufgrund von vertraglichen Abreden mit Eurosport erfolgen Sendungen über den Transponder 20 des Satelliten EUTELSAT 2 F 1. Interessant ist in diesem Zusammenhang, daß zwar Eurosport eine Lizenz von der französischen CSA[25] hat, Quantum jedoch von dieser Lizenz nicht erfaßt wird, da Eurosport dieses Programm nicht in eigener rundfunkrechtlicher Verantwortung verbreitet, sondern lediglich den Satelliten in von ihm nicht genutzter Zeit untervermietet.

  Ungeklärt ist, ob es für derartige Untervermietungen zu einer rundfunkrechtlichen Zuordnung und damit Haftung von Eurosport kommt, da

21 Variety vom 28.6.1993, S. 38.
22 Independent Television Commision.
23 Desweiteren wird das Teleshopping rechtlich von UK Broadcasting Act, dem Unsolicited Goods and Services Act (1971), dem Consumer Protection Act (1987) und den Control of Misleading Advertisements Regulations (1988) erfaßt.
24 Vgl. ausführlich Ring, epd Kirche und Rundfunk, Nr. 9 1994, S. 22f.
25 Conseil Superieur de l'Audovisuel.

für die Zuschauer nicht sofort erkennbar ist, daß es sich um einen neuen Programmveranstalter handelt und darüber hinaus bei der Kabeleinspeisung der Kanalplatz von Eurosport genutzt wird.

- Daneben wird Teleshopping von Quantum über den Transponder 5 des Satelliten ASTRA 1A gesendet, wobei dem eine Vereinbarung mit Starstream Ltd., dem Veranstalter des Children Channel, zugrundeliegt.
- Schließlich veranstaltet Quantum aufgrund von entsprechenden Zuliefervereinbarungen mit Super Channel als Bestandteil dessen Programm über Satellit Teleshopping-Sendungen.

Ihr Sendevolumen von mehr als drei Stunden täglich überschreitet allerdings deutlich die in Deutschland gem. § 27 Abs. 3 RfStV zu beachtende zeitliche Limitierung auf maximal eine Stunde pro Tag, obwohl die dem zugrundeliegende EG-Fernsehrichtlinie auch für Großbritannien gem. Art. 189 Abs. 3 EWG-Vertrag verbindlich ist[26].

Ob nun tatsächlich eine die englische Teleshopping-Praxis zulassende »legal twilight zone« in Europa besteht, wird im folgenden im Zusammenhang mit der Frage, ob Teleshopping Werbung ist, erörtert[27].

Ebenfalls seit Oktober 1993 wird ein weiterer Homeshopping-Kanal über einen ASTRA-Satelliten-Kanal namens QVC von British Sky Broadcasting (BSkyB) ausgestrahlt, einer Firma, die zu 50 % Rupert Murdoch gehört.

Bei QVC handelt es sich um eine Kooperation von BSkyB und dem amerikanischen Home-Shopping-Anbieter QVC[28], dessen Chef Barra Diller diese Zusammenarbeit maßgeblich initiiert hat. Im Gegensatz zu Quantum-Channel ist das Programm von QVC allerdings vorläufig nur in Großbritannien und Irland empfangbar[29].

5. *Die Rechtslage in Deutschland*

Ausgangspunkt für eine rundfunkrechtliche Einordnung ist der Rundfunkbegriff. Eines seiner Merkmale ist, wie oben unter II. gezeigt, der Begriff der Allgemeinheit.

Die bisherige rundfunkrechtliche Auffassung geht davon aus, daß sich auch diese Sendungen an die Allgemeinheit richten und für die öffentliche Meinungsbildung relevant sein müssen. Dies gilt selbst dann, wenn der Kauf der Ware vom Besitz einer Berechtigungskarte, z.B. einer Kundenkarte, abhängig gemacht wird. Wegen der hohen Anzahl der über Berechtigungskar-

26 Vgl. Grabitz, EWG-Vertrag, Art. 189 Rdnrn. 51 ff.
27 S.u. IV.2.
28 S.o. III. 2.
29 Näheres dazu bei Ring,a.a.O., FN. 32.

ten beteiligten Teilnehmer stellt selbst dieser geschlossene Benutzerkreis gemäß der Definition des Rundfunkbegriffes eine Allgemeinheit dar. Dies gilt es zu überdenken wenn man sich vorstellt, daß ein Versandhaus pro Jahr unterschiedliche Kataloge für unterschiedliche Produktgattungen anbietet, während nach den bisherigen Zulassungsregelungen für den privaten Rundfunk ein Versandhaus dann nur maximal zwei Kanäle für seine Produktanpreisung nutzen könnte. Solange genügend Kanäle vorhanden sind, wird die Meinungsvielfalt nicht beeinträchtigt.
Während beispielsweise Btx nicht zu den Rundfunkdiensten gezählt wird und seit 1983 mit eigener Rechtsgrundlage, nämlich dem Btx-Staatsvertrag[30], angeboten wird, fiel nach Auffassung der Landesmedienanstalten Teleshopping als eigene Werbeform unter die Geltung des Rundfunkstaatsvertrages (im folgenden RfStV) von 1987.
Bereits in den Werberichtlinien vom 10. November 1988 war in Ziffer 8.1 festgehalten, daß Teleshopping unter den Rundfunkbegriff fällt und zwar wie folgt:

> *»Teleshopping-Sendungen sind informierende und / oder unterhaltende Angebots- und Verkaufsveranstaltungen mit der Möglichkeit, daß die Rundfunkteilnehmer ihre Bestellungen von Waren und Dienstleistungen in oder im Zusammenhang mit der Sendung auch beim Rundfunkveranstalter aufgeben. Sie fallen unter den Rundfunkbegriff und stellen eine zulässige Sendeform dar. Teleshopping-Sendungen sind wie Werbung zu behandeln.«*

Die EG-Fernsehrichtlinie[31] und die Europaratskonvention zum grenzüberschreitenden Fernsehen[32] widmeten Teleshopping jeweils eigene Bestimmungen[33], wobei sie es rundfunkrechtlich als Werbung qualifizierten und Teleshopping so ebenfalls dem Rundfunkbegriff unterwarfen.
Der neue RfStV von 1991 erfaßt in den §§ 17 und 27 Abs. 3 Teleshopping als besondere Form der Fernsehwerbung des privaten Rundfunks[34].
Vor dem Hintergrund der technischen Neuerungen und im Hinblick auf die angekündigte zweite Novellierung des Rundfunkstaatsvertrages im Herbst 1994 stellt sich immer häufiger die Frage[35], ob Teleshopping in jeglicher Form noch sinnvollerweise rundfunkrechtlich einzuordnen oder besser - zumindest teilweise - gesondert zu erfassen ist.
Nachfolgend wird untersucht, ob Teleshopping in jeder Form dem her-

30 Abgedruckt in: Hartstein/Ring/Kreile, RfStV, Art. 6 RfStV, C-O StV.
31 Abgedruckt bei Hartstein/Ring/Kreile, RfStV, Allg. Erläuterungen, Rdnr. 82ff.
32 Abgedruckt bei Hartstein/Ring/Kreile, RfStV, Allg. Erläuterungen, Rdnr. 113ff.
33 Siehe dazu unten II. 2.
34 Der Wortlaut findet sich unter II. 1.
35 Vgl. dazu J. Kreile, Rundfunkstaatsvertrag 2000, Kabel & Satellit, Nr. 199, S. 48ff.; Ring, Gefordert: Vorausschau, epd Kirche und Rundfunk, Nr. 9 1994, S. 21ff.

kömmlichen Rundfunkbegriff gem. § 2 Abs. 1 RfStV unterfällt bzw. durch den Begriff der Werbung gem. Art. 1 lit. b der EG-Fernsehrichtlinie adäquat erfaßt wird[36].

5.1 *Begriff des Teleshopping und dessen Erscheinungsformen*

5.1.1 *Begriff*

Teleshopping bzw. der deutsche Begriff »Fernseheinkauf« sind solche Sendungen, bei denen der Fernsehzuschauer zum Kauf von Waren mittels telefonischer Bestellung aufgrund einer vorhergehenden Präsentation durch das Fernsehen aufgefordert wird[37].
Ziel ist es, bei den Zuschauern Interesse für die Produkte durch deren telegene Präsentation zu erreichen.

5.1.2 *Erscheinungsformen*

Die Abgrenzung der unterschiedlichen Erscheinungsformen erfolgt dabei in Bezug auf das »Wie« der jeweiligen Warenpräsentation:

- Einmal können die Produkte durch Moderatoren präsentiert und durch telefonischen Anruf oder teilweise auch über den Versandweg erworben werden. In dieser Spielart fand das Teleshopping in den Jahren 1988/1989 auf den Sendern RTL plus und SAT 1 (die sog. »Tele-Shops«)[38] sowie Tele 5 Eingang in die deutsche Fernsehlandschaft. Im Vordergrund steht dabei die Unterhaltung des Fernsehzuschauers.
  Dabei ist eine unterschiedliche Intensität an Unterhaltung sowie unterschiedliche Grade der Information über Produkte denkbar. Oft wird auch eine werbliche Darstellung der Waren angestrebt.
- Zum anderen ist es möglich, über das Medium Fernsehen die Waren ohne Moderator ausschließlich katalogmäßig darzustellen. Hier steht die Sachinformation - ggf. sogar unter Ausschluß jeglicher werblicher Elemente - im Vordergrund.
  Der Rezipient kann hier aufgrund der jeweils eingeblendeten Telefonnummern die gewünschten Produkte ebenfalls per Telefon ordern. Dieser Art Teleshopping bedient sich derzeit u.a. der lokale Privatsender TV-Weißblau in München, wobei dort Standbilder von Produkten gezeigt werden, also eine Art elektronisch bebildertes Anzeigenblatt. In den

36 Bzgl. der zivilrechtlichen Problemkreise sei verwiesen auf Bultmann/Rahn, Rechtliche Fragen des Teleshopping, NJW 1988, S. 24.
37 Vgl. näher Hartstein/Ring/Kreile, RfStV, § 2 Rdnr. 18.
38 Dazu z.B. die Verkaufsprospekte von RTL und SAT 1 in den Jahren 1988 und 1989.

USA plant Spiegel Inc. für September 1994 den Start eines »Catalog Channels«[39].

5.2 *Rechtsgrundlagen*

5.2.1 *§§ 17, 27 Abs. 3 Rundfunkstaatsvertrag (RfStV)*

Wortlaut:

§ 17 RfStV enthält die Legaldefinition des »Fernseheinkaufs«. Danach fallen unter den Begriff des Teleshopping

> *»Werbesendungen in Form von direkten Angeboten an die Öffentlichkeit für den Verkauf, den Kauf oder die Miete oder Pacht von Erzeugnissen oder die Erbringung von Dienstleistungen«.*

Wie § 17 RfStV am Ende ausführt, sind diese Sendeformen dem öffentlich-rechtlichen Rundfunk untersagt.
Dagegen ist das Teleshopping dem Privatfernsehen gem. § 27 Abs. 3 S. 1 RfStV erlaubt, solange diese Werbeform die Dauer von einer Stunde am Tag nicht überschreitet und die Rundfunkveranstalter dabei nicht als Vertragspartner oder Vertreter für die aufgrund der Sendungen erfolgenden Bestellungen von Waren und Dienstleistungen tätig werden[40]. Die Bestimmung des § 27 Abs. 3 RfStV hat folgenden Wortlaut:

> *»Werbeformen, wie direkte Angebote an die Öffentlichkeit für den Verkauf, den Kauf oder die Miete oder Pacht von Erzeugnissen oder die Erbringung von Dienstleistungen dürfen eine Stunde am Tag nicht überschreiten. Rundfunkveranstalter dürfen nicht als Vertragspartner oder Vertreter für die Bestellung von Waren und Dienstleistungen tätig sein.«*

Nach Wortlaut und systematischer Stellung des § 27 RfStV ist dieser auf bundesweit verbreiteten Rundfunk ebenso anwendbar wie auf lokal bzw. regional gesendetes Teleshopping.
Keine eigene gesetzliche Regelung besteht für »Radio-Shopping«, also die Verkaufspräsentation für Produkte im Hörfunk. Hierfür sind keine zeitlich gesonderten Beschränkungen vorhanden; allerdings gelten wohl die Regelungen für Hörfunkwerbung.

39 Dazu Kabel & Satellit, Nr. 3 1994, S. 3.
40 Vgl. § 27 Abs. 3 Satz 2 RfStV.

5.2.2 *Amtliche Begründung*

Die Legaldefinition des Teleshopping in § 17 RfStV wurde geschaffen in Anlehnung an den nahezu gleichlautenden Art. 12 Abs. 3 der Europaratskonvention zum grenzüberschreitenden Fernsehen (FsÜ) vom 5. Mai 1989[41] und anknüpfend an die diese Begriffsbeschreibung übernehmende EG-Fernsehrichtlinie[42] vom 3. Oktober 1989.
Während § 17 RfStV dem öffentlich-rechtlichen Rundfunk Teleshopping untersagt, weist die amtliche Begründung zu § 27 RfStV darauf hin, daß Teleshopping dem privaten Rundfunk vorbehalten bleiben soll, um ihm entsprechend der Zielsetzung der Präambel des RfStV die für seine vom BVerfG vorgegebene Fortentwicklung im dualen System ausreichende Einnahmequellen zu erschließen[43].
Allerdings wurde der Anteil des Teleshopping an der täglichen Sendezeit relativ restriktiv auf max. eine Stunde begrenzt.
Diese Einschränkung erfolgte wiederum im Anschluß an bereits vorhandene europarechtliche Regelungen, nämlich an Art. 12 Abs. 3 der oben bereits angesprochenen Fernsehkonvention des Europarats und an Art. 18 Abs. 3 a.E. der EG-Fernsehrichtlinie.
§ 27 Abs. 3 S. 2 RfStV, der den privaten Rundfunkveranstaltern untersagt, als Vertragspartner oder Vertreter für die Bestellung von Waren und Dienstleistungen tätig zu sein, wurde eingefügt, um Interessenkollisionen beim Rundfunkveranstalter zu vermeiden[44].

5.3 *Ist Teleshopping Rundfunk?*

Voraussetzung dafür, daß Teleshopping dem Rundfunkrecht, d.h. insbesondere den Regelungen des Rundfunkstaatsvertrages und nicht dem Wettbewerbs- und Kartellrecht[45] unterliegt, ist seine Subsumtion unter den Rundfunkbegriff.

5.3.1 *Allgemeinheit*

Zunächst müßte sich das Teleshopping an die Allgemeinheit richten.
Nach seinem grammatikalischen Wortlaut bedeutet der Begriff »Rundfunk«

41 S. FN 2.
42 Genauer: »Richtlinie des Rates zur Koordinierung bestimmter Rechts- und Verwaltungsvorschriften der Mitgliedstaaten über die Ausübung der Fernsehtätigkeit«; s. FN 33.
43 Vgl. die amtliche Begründung bei Hartstein/Ring/Kreile, RfStV, C 0.1.
44 So die amtliche Begründung, abgedruckt bei Hartstein/Ring/Kreile, RfStV, C 0.1.
45 Vgl. dazu Bultmann/Rahn, Rechtliche Fragen des Teleshopping, NJW 1988, S. 2436 ff.; grundsätzlich Hoffmann-Riem, Rundfunkrecht neben Wirtschaftsrecht, 1991.

das »Rundum«-Funken, also eine Übermittlung nicht gezielt an bestimmte Empfänger wie etwa beim Richtfunk, sondern flächendeckend im Verbreitungsbereich an eine verstreute unbestimmte und beliebige Vielzahl von Empfängern[46].

Im Rahmen der historischen Auslegung ist die Einbeziehung des ersten Rundfunkurteils wichtig, aufgrund dessen sich mehrheitlich die Auffassung herauskristallisierte, daß der in Art. 5 Abs. 1 S. 2 GG angeführte Rundfunkbegriff nicht fernmeldetechnisch, sondern kulturrechtlich zu verstehen sei, deshalb auch nicht dem Fernmelderegal des Bundes unterliege[47] und seine wesentliche Bedeutung die des »unentbehrlichen Mittels der Massenkommunikation« sei[48].

Daher ist begrifflich davon auszugehen, daß Rundfunk die Verbreitung von Darbietungen an eine beliebige Öffentlichkeit voraussetzt und Darbietungen im Familienkreis, bei Hausfesten oder innerhalb eines kleineren Vereins[49], aber auch der Krankenhaus-Rundfunk[50] oder das Hotelfernsehen[51] vom Rundfunkbegriff ausgeschlossen sind. Auch Telefongespräche zählen nicht zum Rundfunkbegriff.

Aus systematischer Sicht spricht die unmittelbare Stellung der Rundfunkfreiheit in Art. 5 Abs. 1 GG mit den anderen Massenmedien Presse und Film dafür, daß der Rundfunk ebenfalls als Massenkommunikationsmittel und somit nicht als individualkommunikatives Medium für die funktechnische Übertragung an eine begrenzte Teilnehmerzahl anzusehen ist.

Diese Folgerungen werden durch den Zusammenhang mit der ebenfalls in Art. 5 Abs. 1 GG geschützten Informationsfreiheit, mit der der Zugang zu den Massenmedien als »allgemein zugänglichen Quellen« geschützt wird und worunter die Bestimmung und Eignung zur Unterrichtung einer Allgemeinheit verstanden wird[52], gestützt.

Insgesamt ist demnach aus der Grundrechtssystematik des Art. 5 GG abzuleiten, daß der Rundfunk massenkommunikativ zu verstehen ist und sich deshalb an eine beliebige Allgemeinheit als Empfänger richtet.

46 Vgl. Herrmann, Fernsehen und Hörfunk, S. 47; Berendes, Die Staatsaufsicht über den Rundfunk, S. 37; Scharf in BayVBl 1968, S. 341.

47 Vgl. hierzu die Vorstellungen des parlamentarischen Rates, vor allem der Abgeordneten Laforet und Kleinschmidt, abgedruckt in Zehner (Hrsg.): Der Fernsehstreit, Bd. II, 1965, L. 176 f.

48 BVerfGE 12, 205 ff., 260 f.

49 Hierzu Herrmann, a.a.O., S. 33; Hesse, Rundfunkrecht, S. 76; Rudolf/Meng, a.a.O., S. 41; Problempapier des Arbeitskreises Grundsatzfragen der DLM vom 8.5.1989 in ZUM 1989, S. 514.

50 Bullinger, Telekommunikation, S. 72.

51 Vgl. Bullinger, a.a.O., S. 72.

52 Dazu BVerfGE 27, 95 ff., 103; Klein, die Rundfunkfreiheit, S. 46; Stammler in AfP 1975, S. 463.

Im Rahmen der teleologischen Interpretation ist auf die der öffentlichen Meinungsbildung dienende Funktion des Rundfunks als Massenmedium hinzuweisen[53], weshalb dieses Medium vom BVerfG als unentbehrliches »Mittel der Massenkommunikation«[54] mit dem Zweck der Herstellung eines allgemeinen Meinungsmarktes bezeichnet wird und daher vor der Konzentration von Meinungsmacht durch den Staat geschützt werden muß[55].
Dieser Schutzzweck der Rundfunkfreiheit entfällt aber ebenso bei solchen »Kommunikationsdiensten«, die auf individuellen Abruf Informationen übermitteln, wie Fernkurierdienste, elektronische Datenbanken und andere ähnliche Dienste[56].
Zusammenfassend und etwas abstrakter läßt sich also beim Tatbestandsmerkmal der »Allgemeinheit« festhalten, daß es zu bejahen ist, wenn die Sendung an eine unbestimmte und beliebige Vielzahl von Empfängern gerichtet ist und nur dann entfällt, wenn sich der Adressatenkreis vorher in der Weise bestimmen läßt, daß es sich ausschließlich um Personen handelt, die durch gegenseitige Beziehungen oder durch Beziehung zum Veranstalter persönlich untereinander verbunden sind[57].
Teleshopping-Sendungen wie die Teleshops auf RTL plus, SAT 1, Tele 5 oder auch die Sendungen von Quantum Channel[58] richte(te)n sich an ein Millionenpublikum von potentiellen Käufern. Dieser Adressatenkreis läßt sich nicht von vornherein bestimmen; auch bestehen keine Beziehungen im obigen Sinne. Damit sind diese Sendungen jedenfalls auf den ersten Blick an die Allgemeinheit gerichtet.
Zweifel an diesem Ergebnis könnten sich aber ergeben, wenn man der Frage nachgeht, ob nicht beim Teleshopping eine Individualkommunikation zwischen dem Warenanbieter und dem nachfragenden Fernsehzuschauer dominiert[59] und damit die dieses Tatbestandsmerkmal prägende Massenkommunikation[60] zu verneinen wäre. Die Bejahung dieser Frage liegt nahe, weil die das Teleshopping betreibende Fernsehanstalt als Mittler bzw. qualifizierter Vertreter des Anbieters fungiert und es über das Medium Fernsehen und das Telefon zu einer individuellen Kommunikation zwischen Anbieter und Fernsehkonsument kommt[61].

53 Vgl. BVerfGE 74, 297 ff., 349 f.; 83, 238 ff., 296, 317; BVerfG in ZUM 1992, S. 683.
54 Vgl. BVerfGE 12, 205 ff., 260 f.; 57, 295 ff., 323; siehe auch Ricker in NJW 1981, S. 1739; Kübler in FS für Lerche, 1991, S. 367; Schmidt in DÖV 1989, S. 526.
55 Vgl. BVerfGE 57, 295 ff., 318; 12, 205 ff., 261; 31, 317.
56 Kap. I. Art. 1 EG-Fernsehrichtlinie v. 3.10.1989; abgedruckt bei Hartstein/Ring, Medienrecht, C.O.3 a), S. 3.
57 Schliersee-Papier, abgedruckt in FuR 1975, S.652; Hartstein/Ring/Kreile, RfStV, § 2 Rdnr. 6; Hesse, Rundfunkrecht, S. 76; Hermann, Hörfunk u. Fernsehen, S. 33.
58 S.o. III. 4.
59 Dazu J. Kreile, Kabel & Satellit, Sonderheft Nr. 1 1994, S. 46 ff.
60 Zu diesem Begriffspaar Micklitz, NJW 1990, S. 1570 f.
61 Dazu Micklitz, a.a.O., S. 1571.

Der wohl entscheidende Kommunikationsvorgang erfolgt in derartigen Fällen im Bereich des Telefons, da der Fernsehbildschirm zumindest beim katalogmäßigen Teleshopping u.a. dienende Funktion für das individuelle Geschäft »Bestellung der Ware am Telefon« hat.
Konsequenterweise müßte man, wenn man das Merkmal der Massenkommunikation ernst nimmt, daher zumindest die »Allgemeinheit« gem. § 2 Abs. 1 RfStV neu überdenken und bei bestimmten Ausgestaltungen ggf. verneinen.
Daß man allerdings auch zu einer unbeschränkten Bejahung des massenkommunikativen Charakters von Teleshopping kommen kann, zeigt die Position der Landesmedienanstalten und einiger Stimmen in der Literatur, die den Rundfunkbegriff sehr weit fassen[62]. Danach fallen auch die zur Kommunikation an die Allgemeinheit geeigneten Vertriebsformen unter diesen Begriff.
Bei einem Rechtsvergleich mit England müßte das Vorliegen von Massenkommunikation und damit das Tatbestandsmerkmal Allgemeinheit wohl bejaht werden. Dies ergibt sich aus der englischen Fassung des Art. 18 Abs. 3 der EG-Fernsehrichtlinie und aus der »section 1 of the ITC Rules on Advertising Breaks«, in denen ausdrücklich von »direct offers to the *public*« im Zusammenhang mit Teleshopping die Rede ist.

5.3.2 *Verbreitung*

Teleshopping müßte im rundfunkrechtlichen Sinne verbreitet werden. Durch dieses Tatbestandsmerkmal sollen Darbietungen ausgeschlossen werden, die sich lediglich innerhalb einer überblickbaren räumlichen Einheit vollziehen wie z.B. solche über Handmegaphon und Lautsprecherwagen, Verwendung von Darbietungen auf Kinoleinwänden auf öffentlichen Plätzen[63]. Das Merkmal der Verbreitung wurde ferner verneint bei Fernschreibdiensten und Faksimilezeitungen (Telefax, Teletext). Darüber hinaus hat das »Schliersee-Papier« den Abruf von Informationen von einer Datenbank durch einen einzelnen Abrufer aus dem Rundfunkbegriff ausgenommen, Abrufdienste wie Pay-TV und die Telefonansagedienste der Bundespost aber gleichwohl als Rundfunk behandelt. Insoweit ist durch § 1 Abs. 1 S. 1 RfStV teilweise eine eindeutige Klarstellung erfolgt.
Teleshopping wird über Kabel oder sogar Satellit übertragen. Dabei voll-

62 Hoffmann-Riem in: AK-GG, Art. 5 Rdnr. 119; ders. in: epd Kirche und Rundfunk, Nr. 45 1988, S. 19.; a.A. wohl Schwarz-Schilling, ZUM 1989, 488ff., der einen engen Rundfunkbegriff vertritt und z.B. Pay-TV aus dem Rundfunkbegriff herausdefiniert, da durch den individuellen Dekoderzugang eine »Allgemeinheit« nicht gegeben sei, sondern nur der abgrenzbare Pay-TV-Abonnentenkreis.
63 Vgl. Hartstein/Ring/Kreile, RfStV, § 2 Rdnr. 7.

zieht sich die Sendung nicht mehr in überblickbaren räumlichen Einheiten und es werden wie z.B. im Falle von Quantum Channel sogar nationale Grenzen überschritten. Demzufolge wird Teleshopping im Sinne von § 2 Abs. 1 RfStV verbreitet.
Allerdings sind Verbreitungsformen denkbar, bei denen mittels zentraler Steuereinheit über ISDN-Leitungen Katalogbilder an einen Individualteilnehmer übertragen werden - z.B. unter Nutzung einer 0130-Nummer - mit der Folge, daß derartige individuelle Angebote an Endverbraucher nicht dem Begriff »Verbreitung« zuzuordnen wären. In diesen Fällen ist darüber hinaus auch das Merkmal der Allgemeinheit zu verneinen, weil der Zugriff auf die Daten individuell erfolgt. Sie unterfielen dann nicht den rundfunkrechtlichen Bestimmungen, insbesondere auch nicht der Beschränkung des § 27 Abs. 3 RfStV.

5.3.3 *Darbietung: Beitrag zur Meinungsbildung?*

Schließlich müßte Teleshopping im rundfunkrechtlichen Sinne »dargeboten« werden.
Der Begriff der Darbietung meint seinem Wortlaut nach eine Präsentation eines publizistischen Inhalts beliebiger Art[64].
Im Rahmen der historischen Auslegung stellt das erste Fernsehurteil des BVerfG das wesentliche Element dar. Dort hatte das BVerfG die konstitutionelle Bedeutung des Rundfunks für die öffentliche Meinungsbildung betont[65].
Daran anschließend wurde dann überwiegend angenommen, daß eine rundfunkbegrifflich relevante Darbietung nur dann nicht vorläge, wenn sie zur öffentlichen Meinungsbildung weder bestimmt noch geeignet sei. Daher wurde z.B. die »Überwachung eines Kinderspielplatzes, betriebstechnische Mitteilungen oder die Hintergrundmusik in Kaufhäusern aus dem Rundfunkbegriff herausgenommen[66].
Aus der systematischen Stellung des Grundrechts des Rundfunks zusammen mit Presse und Film neben der individuellen Meinungs- und Informationsfreiheit in Art. 5 Abs. 1 GG ist zu deduzieren, daß es sich bei den unter den Rundfunkbegriff fallenden Darbietungen nur um solche handeln kann, die nach ihrem Inhalt für die öffentliche Meinungsbildung von publizistischer Relevanz und damit massenkommunikativ sind[67].

64 König, Die Teletexte, S. 38; Schmitt Glaeser, a.a.O., S. 89, 138 f.
65 BVerfGE 12, 205 ff.; vgl. auch BVerfGE 71, 163 (175).
66 Vgl. Beschlüsse der Chefs der Staats- und Senatskanzleien vom 29.04.1975, abgedr. bei Schmitt Glaeser, Kabelkommunikation, S. 267; Lieb, Kabelkommunikation, S. 44; Rudolf/Meng, Verfassungsrechtliche Konsequenzen, S. 43.
67 Dazu Bullinger, Telekommunikation, S. 74; König, a.a.O., S. 87; Herrmann, Hörfunk und Fernsehen, S. 45f.

Nach ihrem telos kann die Rundfunkfreiheit nur solche Beiträge umfassen, mit denen das Medium seine öffentliche Aufgabe wahrnimmt, die in seiner der freien Meinungsbildung dienenden Funktion liegt und die durch die Herstellung eines allgemeinen Meinungsmarktes erfüllt wird[68]. Deshalb ist nach dem Sinn und Schutzzweck der Rundfunkfreiheit als eines für die individuelle und öffentliche Meinungsbildung relevanten Informationsträgers die Hintergrundmusik in Kaufhäusern, in Betrieben oder in Hotels von diesem Begriff auszuschließen[69].

Zusammenfassend festzuhalten ist demnach, daß unerläßliche Voraussetzung für das Vorliegen von Rundfunk die Feststellung einer für den Prozeß der öffentlichen Meinungsbildung relevanten, d.h. einen »Informationsgehalt« aufweisenden publizistischen Präsentation ist.

Teleshopping ermöglicht durch die telegene Warenpräsentation und die damit verbundene telefonische Bestellmöglichkeit den Kontakt zwischen Fernsehzuschauer und Warenanbieter. Information wird i.d.R. nur in Bezug auf die dargestellte Ware und insoweit vermittelt, als es für die Motivierung des Zuschauers zum Kauf erforderlich ist. Im Vordergrund steht die Funktion des Fernsehens als Werbe- und neuer elektronischer Vertriebsform von Produkten und Dienstleistungen.

Hierbei ist aber problematisch, ob (noch) ein politisch und gesellschaftlich relevanter Beitrag zur Meinungsbildung in der Öffentlichkeit bejaht werden kann. Hilfreich für die Behandlung dieses Problems ist eine Differenzierung nach den zwei Haupttypen des Teleshopping:

- Ist die Präsentation der Produkte mit Show-Einlagen, Rätselspielen oder sonstigen unterhaltenden Elementen verbunden, so wird man sowohl mit dem weiten wie auch mit dem engen Meinungsbegriff eine zumindest mittelbare Relevanz der Sendung für die Meinungsbildung der Zuschauer annehmen müssen.

  Dies nicht zuletzt deshalb, weil nicht auszuschließen ist, daß Fernsehzuschauer wegen eines wie auch immer gearteten Unterhaltungswertes die Sendungen betrachten. Damit wird auf die Wertvorstellungen des Betrachters ganz allgemein und meist auch nur unterschwellig Einfluß genommen, damit aber letztendlich doch auch meinungsbildend eingewirkt.
- Übernimmt das Medium Fernsehen jedoch ausschließlich die Übermittlung eines Warenkatalogs durch elektronische Bilder, so kann kein ein-

68 Vgl. BVerfGE 57, 295 ff., 323; Ricker in NJW 1981, S. 1739; Pestalozza in NJW 1981, S. 1362f.

69 Vgl. Beschlüsse der Chefs der Staats- und Senatskanzleien vom 29.4.75, a.a.O., B II 1 c) cc), abgedruckt bei Schmitt Glaeser, Kabelkommunikation, S. 267; König, Eid, Teletexte, S. 38; Hesse, Rundfunkrecht, S. 67; Herrmann, Rundfunk und Fernsehen, S. 79.

deutiger Unterschied mehr zum gedruckten Versandhauskatalog festgestellt werden, der wohl kaum für die öffentliche Meinungsbildung relevant ist[70]. Hier geht es dann allein um die bloße Vermittlung von produktbezogenen Daten, so daß eine gewisse Ähnlichkeit mit den Mitteilungen von Börsenkursen oder auch dem Btx nicht ohne weiteres von der Hand zu weisen ist. Und für letztere wird der Rundfunkbegriff des § 2 Abs. 1 RfStV einheitlich abgelehnt.
Sollen daneben die soeben zitierten Begrifflichkeiten des BVerfG zu Art. 5 Abs. 1 GG nicht verwässert werden, so kann jedenfalls diese Form des Teleshopping aufgrund fehlenden Beitrags zur öffentlichen Meinungsbildung nur schwerlich unter diesen etablierten Rundfunkbegriff subsumiert werden[71]. Dies müßte unabhängig davon gelten, ob es sich um eine Teleshopping-Sendung von einer oder 24 Stunden Dauer handelt, da dieser bloß zeitliche Unterschied für des Fehlen der Qualität des Teleshopping als meinungsrelevantem Informationsmedium unbeachtlich ist.

6. *Ist Teleshopping Werbung oder Sendeform sui generis?*

Trotz einer Verneinung der rundfunkrechtlichen Qualität des katalogmäßigen Teleshopping könnten nach dem RfStV die werberechtlichen Vorschriften des § 27 Abs. 3 RfStV, d.h. die zeitliche Limitierung auf eine Stunde täglich, schließlich doch Anwendung finden, wenn es sich tatsächlich um Werbung im rundfunkrechtlichen Sinne handelt und um keine Sendeform sui generis[72], die nicht den rundfunkrechtlichen Werbestimmungen unterfällt.

6.1 *Begriff der Werbung und das Problem der Entgeltlichkeit i.S. von Art. 1 lit. b der EG-Fernsehrichtlinie*

Dem RfStV selbst ist keine Definition der (Fernseh-) Werbung zu entnehmen. Auch die amtliche Begründung verzichtet auf eine Begriffsbestimmung.
Gleichwohl ergibt sich aus der historischen, vor allem aber teleologischen Interpretation des Staatsvertrages - abgestützt durch die Wortwahl -, daß

70 J. Kreile, a.a.O.
71 In diese Richtung schon Micklitz, NJW 1990, S. 1572.
72 Z.B. Btx, da sowohl individueller Abruf individueller Informationen als auch Ausstrahlung bzw. Übermittlung von Informationen, auf die im Prinzip jedermann jederzeit Zugriff hat; daher eigener Btx-StV.

mit Werbung i.S. dieses Staatsvertrages nur Wirtschaftswerbung[73] gemeint sein kann. Dieses Ergebnis ist Folge der Bestimmung in § 6 Abs. 7 RfStV, nach der andere als wirtschaftliche Werbung, nämlich politische, weltanschauliche und religiöse Werbung, unzulässig ist.
Während die alten Rundfunkgesetze für den Bereich des öffentlich-rechtlichen Rundfunks den Rundfunkanstalten Wirtschaftswerbung[74] oder Sendezeiten für wirtschaftliche Werbezwecke ermöglichen (so z.B. § 4 Abs. 3 S. 1 BayRfG) verwendet der RfStV den Begriff der Wirtschaftswerbung nicht. Soweit in den Rundfunkgesetzen dieser Begriff neben dem bloßen Begriff Werbung gebraucht wird, ist dem Begriff Werbung die gleiche Bedeutung wie dem Begriff Wirtschaftswerbung beizumessen. Durch den RfStV soll Werbung für weitere, z.B. religiöse, weltanschauliche und sonstige ideelle Zwecke nicht ermöglicht werden.
Im Gegensatz zum RfStV definiert die dem RfStV zugrundeliegende EG-Fernsehrichtlinie vom 3.10.1989[75] in Art. 1 lit. b Fernsehwerbung als

> *»jede Äußerung bei der Ausübung eines Handels, Gewerbes, Handwerks oder freien Berufes, die im Fernsehen von einem öffentlich-rechtlichen oder privaten Veranstalter gegen Entgelt oder eine ähnliche Gegenleistung gesendet wird mit dem Ziel, den Absatz von Waren oder die Erbringung von Dienstleistungen, einschließlich unbeweglicher Sachen, Rechte und Verpflichtungen, gegen Entgelt zu fördern«.*

Das qualifizierende Merkmal ist damit die »Entgeltlichkeit«.
- Wird der Sender also gegen Bezahlung für den Veranstalter oder Produzenten per Teleshopping tätig, liegt nach Art. 1 lit. b der EG-Fernsehrichtlinie Fernsehwerbung vor und müßte § 27 Abs. 3 RfStV für jede Form von Teleshopping grundsätzlich Anwendung finden.
- Sind die Verantwortlichen der Sendung jedoch wie die britische Quantum-Gruppe, die seit dem 1.10.1993 in eigener redaktioneller Verantwortung u.a. auf NBC Super Channel Teleshopping betreibt, im Eigentum der beworbenen Ware, fehlt obiges Tätigwerden gegen Entgelt. Deshalb ist das Vorliegen von Fernsehwerbung im obigen Sinne fraglich.

Nach früherer Ansicht der britischen Aufsichtsbehörde ITC, die NBC Super Channel die Lizenz erteilt hatte, war dies zu verneinen, da die vorge-

73 Wie hier ohne nähere Begründung Fuhr, ZDF-Staatsvertrag, § 22 III 1für die vergleichbare Bestimmung des § 22 Abs. 3 ZDF-StV; a.A. für die vergleichbare Regelung des § 30 LMedienG Ba-Wü (a.F.) Bullinger/Göbel, Kommentar zum LMedienG Ba-Wü, Rdnrn. 12f. zu § 30.
74 Vgl. hierzu Bethge, Der verfassungsrechtliche Stellenwert der Werbung im öffentlich-rechtlichen Rundfunk, Media Perspektiven 1983, 690.
75 S.o. FN 31.

stellten Waren vom Verantwortlichen der Sendung selbst produziert werden und er somit »unentgeltlich« in eigener Sache werbe.

Dieser Position hat die Direktorenkonferenz der Landesmedienanstalten (DLM) Anfang März 1994 schriftlich widersprochen. Es war von einer »Umgehungsinterpretation« die Rede und die Praxis, bis zu 23 Stunden wöchentlich Teleshopping auszustrahlen, als klarer Verstoß gegen Art. 18 Abs. 3 der EG-Fernsehrichtlinie, Art. 12 Abs. 3 der Fernsehkonvention des Europarats und - soweit die Sendungen deutsche Haushalte erreichten - gegen § 27 Abs. 3 RfStV gewertet[76].

ITC hat ihre Meinung dann tatsächlich geändert und kürzlich den zeitlichen Umfang des Teleshopping auf NBC Super Channel kritisiert, worauf letzterer angekündigt hat, daß er ab dem 1. April 1994 nur noch eine Stunde täglich Teleshopping betreiben werde.

Im Falle des zweiten britischen Teleshopping-Kanals, QVC Channel, hat die Kommission der Europäischen Union entschieden, gerichtlich gegen Großbritannien wegen der Erteilung einer 24-Stunden-Lizenz vorzugehen, weil QVC Channel auch in Irland zu empfangen ist und somit ein Verstoß gegen die EG-Fernsehrichtlinie und gegen die Europaratskonvention vorliegt (s.o.)[77]. Gem. Art. 169 des EWG-Vertrages wird die Kommission Großbritannien zunächst auffordern, die Lizenzierung zu begründen. Dann kann sie selbst eine Stellungnahme abgeben und schließlich Großbritannien vor dem Europäischen Gerichtshof verklagen.

Das derzeitige Teleshopping muß demzufolge nach Auffassung der Behörden und der Veranstalter als Fernsehwerbung i.S. von Art. 1 lit. b der EG-Fernsehrichtlinie (nach deutschem Recht wäre § 27 Abs. 3 RfStV einschlägig) betrachtet werden.

Soweit Teleshopping als Fernsehwerbung behandelt wird, gilt die Fiktion, daß es zum Rundfunk gehört, wie sich aus der Stellung des § 27 Abs. 3 im III. Abschnitt über die Vorschriften für den »privaten Rundfunk« ergibt. Daher findet die zeitliche Limitierung des Teleshopping i.S. des § 27 Abs. 3 RfStV Anwendung.

Ob dieses Ergebnis auch im Fall des katalogmäßigen Teleshopping eintritt, soll im folgenden untersucht werden:

6.2 *Katalogmäßiges Teleshopping: Eine Sendeform sui generis?*

Die Warenpräsentation mittels eines als elektronischem Katalogs funktionierendem Teleshopping-Kanals wirft die Frage auf, ob hierbei nicht die

76 Dazu epd Kirche u. Rundfunk, Nr. 21 1994, S. 15f.; so schon Ring in: epd Kirche und Rundfunk, Nr. 9 1994, S. 22f.

77 Zum Ganzen vgl. EAT's Newsletter vom 24.3.1994, S. 5f.

Dienstleistung die werbenden Elemente so stark in den Hintergrund drängt, daß zumindest eine gesonderte (rundfunk-) rechtliche Erfassung dieser Werbeform statt der strikten Subsumtion unter den Werbebegriff im rundfunkrechtlichen Sinne zu erwägen ist.

Dafür könnten folgende Gesichtspunkte sprechen:

- Zum einen ermöglicht der elektronische Katalog eine umfassendere Information des Konsumenten als durch das herkömmliche Werbefernsehen, weil neben die rein drucktechnischen Möglichkeiten eines Versandhauskatalogs die audiovisuellen Möglichkeiten des Fernsehens treten, insbesondere dann, wenn der Fernseheinkäufer in naher Zukunft durch elektronische Einkaufsstraßen spazieren kann.
- Zum anderen, und darin könnte der entscheidende Unterschied zum etablierten Werbebegriff des Fernsehens liegen, stellt Teleshopping in dieser Spielart (auch) eine neue *Vertriebsform* dar, die dem Fernsehzuschauer neuartige elektronische Einkaufsmöglichkeiten eröffnet[78].

  Dabei ist der Unterschied zum gedruckten Katalog nicht sehr erheblich, weil er neben der Tatsache, daß sich ein elektronischer »Fernsehkatalog« potentiell an jeden Besitzer eines TV-Gerätes und nicht nur an die Besteller wendet, insbesondere auf dem Faktum beruht, daß es sich hierbei um elektronische, nicht drucktechnische Verkaufstechniken handelt.

  Und wie beim herkömmlichen Versandkatalog handelt es sich dann primär um eine individualkommunikative Beziehung zwischen Veranstalter und Zuschauer, wenn der Fernsehzuschauer zum Telefonhörer greift.

  Zunächst läßt sich eine gewisse Parallele zum Börsenfernsehen und dem Btx feststellen, da sich beide Kommunikationsformen nicht an die Masse wenden, sondern an den an ihrer Dienstleistung in Form der Präsentation von Informationen interessierten Rezipienten. Sowohl das Börsenfernsehen als auch der Btx wurden deshalb vom Gesetzgeber aus dem traditionellem Rundfunkbegriff herausgenommen und für letzteres ein eigenes Regelungswerk, der Btx-StV, geschaffen.

  Auch wenn katalogmäßiges Teleshopping in dieser Form auf eine Zielgruppe von an den jeweiligen Produkten interessierten Zuschauern ausgerichtet ist, scheitert die Gleichstellung mit dem Btx zwar noch nicht daran, daß sich das Teleshopping insoweit an die »Masse« wendet, als jeder Besitzer eines Fernsehgeräts potentieller Zuschauer einer Teleshopping-Sendung wäre, aber letztendlich daran, daß hierbei ein individueller Abruf von individuellen Informationen wie beim Btx (derzeit) nicht möglich ist.

  Gleichwohl ist zu überlegen, ob nicht auch bei (aufgrund der digitalen Kompressionsmöglichkeiten zu erwartenden) ausreichendem Angebot

78 In diese Richtung schon Hoffmann-Riem, epd Kirche u. Rundfunk, Nr. 45 1988, S. 20.

an Übertragungsmöglichkeiten dem katalogmäßigen Teleshopping als Vertriebsform und elektronischer Einkaufsmöglichkeit ein gesonderter rechtlicher Rahmen geschaffen werden sollte, der Fragen des Jugendschutzes, des Datenschutzes und des Verbraucherschutzes[79] regelt.

Für eine gesonderte rechtliche Erfassung scheinen auch derzeitige internationalrechtliche Entwicklungen zu sprechen. So widmet sich eine vorgeschlagene Richtlinie der Kommission der europäischen Gemeinschaften zum sog. »Fernabsatz« (»distance selling«) vom 23.6.1992, bei dem Teleshopping ein wichtiger Teilaspekt ist, recht ausführlich Fragen des Verbraucher- und Datenschutzes[80].

In der vorgeschlagenen Richtlinie wird beispielsweise recht detailliert geregelt werden, inwieweit dem Käufer Rücktritts- und Gewährleistungsrechte zustehen und (Art. 6) in welcher Art und Weise der Veranstalter den Fernsehzuschauer über Zahlungs- und Lieferungsbedingungen zu informieren hat[81].

7. *Ist das Konzentrationsverbot des § 21 RfStV seinem Sinngehalt nach auf Teleshopping-Veranstalter anwendbar?*

Zentrale Bedeutung für die Gewährleistung der Meinungsvielfalt im privaten Rundfunk haben die sog. Konzentrationsregelungen der §§ 20, 21 RfStV[82]. Ihre Geltung beschränkt sich ausdrücklich auf den »bundesweit« verbreiteten Rundfunk. Die Konzentrationsregelungen enthalten Bestimmungen, die den bundesweiten Veranstaltern Betätigungsbeschränkungen in programmlicher Hinsicht und Beteiligungsbeschränkungen in gesellschaftsrechtlicher Hinsicht auferlegen.

§ 21 Abs. 1 S. 1 RfStV hat folgenden Wortlaut:

> *»Ein Veranstalter darf in der Bundesrepublik Deutschland bundesweit im Hörfunk und im Fernsehen jeweils bis zu zwei Programme verbreiten, darunter jeweils nur ein Vollprogramm oder ein Spartenprogramm mit Schwerpunkt Information.«*

Vor diesem Hintergrund darf ein Unternehmen zwei reine Teleshopping-Kanäle zu 100 % besitzen, da es sich hierbei um Spartenprogramme handelt.

79 Hierzu Eckert, Teleshopping – Vertragsrechtliche Aspekte eines neuen Marketingkonzeptes, DB 1994, S. 717 ff.

80 Vorschlag einer EG-Richtlinie über den Verbraucherschutz bei Vertragsabschlüsen im Fernabsatz (92/C 156/05; ABlEG vom 23.6.1992, Nr. C 156 S. 14 ff.

81 Vgl. dazu Jones, Distance Selling in Europe: A note on the proposed EU Directive on distance selling, Medie Law & Practice, Vol. 15, No. I, 1994, S. 25.

82 Hesse, Rundfunkrecht, Rdnr. 191; vgl. dazu v. Wallenberg, ZUM 1992, 387 ff.; Holznagel, ZUM 1991, 263 ff.

Die Bestimmung des § 21 Abs. 3 schränkt dann allerdings die Beteiligungsmöglichkeiten der Veranstalter dieser Spartenprogramme »Teleshopping-Kanal« ein, wenn das Unternehmen gleichzeitig eine

> *»Beteiligung am Veranstalter eines bundesweit verbreiteten Fernsehvollprogramms oder am Veranstalter eines bundesweit verbreiteten Fernsehspartenprogramms mit Schwerpunkt Information besitzt. In diesem Fall darf das Teleshopping-Unternehmen nur an zwei weiteren Veranstaltern entsprechender Programme (gemeint sind Vollprogramm und Spartenprogramme Information) und nur mit weniger als 25 vom Hundert der Kapital- oder Stimmrechtsanteile oder ohne eine maßgebliche Einflußnahme auf diese Veranstalter auch in den Formen des § 21 Abs. 1 S. 4 RfStV beteiligt sein«.*

Nach dem Sinn und Zweck dieses Konzentrationsverbotes sollen Machtkonzentrationen im Bereich des privaten Rundfunks und einer daraus folgenden einseitigen Beeinflussung des Fernsehzuschauers vorgebeugt werden. In welchen Fällen dies bei Teleshopping-Kanälen der Fall sein kann, wurde vorstehend gezeigt.
Das BVerfG stellte fest, daß das Gesamtangebot der inländischen Programme der bestehenden Meinungsvielfalt im wesentlichen entsprechen muß[83]. Denn der Rundfunk kann seine Funktion als unentbehrliches Massenkommunikationsmittel[84] nur dann erfüllen, wenn eine öffentliche Meinungsbildung überhaupt noch möglich ist, was § 21 RfStV durch die Verhinderung einer Meinungskonzentration bei einem oder wenigen Veranstaltern gerade seinem Sinn und Zweck nach erreichen will.
So hat das BVerfG immer wieder darauf hingewiesen, daß der »Rundfunk nicht einer oder einzelnen gesellschaftlichen Gruppen ausgeliefert werden darf«, sondern vielmehr dem in Art. 3 Abs. 1 GG niedergelegten Gleichheitssatz dadurch Rechnung getragen wird, daß die »in Betracht kommenden gesellschaftlichen Kräfte im Gesamtprogramm zu Wort kommen«[85].
Für die öffentlich-rechtlichen Rundfunkanstalten entwickelte das BVerfG den Auftrag der »unerläßlichen Grundversorgung«[86], betonte aber gleichzeitig, daß es nicht gerechtfertigt sei, »für den privaten Rundfunk auf rechtliche Sicherungen der Rundfunkfreiheit ganz zu verzichten und die Entwicklung im Wege der Deregulierung den Kräften des Marktes anzuvertrauen«[87]. Vielmehr gehe es um »ein möglichst hohes Maß an gleichgewichtiger Vielfalt im privaten Rundfunk«[88].

83 Sog. 3. u. 4. Fernsehurteil, BVerfGE 57, 297 und BVerfGE 73, 118.
84 Vgl. BVerfGE 12, 260 ff.
85 Vgl. nur BVerfGE 57, 321 f.
86 Dazu BVerfGE 73, 157.
87 BVerfGE 73, 158.
88 BVerfGE 73, 159 f.

Weiter stellte das BVerfG fest, daß die so gewonnene Meinungsvielfalt insbesondere durch »vorherrschende Meinungsmacht« bedroht werden könne, wenn z.B. »ein und derselbe Veranstalter mehrere Programme anbietet oder wenn ein Zusammenschluß privater Anbieter stattfindet. Dabei kann nicht alleine darauf abgestellt werden, wer formell als Veranstalter auftritt. Die gleichen Wirkungen können sich ergeben, wenn ein Unternehmen einen oder mehrere Veranstalter rechtlich oder wirtschaftlich beherrscht oder in anderer Weise erheblichen Einfluß auf die Programmgestaltung ausübt«[89]. Diese Überlegungen des BVerfG haben ihren deutlichen Niederschlag in § 21 RfStV gefunden.

Sehr deutlich differenziert das BVerfG zwischen der kartellrechtlichen und der medienrechtlichen Kontrolle von Übermacht. Das BVerfG bestätigt ausdrücklich, daß entsprechende Zuständigkeiten des Bundeskartellamts unberührt bleiben; es betont andererseits aber die medienrechtliche Zuständigkeit und Verantwortung der Landesgesetzgeber, die diese zur gerade rundfunkrechtlichen Kontrolle bzw. Verhinderung von Meinungsmacht verpflichten.

Vor diesem verfassungsrechtlichen Hintergrund stellt sich nun im Rahmen der Behandlung der rundfunkrechtlichen Zulässigkeit von Teleshopping die Frage, ob und inwieweit Veranstalter von Teleshopping-Sendungen den Konzentrationsregeln des § 21 RfStV unterfallen. Praktisch gesehen geht es darum zu klären, ob ein Fernsehveranstalter oder jemand, der sich an einem solchen beteiligen will, und bereits ein Vollprogramm bzw. Spartenprogramm mit Schwerpunkt Information und ein anderes (Sparten- oder Fenster-) Programm bundesweit verbreitet, daneben noch einen Teleshopping-Kanal einrichten bzw. sich an der Einrichtung eines solchen beteiligen darf, ohne gegen § 21 RfStV zu verstoßen.

Dies wäre nach dem Wortlaut des § 21 Abs. 1 S. 1 RfStV nur dann der Fall, wenn es sich tatsächlich um einen »Veranstalter« i.S. des § 21 RfStV handeln und das verbreitete Teleshopping ein »Programm« i.S. des § 21 RfStV darstellen würde. Vorliegend soll nur auf den letzten Problemkreis bei dieser sehr komplizierten und umstrittenen Materie eingegangen werden.

Auch zur Beantwortung obiger Frage bietet sich die Differenzierung nach den zwei Grundtypen des Teleshopping an:

- Handelt es sich um die unterhaltende Spielart des Teleshopping, so stehen der Bejahung der rundfunkrechtlichen Qualität wie dargelegt keine Bedenken entgegen. Folglich kann sie unter den Begriff des »Programms« i.S. des § 21 Abs. 1 und 3 RfStV subsumiert werden. Allerdings kann diese Form des Teleshopping wohl schwerlich als ein »Spartenprogramm mit *Information*« bezeichnet werden, da hier die Informie-

89 BVerfGE 73, 172.

rung des Zuschauers nicht um seiner selbst willen erfolgt, sondern um den Zuschauer zum Kauf des vorgestellten Produkts im Wege des Direktvertriebs zu bewegen.

- Beim katalogmäßigen Teleshopping dürfte jedenfalls die rundfunkrechtliche Qualität im herkömmlichen Sinne fehlen[90], so daß es nicht von der auf den privaten Rundfunk gerichteten Zielsetzung des § 21 RfStV erfaßt wird. Demnach kann in diesem Fall auch nicht von einem »Programm« i.S. von § 21 RfStV die Rede sein.
  Dazu kommt, daß diese Sendeform selbst bei sinngemäßer Anwendung des § 21 RfStV der dadurch bezweckten Verhinderung der Beeinträchtigung der Meinungsvielfalt nicht entgegensteht, da sie gegenüber dem meinungsrelevanten »Gesamtangebot« inländischer Programme ein aliud darstellt. Diese Spielart des Teleshopping tritt so gewissermaßen neben obiges Gesamtangebot, d.h. der durch § 21 RfStV angestrebte Mindeststandard an Meinungsvielfalt bleibt unangetastet.

Dieses Ergebnis erfährt seine Bestätigung, wenn man sich die technischen Umstände vergegenwärtigt, die den Rundfunkgesetzgeber zur Schaffung des § 21 RfStV bewegten:
1990-1991, bei Erarbeitung der derzeitigen Fassung des RfStV, herrschte die auch jetzt noch bestehende Frequenzknappheit. Daher wollte der Gesetzgeber das im Hinblick auf Art. 5 Abs. 1 GG wertvolle Gut der Frequenzen v.a. an wenigstens auch die Meinungsbildung fördernde Veranstalter vergeben. Das Teleshopping gehört(e) zu der von einer restriktiven Mediengesetzgebung betroffenen Gruppe von »Werbesendungen« und kann daher nur zeitlich begrenzt gesendet werden.
Nach Ansicht maßgeblicher Fachleute wird zukünftig jedoch die digitale Kompression im Bereich der elektronischen Medien zu strukturellen Veränderungen mit der Folge einer erheblichen Vergrößerung des Angebotes an Frequenzen führen. Solange dann das Gesamtangebot der inländischen Programme den notwendigen Mindeststandard an Meinungsvielfalt sicherstellt, sollte die Vergabe vorhandener, d.h. zusätzlicher Frequenzen an reine Teleshopping-Kanäle auch unter diesem Gesichtspunkt ein rundfunkrechtlich unbedenklicher und daher zulässiger Vorgang sein.
Diese Schlußfolgerungen in bezug auf katalogmäßiges Teleshopping wären allerdings dann zu korrigieren, wenn das sog. Marktanteilsmodell[91] zur Verhinderung von Marktdominanzen einzelner Veranstalter realisiert werden sollte, was aber eine Ausdehnung der vorhandenen, ausdrücklich auf die Meinungsrelevanz der Programme abstellenden Konzentrationsregelungen auf ordnungspolitische Erwägungen voraussetzt.

90 S.o. S. 28.
91 Ring in: epd Kirche und Rundfunk, Nr. 9 1994, S. 25 f.

8. *Gilt die zeitliche Beschränkung i.S. von § 27 Abs. 3 RfStV auch bei Wiederholung der gleichen Sendung?*

Wie ausgeführt, ist gem. § 27 Abs. 3 RfStV dem privatem Fernsehveranstalter nur die Ausstrahlung von Teleshopping-Sendungen von max. einer Stunde täglich erlaubt.
Nicht beantwortet ist damit die Frage, ob die Bestimmung ausschließt, daß ein 24-Stunden-Kanal eingerichtet wird, der nur eine Stunde Neuproduktion sendet und dreiundzwanzig Stunden genau diese Sendung wiederholt.
§ 27 Abs. 3 RfStV bezweckt seinem Wortlaut zufolge den Schutz des Fernsehzuschauers vor bestimmten »Werbeformen«.
Man könnte nun annehmen, daß diesem Schutz ausreichend Rechnung getragen wird, wenn der Inhalt der Werbeform Teleshopping insgesamt eine Stunde ausmacht und im übrigen gleich bleibt. Denn dadurch würde der Zuschauer nur eine Stunde mit dem Teleshopping konfrontiert, da nicht anzunehmen ist, daß er sich 24 Stunden lang die gleiche Sendung ansieht.
Dagegen spricht aber, daß dem Wortlaut zufolge der Schutz der Allgemeinheit angestrebt wird, wie sich aus der Formulierung »Angebote an die *Öffentlichkeit*« ergibt. Damit soll Teleshopping als potentielle Zugriffsmöglichkeit des Anbieters auf beliebig viele Fernsehzuschauer verhindert werden. Dies gilt allerdings für das katalogmäßige Teleshopping wohl nicht, da hier die Allgemeinheit nicht angesprochen wird, sondern eher eine Individualkommunikation stattfindet.
Zudem ergibt sich aus systematischer Sicht durch den Vergleich mit § 27 Abs. 1 RfStV, der reine Werbekanäle verhindern wollte, daß dementsprechend § 27 Abs. 3 RfStV einen reinen Teleshopping-Kanal selbst bei Wiederholungssendungen unterbinden will.
Demnach kommt es nicht auf den genauen Inhalt der Sendung, sondern auf die *»Werbeform«* an (vgl. hierzu oben IV. 6.).

V. *Rechtspolitischer Ausblick*

Der Strukturwandel im Bereich der Medien schreitet fort. Technische Entwicklungen lassen durch Datenkompression und -digitalisierung eine interaktive Fernsehlandschaft, wie sie bereits in den USA begonnen hat, erwarten. Auch Deutschland wird davon zunehmend berührt, wie die Diskussionen im Zusammenhang mit der Novellierung des RfStV zeigen.

Das BVerfG hat bereits im sog. vierten Rundfunkurteil[92] festgestellt, daß der Rundfunkbegriff nicht statisch, sondern entsprechend den Umständen wandelbar, d.h. für neue technische Entwicklungen flexibel und offen ist.
Es besteht daher, soweit Spielarten des Teleshopping nicht bereits aus dem Rundfunkbegriff herausdefiniert werden, das rechtspolitische Anliegen, Sonderregeln für das Teleshopping unter Berücksichtigung seiner Besonderheiten zu schaffen.
Vorrangig gefordert sind daher die verantwortlichen Rundfunkpolitiker bei der anstehenden 2. Novellierung des RfStV im Herbst 1994.
In der rundfunkpolitischen Diskussion herrschen unterschiedliche Meinungen über Regelungsbedarf und Regelungsinhalt des Rundfunks angesichts der sich weltweit verändernden technischen Gegebenheiten vor.
Grundsätzlich geht es einerseits darum, die Wettbewerbsfähigkeit der deutschen Medienlandschaft zu sichern, andererseits die Eckpfeiler des gemeinwohlorientierten Rundfunks zu erhalten[93]. Inwieweit der insbesondere international gesehene Zukunftsmarkt Teleshopping mit letzterem verbunden werden kann, muß rundfunkrechtlich und -politisch geklärt werden.
Daher sollte die jetzt gegebene Möglichkeit einer rechtlichen Ausgestaltung des Teleshopping genützt werden, um den Beteiligten zukünftig mehr Rechts- und damit auch ordnungspolitische bzw. wirtschaftliche Planungssicherheit bzgl. des beim Teleshopping rundfunkrechtlich Machbaren zu geben und gleichzeitig den Standort Deutschlands im internationalen Wettbewerb zu bestimmen.

92 BVerfGE 73, 118ff.
93 Ring in: epd Kirche und Rundfunk, Nr. 9 1994, S. 22.

Die Autoren

Prof. Dr. *Jürgen Becker,* Chefsyndikus der GEMA, Mitglied des Vorstandes des Instituts für Urheber- und Medienrecht, München

Dr. *Paul Braendli,* Präsident des Europäischen Patentamts, München

Dr. *Thomas Dreier,* wissenschaftlicher Referent am Max-Planck Institut für ausländisches und internationales Patent-, Urheber- und Wettbewerbsrecht, München

Rechtsanwalt Dr. *Norbert P. Flechsig,* Justitiariat des Süddeutschen Rundfunks, Stuttgart

Univ. Prof. Dr. *Gerhard Frotz,* Präsident der INTERGU, Wien

Rechtsanwalt Dr. *Johannes Kreile,* München

Prof. Dr. *Ferdinand Melichar,* Geschäftsführendes Vorstandsmitglied der VG WORT, München

Rechtsanwalt Gerhard *Pfennig,* Geschäftsführendes Vorstandsmitglied der VG Bild-Kunst, Bonn

Prof. Dr. *Manfred Rehbinder,* Direktor des Instituts für Urheber- und Medienrecht, Zürich/Freiburg i. Br.

Dr. *Bernhard Schnappinger,* Gesellschafter der SELCO, Pro 7 Televisions GmbH, Unterföhring

Rechtsanwalt Dr. *Mathias Schwarz,* München

Prof. Dr. Dr. *Norbert Thurow,* Hauptgeschäftsführer der Deutschen Landesgruppe der IFPI e.V. und Geschäftsführer der Gesellschaft zur Wahrung von Leistungsschutzrechten (GVL), Hamburg

Dietrich Westphal, Rechtsreferendar, München